我的梦
MY VISION

[尼泊尔] **卡德加·普拉萨德·夏尔马·奥利** /著

[尼泊尔] 和达迦·古马尔　罗永席　罗　崴 /译

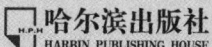
哈尔滨出版社
HARBIN PUBLISHING HOUSE

图书在版编目（CIP）数据

我的梦 / (尼)卡德加·普拉萨德·夏尔马·奥利著；
(尼)和达迦·古马尔，罗永席，罗崴译. —— 哈尔滨：
哈尔滨出版社，2024.1
ISBN 978-7-5484-7076-2

Ⅰ.①我… Ⅱ.①卡… ②和… ③罗… ④罗… Ⅲ.
①政治经济学–研究–尼泊尔 Ⅳ.①F135.50

中国国家版本馆CIP数据核字(2023)第026307号

书　　名：**我的梦**
WO DE MENG

作　　者：［尼泊尔］卡德加·普拉萨德·夏尔马·奥利 著
　　　　　［尼泊尔］和达迦·古马尔　罗永席　罗崴 译
责任编辑：韩金华　马丽颖　曲宁　李欣
封面设计：上尚设计

出版发行：哈尔滨出版社（Harbin Publishing House）
社　　址：哈尔滨市香坊区泰山路82-9号　　邮编：150090
经　　销：全国新华书店
印　　刷：哈尔滨市石桥印务有限公司
网　　址：www.hrbcbs.com
E-mail：hrbcbs@yeah.net
编辑版权热线：（0451）87900271　87900272
销售热线：（0451）87900202　87900203

开　　本：787mm×1092mm　1/16　印张：19.5　字数：210千字
版　　次：2024年1月第1版
印　　次：2024年1月第1次印刷
书　　号：ISBN 978-7-5484-7076-2
定　　价：78.00元

凡购本社图书发现印装错误，请与本社印制部联系调换。
服务热线：（0451）87900279

出版前言

2021年是中华人民共和国和尼泊尔联邦民主共和国建交50周年。50年来，中尼两国相互尊重、平等相待、团结互助、合作共赢，人民心意相通、休戚与共。为庆祝这一伟大时刻的到来，增进中国读者对"山中王国"——尼泊尔的了解，哈尔滨出版社策划出版了《我的梦》一书。

本书内容由尼泊尔前总理卡·普·夏尔马·奥利（以下简称奥利）在2018年2月至2019年12月任职期间的演讲构成。为尊重原著，符合事实，本书译者及责任编辑未对序一、序二（《我的梦想》《从梦想到行动》英文版编者作，2019年已出版）及正文中涉及作者奥利的称谓之处作出修改。

作者奥利，1952年出生。2014年7月当选尼泊尔共产党（联合马列）主席。曾于2015年10月及2018年2月两度当选尼泊尔总理。2018年5月，尼泊尔共产党（联合马列）和尼泊尔共产党（毛主义中心）合并成立尼泊尔共产党，奥利同尼泊尔共产党（毛主义中心）主席普拉昌达共同担任尼泊尔共产党联合主席。2021年11月30日，奥利再度当选尼泊尔共产党（联合马列）主席。

本书内容涉及奥利实现"尼泊尔梦"的执政理念以及尼泊尔的自然风光与人文风情，希望本书能够成为中尼两国友好关系的见证，愿两国友谊与日月同辉，地久天长。

哈尔滨出版社编辑部

奥利：一位民主革命家

2018年2月15日，K.P.夏尔马·奥利先生在第二次当选后，宣誓就职尼泊尔总理。作为尼泊尔最大政党——尼泊尔共产党主席，奥利先生几十年来一直是民主、和平与人权的领导者。他一生都在为民主与人民权利事业奋斗和无私奉献。他是一位有着巨大勇气和备受尊敬的领导人，在所有政治与社会活动中，他都以人民利益为中心。

2013年11月，奥利先生在尼泊尔查巴（Jhapa）选区当选为制宪议会议员。他在颁布宪法方面发挥了主导作用，宪法使尼泊尔这一基于人权、法治并具有包容性的国家得以巩固。在当时国内形势严峻、外部环境恶劣的情况下，尼泊尔颁布一部民主宪法并非易事。奥利先生不屈不挠地抵制住了一切破坏制宪进程的活动，坚决主张尼泊尔人民的独立、民主与自由。在宪法颁布后，他于2015年10月首次当选尼泊尔总理。在奥利总理的第一个任期内，他在执行宪法方面做出了重大贡献，并为尼泊尔实现可持续发展与繁荣的理想奠定了经济转型的基础。

奥利先生一直是尼泊尔和平进程的重要推动者。他是"12条协议"的发起者之一，该协议是2005年议会政党联盟与在开展武装斗争的尼泊尔共产党（毛主义中心）达成的协议，是尼泊尔和平进程与民主转型的里程碑。奥利先生坚信，那是结束尼泊尔武装冲突并开始和平进程的唯一选择。他在这一时期为推动尼政治进程做出了巨大努力。

1952年，奥利出生于尼泊尔东部的代勒图姆（Terhathum）地区，他1966年就开始了政治生涯。1968年，他成为一名政治活动家。作为一名积极的共产党人，他为恢复尼泊尔民主，将尼泊尔从潘查亚特政权（Panchayat Regime）的专制中解放出来而奋斗。他因参加民主政治活动被逮捕并连续监禁14年，其中包括4年单独监禁。但这样严酷的惩罚并没有磨灭他的政治信念，反而让他更坚定地追求政治自由，为从独裁政权中解放出来而斗争。作为一名饱受残酷刑罚和人权侵害的尼泊尔人，奥利先生一直是民主与人权运动的强有力推动者。出狱后，他于1987年任尼共中央委员会委员，一直至1990年主管蓝毗尼（Lumbini）地区。

1991年尼泊尔恢复君主立宪制后举行的首次议会选举中，奥利先生当选为议会下院众议院议员，并且在1994年、1999年再次当选。从1994年到1995年，奥利先生在首届民选共产党领导的政府担任内政部长。他还在2006年4月至2007年3月期间担任副总理兼外交部长。在任期间，他进行了一系列巩固法治、民主和人权的改革。

作为一位敬业的领导人，奥利先生强于组织、善于沟通，在不同时期以不同的身份，包括政治局常委，议会事务部、党校主任等为党服务。在1995年至2008年任议会事务部主任期间，奥利先生为党的内部民主化做出了贡献，并在国家民主斗争中发挥了领导作用。他还在2006年的人民运动中发挥了重要作用，这次人民运动推翻了国王的统治，把尼泊尔建成一个联邦民主共和国。

2014年7月，第九次全国代表大会推选奥利先生为党主席。他带领自己的政党与尼共（毛主义中心）结成左翼联盟，在2017年的三级议会选举中获胜。他还为统一尼泊尔两大政党——尼共（联合马列）与尼共（毛主义中心）发挥了重要作用。

除了尼泊尔语外，奥利先生还精通包括英语与印地语在内的多种语言。他的夫人是拉迪卡·莎姬（Radhika Shakya）。他好读哲学、政治经济学、文学和艺术等领域的著作。他还积极参与社会活动，喜欢打乒乓球等运动。

作为"繁荣尼泊尔，幸福尼泊尔人"的总规划师，奥利先生在这本书中陈述了他对各种问题的看法，并呼吁人民极速前进，建立尼泊尔的一个新时代。在这个新时代，人民将过上没有贫困、歧视和压迫的繁荣幸福的生活。他问道："尼泊尔可以繁荣吗？"然后回答说："当然，尼泊尔可以繁荣，而且必须繁荣！我们肩负人民的信任；我们有知识、能力；我们诚实、正直；我们有着坚强的信念，并且建立了'我们能'的自信，我们没有'我们不能'的自卑情结。因此，繁荣幸福的尼泊尔是有可能的，而且现在正在进程中。"

这本书汇集了奥利先生"播种、孕育与培育"梦想——希望、奋斗与繁荣的梦想——的决心并为实现这些梦想提供了强有力的指导方针。他着眼于现实，用创新的思想来解决当今的现实问题。

此书选择的内容是尼泊尔总理K.P.夏尔马·奥利在不同的国家、国际论坛与平台上的讲话、演讲与致辞。为呈现本书，部分内容经过了少量编译调整。

《我的梦想》英文版编者

致辞笔记

我们需要有明确目标与决心的领导人，但很少有人具备这样的素质。奥利总理是尼泊尔的现任领导人，他同时具备这两种素质。他是尼泊尔人心目中奉献的化身。年轻的时候，他发现了许多社会问题。他目睹了身边的不公正、歧视与不平等现象，并为战胜它们而奋斗。在奋斗的过程中，他被监禁了14年，其中包括4年单独监禁，但这并没有阻止他的脚步。相反，监狱磨炼了他。奥利总理塑造了我们今天所看到和了解的这个国家。

奥利总理是一个伟大的人，他时刻关注着每一个小问题和每一个大事件。他乐观自信，即使担负着重大责任与挑战，也能轻松应对。他是一位影响力巨大的领导人，他促使国内两个最大的共产党实现统一，并组建了规模最大的尼泊尔共产党。他是一位著名的演说家，也是有名的说服者；他在2017年领导了选举活动，并带领该党在议会中获得近三分之二票数，打败了其他党派组织。奥利总理现在唯一的任务就是实现"繁荣尼泊尔，幸福尼泊尔人"的目标。为此，他一直致力于让人们充满希望。作为一个有着崇高人格的领导者，他深知人们的动力来自志向，而不是沮丧。

这本书汇集了奥利总理过去一年在国内外论坛上的致辞与演讲。通过这些演讲，他与人民对话，与世界各国领导人互动，他精彩的演讲艺术，赢得了大家的喜爱。他从人民群众的日常生活中挑选演讲的词汇，使之成为他建设国家的愿景，并再次与人民分享，让建设国家成为他们的权利。作为一个有着国家繁荣与人民幸福梦想的领导人，他深知，没有人民参与，梦想就难以实现。

书中的一些演讲谈到了对各种问题的看法，而一些演讲则阐明了迄今为止尼泊尔在走向繁荣之路上取得的成就，还有一些演讲帮助读者了解尼泊尔是如何在世界舞台上重新获得其应有的地位的。作为总理，奥利说，尼泊尔不再是孤立的。尼泊尔已经开始被倾听和理解，"我们的声音很明确，信息也很清楚"。

根据主题，本书分为四个部分。为了避免重复，我们在所有演讲中省略了礼仪部分。然而，有些内容似乎是重复的。我们尽可能遵照演讲的原稿，同时也请理解，它们是在不同的场合为不同的听众发表的。我们希望原汁原味地呈现演讲内容。

我们在所有的演讲中都看到了坚定不移与乐观的态度。这体现了奥利总理为实现"繁荣尼泊尔，幸福尼泊尔人"的国家愿景而采取的明确与坚定的行动。用奥利总理的话说："尼泊尔可以繁荣，也必须繁荣。尼泊尔的繁荣将在我们的有生之年实现。"

《从梦想到行动》英文版编者[①]

---

①本书译自已在尼泊尔出版的两本著作：《我的梦想》（My Vison）与《梦想到行动》（Vison Action）。

自序

我的梦想

"繁荣尼泊尔,幸福尼泊尔人"的目标将在我们的有生之年实现。这是我们选择的旅程,这是我们要走的道路,这是我们设定的目的地。前面的道路或许是坎坷的,但我们已经准备好了。我们将发挥自己最大的潜能,最大限度地合理利用自然资源,让它们蓬勃发展。我们培养有创造力的人才,让我们的潜能成为幸福的源泉。只有我们一起努力,才能实现这个目标。将来我们会取得新的成就,为我们的人民带来幸福。在十年后,当外国游客或贵宾来到尼泊尔时,他们将会十分惊喜地看到一个欣欣向荣、繁荣发展的新社会。到那时,他们将对尼泊尔产生全新的认识。尼泊尔之行结束后,如果有人想了解尼泊尔的情况,他们可能会这样描述尼泊尔:

尼泊尔是人与自然共同创造的天堂。满足尼泊尔人民基本生活需求的问题已经得到解决。这个国家在生产和创造方面遥遥领先,人民健康地生活。生活幸福是所有尼泊尔人的追求。由于有良好的医疗设施,他们可以获得良好的就医环境。虽然自然法则决定,人的生命总有一天会结束,但是,没有尼泊尔人因为缺乏基本医疗保障而去世。没有人穷到不能为他们的孩子提供健康成长的环境与接受良好教育的机会。每个孩子都可以上学,学习自己感兴趣与关注的学科。他们有充足的发展机会在喜欢的领域里锻炼自己，提高才能。

尼泊尔人所拥有的科学知识足以探索大自然的巨大资源，并利用这些资源最大限度地造福尼泊尔人。尼泊尔正在利用大自然的非凡潜力来发展和振兴国家。在繁荣的尼泊尔，生活着幸福、文明、友善的尼泊尔人。

有时，您可能听到乡下的枪声。然而，这不是在发动战争，而是在庆祝和平。鸣枪预示着重大事件的开始或高潮部分，或标志着一场重要活动的开幕或圆满闭幕。我们有时候听到或读到的头条新闻里报道，在世界上的一些地方，人们持枪相互争斗。但是，在尼泊尔，这枪声是人们分享快乐和幸福的声音。

乡下的房子干净、整洁又漂亮；街道很美，也很规范；道路很宽，也很干净。铁路穿过隧道，大船在水中航行。人们可以直接喝巴格马蒂（Bagmati）河的水，因为河水澄澈干净。如果您来这里，您要在帕舒帕提纳特（Pashupatinath）神庙的门前脱鞋，这不仅是为了向神灵致敬，而且因为庙宇的地面非常洁净。这里有许多美丽的地方可供游客参观，酒店里洋溢着热情好客的气氛。民宿则更加美丽，他们的安排将会十分温暖舒适。如果您最初只打算在尼泊尔停留三天，您一定会把签证延长一个月甚至更长。您会呼朋唤友一起来尼泊尔旅游；您会把尼泊尔定为必游之地。

  我们的河道管理有序,那里有很棒的灌溉设施,当地农民生活都很幸福。在尼泊尔,人们可以参观种植培育水果与农作物产品的基地。如果您想了解喜马拉雅山脉的草药和牦牛,尼泊尔绝对是最好的选择。我带来了一些口味醇正而营养丰富的奶酪作为礼物送给您。它是在喜马拉雅高山上添加了丰富的香料之后手工制作的。咬一口,尝一尝!它会让您感受到尼泊尔的风味,这独特醇正的口味会将您带到雪山山麓。尼泊尔是人间天堂,是幸福之地。

奥利

>>> Contents 目录

第一章 发展与繁荣 /1	人的思想具有无限潜力　/2
	勿忘革命精神和革命理想　/6
	创新的马克思主义引领社会主义道路　/14
	"一带一路"倡议是千载难逢的机遇　/21
	以知识和创新促发展　/25
	尼泊尔可以繁荣，也必须繁荣　/31
	儿童发展上的投资引领美好的未来　/45

第二章	资本主义不能替代社会主义	/50
和平与民主 /49	我们要有危机意识	/64
	我们是维护和平的典范	/69
	联合国应反映其成员国的多元化	/74
	亚洲哲学是我们和平理念的基石	/82

第三章	宪法包含了国家的愿景	/92
宪法与法治/91	我们对繁荣与幸福的承诺不是一句空话	/102

第四章	决不允许在尼领土上的任何反华活动	/110
外交 /109	睦邻友好，和谐共处	/116
	共同努力实现南盟地区的繁荣	/125
	与所有人和睦相处，对任何人都不心怀怨恨	/129

第五章
视野与行动/139

- 腐败的人不可能是尼泊尔人　/141
- 善政：发展的基石　/149
- 传播事实，而非谣言　/152
- 我们的关系是深厚而紧密的　/171
- 赋予人民以建设国家的希望　/174

第六章
友谊与外交/185

- 建立普世的价值体系　/187
- 久经考验的万隆原则：对当代世界挑战的回应　/195
- 佛教文化对立于孤岛思维　/199
- 胡志明：启发人心的灯塔　/206
- 期待聆听更多新看法和洞见　/213
- 民主赤字是当今世界的特点　/221

第七章
贸易与投资 /229

尼泊尔：投资的处女地　/231

发展在这一代成为可能　/238

成功需要清晰的愿景　/246

贸易不是零和博弈　/251

我们正在推动区域合作与贸易发展　/253

贸易与投资是区域合作的关键　/258

尼泊尔商机无限　/264

第八章
工作与福利 /273

我们的命运必须掌握在自己手中　/275

发展必须促进正义与福祉　/281

人民的幸福是衡量进步的指标　/286

预防是减少灾难损失的根本　/293

第一章

发展与繁荣

我的梦

My Vision

人的思想具有无限潜力

印度PANTA NAGAR, GOVIND BALLABH PANT 大学

首先，我感谢贵校授予我这个荣誉哲学博士学位。对于获得这项荣誉，我深表谢意。我衷心感谢A. K. 米什拉教授邀请我来到这里参加这次聚会。贵校掀起了农业教育、研究和创新的革命，并成为引领印度农业教育复兴的卓越中心。我很荣幸在这里向你们这些学者、农业科学家、教授和学生致辞。

今天我想从一个故事讲起。这是一个三岁男孩的故事。他刚开始学习尼泊尔字母——ka kha ga，并且充满好奇心地探索他周围的世界。出于好奇，他常常就遇到的每件新事物向母亲问许多问题。有时他能得到答案，有时他得不到答案。出于对学习新事物的热衷，他有时会向母亲了解民间风俗与故事。他的母亲是他的灵感来源。

但是孩子的生命中出现了不幸的转折，他为命运所困扰。他很小的时候就失去了母亲。流行病天花夺走了她的生命，也终结了母亲给予孩子的感情和灵感。那时，孩子对生命的转折还没有多少理解。他还很稚嫩，不知道死亡的原因。这个男孩只是听说，是上帝的意愿和决定夺走了他母亲的生命。这个孩子被告知，这种疾病是由一个"糟糕的诅咒"

第一章
发展与繁荣

造成的，它超出了人类的能力，无法被治愈。

"但是为什么？"这个问题徘徊在孩子的脑海。

60年后，那个男孩已经长大成人；那个男孩现在作为尼泊尔总理站在大家面前，他敢肯定，有多种方法可以战胜人类遇到的种种困难，肯定有许多方法可以让我们的人民过上更好、更健康、更富裕的生活。为避免流行病夺走人们的生命、为避免婴儿过早地失去母亲的爱，我们需要继续奋斗；但我坚信，我们可以建立一种能保障富人和穷人都过上健康生活的秩序，创造一个公正的世界。我们决不再让任何地方性流行病以任何借口破坏人类潜力、中断母爱、夺去生命。我觉得如果我的母亲还活着，并且与我一起见证这一切，她会被深深震撼！

我坚定地相信，教育可以帮助终结人类的苦难，并且它可以成为改变人类命运的工具。教育不仅能在头脑中灌输信息，还能培养智慧、激发创造力。教育可以重燃人类精神、培育知识分子并塑造人类思想。人的思想有无限的潜力，有无限的想象、创新和发明的能力。教育是释放人类思想潜力的关键，并且它能开启光辉的未来。

大自然具有同等丰富的潜力，可以孕育和滋养新的可能性，并推动世界的繁荣。受过教育的人才拥有挖掘自然的潜能和利用自然的智慧。

每个个体都有独特的兴趣与本能，他们还具有独特的天赋与能力。国家有责任给个体提供适当的机会，让他们充分利用这些技能，发挥最大作用。政府需要发现这些人才的特点，并利用他们的智慧，这是政府的责任。

我 的 梦

· · 4 · ·

个体也要利用自己的知识造福整个社会与整个国家,这是个体的责任。毫无疑问,教育可以使一个人变得更好。当然,教育的意义不仅限于此。教育是推动国家建设进程的车轮,它应为国家与民族做出贡献。

我们两国拥有庞大的智慧和知识遗产。我们的祖先是教育与创新的先驱,他们是艺术、文化与文学的开创者。他们的勤奋与奉献构筑了人类文明最牢固的基础;他们推动了创新、创造力和发明。我们这个地区,养育了博学的贤者和圣人,诞生了伟大的哲学家和追求真理的人;他们把亚洲文明传播到世界的各个角落。

我们的祖先为世界提供了吠陀经、奥义书、瑜伽、阿育吠陀、语法与语言学的智慧。他们为世界带来了数学与代数。他们向人类传达了永恒的非暴力教义。我们的祖先涉及了几乎所有学科的知识,毫不夸张地说,他们品尝并试验了植物的每片叶子,以证明其对人类的作用。而我们只是继承了我们祖先在不同领域的研究及创新。

他们曾想象,他们曾展望,他们也曾创新。他们的智慧经过了时间的考验。这个地区孕育了许多天才,他们开辟了人类文明的道路并指引人类从黑暗走向光明。

在知识、创新与发明的史册中,我们的祖先的名字脱颖而出,光彩照人。我们有责任举起火炬,向目标前进。现在,我们有责任让这些知识遗产得到继承并发扬光大。我们要继续探索、发展从祖先那里继承下来的记忆,在真正意义上走上文化复兴的道路。

第一章
发展与繁荣

在我们这个时代，全球正在发生技术革命与创新性的结构性转变，工业发展取得了惊人的进步。现在贫困人口逐渐减少，人类的生活水平越来越高。由传染病和流行病导致的死亡人数减少了，孩子们的入学率上升了。我们面前有着多种多样的机会。但是，挑战比比皆是。我们今天生活的世界是一个更好的世界，但我们不应该陷入自满。我们需要让世界发挥其自身的潜力，需要利用人类创造力的潜力，这方面还要做许多工作，比如，有很多疾病可以治愈，有很多障碍可以跨越，有很多功绩可以完成。

我们有责任确保所有人共享发展的成果，发展应为可持续性的、包容性的，并通过投资基础设施来打破发展的瓶颈。我们专注于解决这些问题时，应该加大投资技术教育的力度。我们的教育机构必须成为培养更多创新者、科学家与企业家的平台。

像教育一样，农业是我们经济体的重要支柱，它是收入和教育经费的主要来源。与各地的情况一样，农业在尼泊尔的粮食安全与营养保证方面发挥着根本作用。在我国人口中，接近65%的人口依赖农业，农业对GDP的贡献率为33%左右。国家发展计划仍重点关注促进可持续、高产农业发展的政策。

尼泊尔政府决心利用先进技术来改变本国的农业，同时充分利用传统知识和经验资源。以科学为基础的农业发展，需要农业教育、农业知识的推广体系。高校、研究机构能有效地推动农业研究，在这基础上提高生产力以促进农业生产。

像Govind Ballabh Pant大学这样的教育机构可以利用技术促进农业生

我的梦

产，同时保留有利于农业发展的基因记忆，以达到我们的目的。不同的人会有不同的看法。基因记忆的重要性在于个体根据优点或者价值来区分事物的能力。举一个简单的例子，对同一棵树的树根，有些人会简单地理解为没有任何价值的东西，但是有的人可能会换个角度看问题，认为树根有非常重要的医学价值。因此，基因记忆仍然是创造力与创新性的核心。

为促进农业发展，尼泊尔与印度之间需要密切合作，扩大两国的农业市场；我们在改良种子、发展灌溉、改良土壤、实行机械化与研究农作物多样化等方面开展合作。

作为总理，我有机会承诺我会承担起更多责任来领导尼泊尔走进稳定的新时代；以经济转型为核心，释放人类思想和自然资源的潜力。因此，我认为有必要促进Govind Ballabh Pant大学与尼泊尔的大学之间加强合作，研究我们共同的问题。我希望我们两个友谊之邦之间加强合作，在合作中实现共同繁荣的目标，并且从彼此的进步中受益。

勿忘革命精神和革命理想

北京，中共中央党校

我今天从四个方面谈政党对国家治理与繁荣的重要作用。以下将主要论述党校在创新思想方面发挥的作用，政党在保证国家治理与繁荣方面的作用，我们在开辟革命道路与维护繁荣事业方面的经验，以及全球背景下的社会主义运动。我还要简要地谈谈尼中友谊与合作的基础。

第一章
发展与繁荣

1.党校：思想创新的中心

在共产主义运动中，党校具有特殊的意义。它是一个思想创新的中心，许多新思想在这里产生；它培养了社会主义新一代的领导，体现了意识形态与集体智慧的完美融合。社会主义的建设不是自动发生的，而是一个有计划、有组织、有设想的工程。要实现这一目标，必须有正确的哲学观和奉献精神。在这一方面，党校起到了至关重要的作用。

我赞赏中共中央党校在引导和塑造中国新一代领导人思想方面的作用。党校在产生新思路与政策建议方面做出了巨大贡献。中国共产党之所以强大，就是因为其9000万[①]党员在思想上与组织上都很强大。

我相信，党校一定会继续在思想创新、培育新干部队伍方面迈出更大步伐，以积极的社会主义面貌和正气武装新干部，迎接未来的一切挑战。

2.政党：促进善政与繁荣的重要媒介

在18、19世纪反对封建主义的革命中诞生了政党。在政党的发展史上，其成长和壮大并不容易；为获得政治自由，政党必须与各种形式的独裁政权进行持久的斗争。迄今为止，各政党的历史基本上就是斗争与革命的历史。斗争与革命的目标很明确：实现人们长期以来关于善政和繁荣的愿望。政党的作用不只在于政府的建立。对我们来说，无论是工人阶级的代表、共产党员、社会主义者还是任何组织的左派，政府都是为人民服务、改造社会、改善人民生活与为人民提供良好治理体系的工具。

---

①编者注：据统计，截至2021年6月5日，中国共产党党员人数9514.8万。

我 的 梦

My Vision

• • 8 • •

在国家的发展、繁荣与善政方面政党扮演着重要角色。他们是领导者，他们不仅可以引导一个国家当下的政治，还可以把控一个国家未来的方向。

除了中国没有其他更合适的例子可以理解政党治理与国家繁荣之间互动的动态关系。中国共产党的愿景与领导对改变中国的发展格局起到了重要作用。

我们很高兴看到中国多年来取得的空前的进步与发展。我们密切关注在习近平主席的领导下，中国特色社会主义建设取得的进展。我相信，你们的"两个一百年"奋斗目标为实现中华民族伟大复兴的中国梦奠定了坚实基础。而且，对全世界的社会主义运动来说，实现这个中国梦意义重大。

习近平同志非常强调党的纯洁性，坚定"打老虎"和"打苍蝇"的决心，严正指示党员干部廉洁为人民服务；这体现了中国共产党对治理国家的明确理念。

中国人的决心令人鼓舞。它挫败了资产阶级势力对共产党提出的"只发起革命不能推动发展、社会主义与繁荣不能和谐发展"的主张。

中国共产党通过领导革命，实现了人民长期以来的繁荣的梦想，并且创造了历史。这是一场鼓舞世界各地工人阶级的运动。

3.尼泊尔共产主义运动：开拓性的革命与繁荣

尼泊尔人民的政治斗争与社会运动有悠久而光荣的传统。在早期，我们为实现祖国的统一、为反抗英帝国主义的侵略，进行爱国主义运动。在尚未形成明确的政治方针的时候，这场运动采取了社会改革与反

第一章
发展与繁荣

对保守主义、反对迷信和反对歧视的"人道主义"的形式。后来，它逐渐发展成为反对拉纳独裁政权的民主运动。在这些流派的影响下，尼泊尔共产主义运动诞生了。

尼泊尔共产党成立于1949年，它是工人阶级的代表团体。以马克思主义与列宁主义为指导，以推翻封建制度、建立民主制度为明确目标；维护民族独立、反对帝国主义与霸权主义干涉；建设公平、公正、繁荣的社会主义社会。

共产主义运动已有70多年的历史了。尼泊尔共产党在推翻拉纳独裁政权方面发挥了重要作用，领导了轰轰烈烈的农民运动，反对外国干涉，并在20世纪50年代为争取人民的权利而斗争。到了20世纪60年代，它经历了一系列痛苦的分裂。20世纪70年代初发生的查巴起义，宣告了一场反对君主专制的大胆暴动，并为在新的意识形态基础上建立和统一共产党奠定了基础。从20世纪80年代开始，一场关于创建尼泊尔社会主义运动独特道路的严肃的意识形态讨论开始了。最终，我们在马丹·班达里（Madan Bhandari）同志的领导下为尼泊尔革命开辟了一条独特而创新的道路。

在尼泊尔倡导人民多党民主的意识形态的时候，国际共产主义运动正面临着剧变。进行武装斗争的共产党面临严重的挫折。很显然，共产主义运动面临着新的问题和挑战。对马克思主义的偏离和背叛不会是这些问题的答案，教条主义也解决不了这些问题。在创新马克思主义的假设的基础上，我们关注尼泊尔社会的独特属性，并据此实践

我的梦

My Vision

了马克思主义。

这在我们的社会中留下了非凡的印记，尼泊尔共产主义运动越来越受欢迎。尼泊尔共产党在1994—1995年度的选举中成为最大的政党，尽管政府的任期很短，但是非常成功。人民多党民主的思想为普及共产主义运动做出了巨大贡献。这的确要归功于马丹·班达里提出的思想。

目前，尼泊尔共产党在联邦议会中拥有近三分之二的席位，在七个省中占六省执政，在地方政府中占多数。它已成为一个大党派，强大的政治基础使其赢得了超过53%的民众选票。尼泊尔人民赋予了我们管理政府的权力，以实现政治稳定与经济繁荣。现在，尼泊尔政府以"繁荣尼泊尔，幸福尼泊尔人"为目标，集中所有力量推动经济发展。

我们的目标很明确，那就是发展具有尼泊尔特色的社会主义。我们的重点很明确，那就是加强民族主义、发展民主体制；在社会和谐的基础上加强民族团结；消除一切形式的歧视、不平等和压迫，在短时间内实现经济发展与繁荣，实现社会正义与平等。我们非常强调善政的原则，这包括问责制、透明度、紧缩与反腐败等主要特征。

我们提出的政策与方案为实现社会主义的伟大理想奠定了牢固的基础。我们的理想是通过民主投票进行选举的和平方式建立人民政府。基于我们两国的国情，尽管我们有本国特色的社会主义理想和追求，但是我们的目标和策略有很多相似之处。更重要的是，有一个共同的理想指引尼中两国共产党继续向前努力，去帮助弱势群体、受压迫群体和穷人。

第一章
发展与繁荣

4.全球背景下的社会主义运动

当代世界有冲突、矛盾与悖论等特点,它正在见证着内向型趋势。主流政治似乎破坏了意识形态的基本目标。种族、文化与民族问题弱化了阶级斗争的精神。

在全球的现实中,世界各地的共产主义、社会主义运动已通过不同的形式发展。它们并非都处于革命的同一阶段;有些国家完成了社会主义革命,实现了革命的目标;而有些国家则取得了政治上的成就,但是还没有实现经济发展与繁荣的目标;还有一些国家的革命处于动员人民以实现社会主义理想的阶段。因此,政党的角色随着"革命"的阶段与形式而变化。我们必须知道,如果一个政党脱离一个国家的政治现实,它就不能推进社会主义事业。正是以这样的政治理论为基础,在尼泊尔我们采取了多党竞争的政治制度。根据尼泊尔独特、具体的政治需求与挑战,尼共对马克思主义与社会主义进行了本土化的改造。

我们坚持的一些基本原则可以总结如下:

首先,我们要始终坚守真正的革命精神与理想。我们意识到,随着我们在政党政治上取得成功,党员可能会出现自满和思想动摇的危险。正如毛主席曾经说过的那样,那些没有被敌人的枪支打败的战友,可能会被奢侈、懒惰、腐败与自大的糖衣炮弹击败。我相信,中尼两国的社会主义模式已经内化了这种精神。

其次,我们意识到,资本主义与资产阶级文化可以通过资本主义引导社会进步的话语来破坏社会主义运动。我们已经看到,资本主义能够丰富上层社会的理想，新自由主义能够促进少数人的阶级转变，但不能成为寻求公正、公平和以人为本的政治理想的答案。人们只有在社会主义中才能感受到人类社会真正的进步。

第三，对党员干部需要不断进行教育、确立定位、进行指导，确保他们不背离原则、理想与信念。我们应该把重点放在年轻一代身上，他们具有巨大的活力和创新力。但是，在全球化的背景下，资本主义的影响正在蔓延，意图向年轻人灌输个人主义、消费主义与逃避社会责任的文化。我们应该注意弥合有着丰富革命经验的老同志和充满活力的青年一代之间的鸿沟。

第四，要保护、弘扬与创新马克思主义思想，必须对新的思想保持开放态度。这样才能为取得创新与创造力提供良好的空间。中国同志经常讲在共产党历史上的三个主要思想节点，即中共第七次全国代表大会的决议与毛泽东思想的指导，这在中国开创了马克思主义的创新；邓小平的改革开放与现代化政策引领了中国经济发展的新时代；以及习近平新时代中国特色社会主义思想。

在尼泊尔，我们在思想创新方面也有类似的经验。20世纪70年代的查巴起义开辟了新的革命道路，这重组了当时分散的、分裂的共产主义运动；人民领袖马丹·班达里同志和他的新思想——人民多党民主指引了革命道路；尼泊尔共产党（联合马列）与尼泊尔共产党（毛主义中心）的历史性统一是革命运动的目标。

最后，更重要的是没有一个政党是不为人民服务、不跟人民建立联系的，还能维持党的发展并为社会进步做出贡献的。只有在广大群众的支持下，政党才有实现社会转型与善政的可能。中国共产党的成功以及中国惊人的经济发展、文化繁荣很好地体现了这一点。尼泊尔共产党正在尽一切努力与人民接触、倾听他们的声音，并且将自己置于人民的监督之下。

尼泊尔共产党实行多党竞争的制度，具有宪法至上、定期选举、尊重人权、权力制衡、权力分立与司法独立等特点。在我们的共产主义运动中，这样的政治体制是为了解决尼泊尔社会多种多样的社会问题与保持社会多元化。我们秉承马克思主义的革命精神的同时尊重尼泊尔社会的多样性和多元化。共产党就像一把火炬，它是特殊的、独特的、不可替代的。它引领了各国的社会革命，并且引领着各国的社会经济转型与繁荣。所以，共产党的领导对一个国家的繁荣与治理起到必不可少的作用。我们相信通过竞争与实施能够保持共产党的活力。

尼中关系：预示着新时代的到来

在数千年之前，商贸队伍越过尼泊尔与中国现在的边界，开启了两国的关系。尽管两国之间的外交关系是在1955年建立的，但是久经考验的友好合作关系早已成为两国关系的标志。在尼泊尔仍然有许多记录着人们跨越喜马拉雅山脉寻求财富与幸福的故事。法显、佛驮跋陀罗、玄奘法师等古人的游记以及尺尊公主和阿尼哥的故事不仅在政治和经济领域，而且在社会和文化领域，见证了两国人民之间的历史联系。

自古以来的这种交往培养了两国人相互的理解和尊重，还帮助我们了解彼此的需求和兴趣。反过来，这给我们灌输了多元化社会中和平与和谐的价值观。佛陀关于和平与和谐的教义深刻地引导了我们两国的社会文化风气。和平共处五项原则给我们指导了友谊的教义。遵循这些原则实现和平与发展，我们对此感到自豪。

无论在和平时期还是在危难时刻，中国政府与人民一直支持尼泊尔人民，推动尼泊尔的和平发展与繁荣。尼泊尔人民感谢这种支持与合作。

我很熟悉中共中央党校为促进社会主义目标的实现而做出的巨大贡献。党校提供的思想和教育对于建设社会主义与加强党和民众的联系做出了许多贡献。在这里，我们看到了中国共产党与中国的卓越发展之间密不可分的关系。

政党不可能遵循单一的模式。为了成为发展与善政的推动者，政党必须内化革命的精神，其唯一目标是为人民服务、满足他们的愿望。改变当今世界的思想并非完全不同于改变过去世界的思想。这是一个不断改进、调整的过程。我们独具特色的社会主义模式就是这种不断改进和调整的范例。

创新的马克思主义引领社会主义道路

加德满都，马丹·班达里亚洲学校

欢迎大家来到加德满都的马丹·班达里亚洲学校。我很荣幸看到

第一章
发展与繁荣

各位从世界各地来到这所学校。希望大家在这里享受学术讨论的过程，并积极地和建设性地为使其更加富有成果和令人难忘而做出贡献。你们的宝贵贡献将有助于学校实现其目标，即以马克思主义与列宁主义的真正精神教育干部，并分享尼泊尔独特的社会主义运动的崇高价值与丰富经验。

我感谢组织者采取这项新举措，对贾纳内塔（Jananeta，人民领袖）马丹·班达里为尼泊尔社会主义运动做出的具有开创性和里程碑意义的贡献表示敬意。已故的马丹·班达里的贡献仍然对尼泊尔与其他地方的政治、经济与社会变革具有重大价值与现实意义。

在20世纪末国际社会主义运动面临挫折之时，马丹·班达里的革命纲领为尼泊尔争取政治权利与自由的民主进步运动指明了正确的方向。该纲领给全世界争取平等与正义的运动指示了一盏明灯。他宣称，为实现人民权利而进行的运动通过革新与更新的过程而与时俱进，并通过竞争性民主的进程实现人民对进步、繁荣和平等社会的渴望。

我知道，通过学术交流建立国际主义、增进信任与理解，是这所学校的重要目标。对于学校来说，这是一个值得赞扬且非常有意义的目标，因为它将来自世界各地的人召集在一起，以期更好地理解与欣赏社会主义。定期的、无限制的和有意义的思想交流对于利用马克思列宁主义的方法更深刻地理解社会现象，以及使同志们能够应对由收入、财富与机会分配不均带来的挑战，至关重要。

我坚信，对因马丹·班达里的贡献而更加丰富的尼泊尔社会主义运

动的独特经验的教与学,不仅有助于像尼泊尔这样的发展中国家,也有助于具有类似社会经济特征的其他国家了解和应对它们所面临的挑战。

我欣喜地告诉各位,该校目前约有50名学员,他们来自巴西、南非、突尼斯、菲律宾、东帝汶、泰国、孟加拉国、巴基斯坦、斯里兰卡和坦桑尼亚。我很高兴地了解到学校提供的学术课程不仅包括理论教学与培训,还包括户外活动与实践练习。我觉得这有助于学生丰富彼此之间的友爱与伙伴关系,并有助于调和理论与实践之间的矛盾。这将有助于寻求解决方案,以解决我们今天所面临的问题。

我们坚信,马克思主义与列宁主义是科学社会主义的重要支柱。马克思的辩证唯物主义哲学为科学地理解有生命和无生命现象的结构、特征与细微差别铺平了道路。否则,在没有客观框架的情况下,这很难理解。唯物史观为社会现实的解释、理解与可能性开辟了新的视野。

科学社会主义理论为工人阶级提供了坚定的胜利信心和明确的发展方向。我们认为,辩证唯物主义与历史唯物主义为客观现实的客观分析提供了有效的视角,它们基于自身的语境性质,为社会的独特道路提供并补充了信息。

20世纪初,随着马克思列宁主义的分析范式与作为政治动员的组织工具的发展,工人阶级在世界历史上首次在俄罗斯夺取了国家政权。除了满足人的基本物质需要外,社会主义政策在教育、医疗、体育、娱乐、人的尊严与权利等领域所取得的成就是可观的。实际上,在其他地方的成功的社会主义运动之后,许多非社会主义政权被迫采取纠正性与

第一章
发展与繁荣

改革性措施，以改善工人阶级的福利。因此，很明显，人民运动的影响是多方面的且持久的，尽管不总是那么明显。

然而，我们认识到，马克思主义与列宁主义不一定是解决一切问题的现成办法，也不是随时随地都可套用的固定公式。相反，它是一种理解、解释与改造社会的科学方法论。每个国家由于其独特的历史发展道路、社会经济结构、阶级斗争水平与文化传统而具有不同的特征。这些差异也使一个国家的革命及其通往社会主义的道路具有特殊性。因此，任何国家的社会主义者都有责任根据马克思主义的普遍原则确定社会与国家背景的具体特征，并在这些特征的基础上制定与发展独特的革命原则与社会主义原则。

我们在尼泊尔的政治目标一直以这一总体务实的愿景为指导。我们探索本国的社会经济发展的社会主义模式。我们不模仿任何模式的革命、运动、变化或变革。同样，我们也不给其他国家规定任何模式。我们在尼泊尔创新地运用了马克思主义。

实际上，一个进步的社会主义运动只能是内在发展的，并且必须适应社会独特的经济与政治特征。

我们一贯主张在竞争性与多元化的政体中实现人民的宪政民主。实际上，竞争的多党制、宪法至上、法治、定期选举、人权、权力分立与制衡以及司法独立等宪政民主特征，正是在反封建革命的斗争中发展起来的。这些价值观本质上并不是资本主义的，因为它们有时会被混淆。实际上，竞争与民主的价值观是尼泊尔人民长期以来进行的许多政治斗争所取得的成就。

以人民为中心的治国原则与以竞争民主制为基础的治理体系是一致的和亲民的，因为这些理念把人民置于所有政治目标的首位与中心，并且有助于不断地重新塑造、激励并振兴政党，扩大其活动的影响力。如果从马克思主义哲学的形式—实质与现实—表现的二分法来看，这是显而易见的。从这个意义上说，我们认为我们在尼泊尔创新地运用了马克思主义。

只要社会保持阶级基础与多元化，就自然存在与这种社会特征相适应的多党制。因此，我们采取了通过竞争建立政权的政策。我们认为，宪法与法律控制着回归力量，并通过完善的群众政治控制机制使社会向前发展，从而为人民的福利提供变革与转型的土壤。

在世界殖民主义的兴盛时期，使用武力、反抗与斗争是很自然的。国家受到压制，人民的权利与独立的愿望被外国势力无情地压制，人民在专制政权的残酷统治下遭到剥削。然而，暴力既不是一种强制性手段，也不是革命意识形态的主题。

今天，时间与背景都发生了根本性的变化，我们需要认识到社会现象变化的本质。殖民时代已经结束，极权主义政权已经倒台。21世纪使得以和平与民主的方式改造社会成为可能。不可否认，当有使用和平与合法手段的机会时，暴力不能成为一种选择。这是我们从祖先几千年的智慧中吸取的宝贵经验，他们从客观的角度考虑了现实与现象的本质，并为我们留下了箴言：非暴力是存在的最高本质。我认

第一章
发展与繁荣

为，通过灌输我们祖国的古老智慧，我们已经将非暴力应用于实现尼泊尔的政治目标。

为了实现"**繁荣尼泊尔，幸福尼泊尔人**"的目标，我们采纳了积极的历史价值观念，摒弃了不必要的内容。正如已故的马丹·班达里所概述的那样，意识形态应该服务于人民的需求，而不是相反。尼泊尔的进步运动代表了普通民众的愿望，把他们的利益放在中心位置。我们不仅注重政治目标，而且强调建立基于崇高道德与文化价值观的社会。

在外交方面，我们的政策以我们两个半世纪以来的政治家与领导人的丰富经验与务实态度为指导。我们奉行的外交政策是，在主权平等、领土完整、互不干涉、相互尊重与互利互惠的基础上，与邻国和所有友好国家保持密切的、富有成效的和彼此尊重的关系。在全球层面，我们主张建立以主权平等为基础的公平公正的国际秩序，并认为全球政治经济秩序应优先考虑发展中国家及其人民的利益。正如我们在国内争取正义、平等与公平的机会一样，我们在国际舞台上的目标同样是通过对公正与公平的国际政治经济秩序的追求来实现的。

今年，尼泊尔共产党成立70周年。回顾过去的70年，我们可以为取得的许多成就感到自豪。今天，我们是最大的政党，拥有明显的多数席位，得到了人民的坚定支持。我们已经成功地成为尼泊尔民主运动的领导力量与社会变革的主要力量。

我们已经完成了尼泊尔人民赋予的大部分历史使命。尼泊尔的政体已转变为联邦民主共和国，由人民选出的代表撰写的《宪法》规定了对

我的梦

政治、社会和经济权利的法律保障。然而，我们仍然有许多紧迫的责任及诺言要履行。最重要的是，我们有责任在短时间内实现迅速的经济繁荣，并巩固迄今为止所取得的政治成就。尼泊尔拥有珍贵的自然资源。它拥有令人难以置信的丰富的文化遗产。这个国家的年轻人充满活力与勇气。他们继承了先辈勇敢、博学与勇于创新的精神。适当利用这个国家的丰富资源将使其摆脱贫困的经济格局。

今天，我们正在与贫困、资源匮乏和落后做斗争。我坚信，与民主运动一样，我们将在争取社会变革与经济繁荣的运动中取得成功。我完全有信心，我们将能够告诉我们的子孙后代，尼泊尔的进步运动通过建设一个繁荣的尼泊尔证明了它的意义；并完成了历史赋予我们的使命。

今天我们的主要挑战是实现人民对善政、法治与迅速的社会经济转型的愿望。我们的人民希望尽早实现这一切。在这方面，国家机构的作用至关重要。同样重要的是政党的作用，因为政党不断地倾听人民的愿望，并使这些愿望得到选民的认可，以便付诸实施与执行。在这一方面，发扬民主精神、价值观与规范，争取党的不断更新与改革，是实现一个充满活力和与时俱进的进步运动的根本要求。同样重要的是，我们要分析和总结历史教训，以构建社会主义的新秩序来实现人民的愿望。这是我们肩负的重要责任。

我相信，革命先辈马丹·班达里对社会主义运动的远见卓识与思想贡献将有助于我们确定社会和经济发展的方针政策，以实现人民的愿望。希望这所学校能在这方面发挥重要的作用。

第一章
发展与繁荣

"一带一路"倡议是千载难逢的机遇

加德满都，特里布万大学

今天上午，我很荣幸与大家一起参加这次"一带一路"倡议国际会议：为尼泊尔与该地区带来机遇与启示。

这是一个供该地区的学者、专家、外交官、学生与感兴趣的人就这项大胆而雄心勃勃的倡议进行讨论的及时平台。

我相信这次会议将有助于进一步加深我们对"一带一路"倡议的范围与机遇的理解，并提出务实的建议以将其转化为现实。我希望这个平台将成为一个分享经验与学习心得的论坛。

随着历史性政治变革的成功，尼泊尔现在正处于社会经济转型的重要时刻。我们的主要议程是社会经济发展。然而，尼泊尔的发展需求是多方面的，而且资源仍未得到充分开发和利用。资金缺口是显而易见的。

我们认为，中国与印度正在发生的前所未有的经济转型为尼泊尔提供了巨大的机遇。作为两个经济大国之间的国家，尼泊尔不能再贫穷下去。我们必须以更快的速度攀登发展的阶梯。我们应主动出击，以确保我们与邻国的互利合作来促进我们国家的发展。

"一带一路"倡议是习近平主席于2013年提出的一项富有远见的事业。这是旨在促进该地区同其他国家之间的联系与合作的重要步骤。

"一带一路"倡议将连接全球近三分之二的人口，占全球GDP与贸易的三分之一。该倡议的变革性规模与范围为整合经济、连接市场与投资基础设施带来了无数机会。

正如习近平主席所说的那样,"一带一路"倡议提出了互惠互利的框架,以建立"利益共同体"和"命运共同体"为目标。

我们认为,"一带一路"倡议可以通过确保公平的贸易环境来支持像尼泊尔这样的国家以更快的速度实现经济增长与繁荣。它可以成为实现尼泊尔繁荣议程的重要催化剂。作为刺激投资与增强连通性的框架,"一带一路"倡议有助于解决我们的发展瓶颈问题;为我们的发展需要筹集资金并确保共赢的合作。

虽然资源缺口在全球范围内日益显著,但"一带一路"倡议可能有助于实施可持续发展目标。这样,它将为全人类的利益服务。

虽然日益显著的贸易保护主义倾向正在侵害以规则为基础的多边贸易制,但"一带一路"倡议可以成为开放与共享利益的选择。在经济发展的重心转移到亚洲之际,"一带一路"倡议可以成为新一波全球化浪潮的引擎,使之具有包容性、公正性与人道主义色彩。

中国的经济增长与发展是当今时代令人鼓舞和振奋的典范。在改革开放的40年来,中国的年平均经济增长率保持在9%。在此期间,中国在世界经济中所占比重从2.7%增加到16%;其人均GDP从1000美元增加到8000美元。

中国政府已经使8亿中国人摆脱了贫困,成为世界第二大经济体。该国还是创新与技术革命的重要参与者。

中国所有这些令人印象深刻的数字与进步震惊了全世界。

第一章
发展与繁荣

今年是中国改革开放40周年。中国在改革开放的40年中取得的巨大进步证明了其伟大领导人邓小平的智慧。他曾说："发展才是硬道理。"

中国的改革开放确实是一个里程碑。从某种意义上说，"一带一路"倡议在区域与全球范围内对改革开放进程起到了加速作用。"一带一路"倡议全面实施后，有可能成为中国发展史上的另一个里程碑——发展的动力与创新的源泉。

互联互通仍然是繁荣的核心。基础设施的互联互通可以释放经济发展中的乘数效应。互联互通还为我们提供了贸易、投资、旅游与人文交流的机会。加强这些部门的合作将为人民创造更多的就业机会，促进经济发展，并提高各行各业的生产率。

认识到这一点，尼泊尔将与中国致力于在跨喜马拉雅立体互联互通网络的总体框架内，加强包括港口、公路、铁路、航空与通信等重要行业的互联互通。我们认为，这些是可持续区域合作的重要组成部分。

尼泊尔曾经是历史悠久的丝绸之路的重要通道。这是一个充满活力的贸易中心，将中国与南亚地区连接起来。鉴于其地理位置和与邻国的友好关系，尼泊尔可以作为该地区的联通中心做出贡献。

尼泊尔将为这座充满活力的桥梁做出许多贡献：

不仅是物理上或地理上的桥梁，而且是文化和文明的桥梁；不仅是连接市场与经济的桥梁，而且是连接人和思想的桥梁。

对于像尼泊尔这样的内陆国家来说，互联互通对于确保进入全球价值链至关重要。

几天前，尼泊尔与中国敲定了《过境运输议定书》的内容。该协议为尼泊尔提供了使用中国部分海港的通道。这是尼泊尔从一个内陆国家向水陆相连的国家转变的一个重要里程碑。

此外，今年我们又与中国缔结了建立跨境传输线路的谅解备忘录。横贯喜马拉雅的铁路将在我们的发展进程中改变合作关系。我们两国已经就铁路项目合作签署了谅解备忘录。可行性研究已经完成。

我们两国已经开始就与"一带一路"倡议相关的项目进行讨论。在我的两次访问中，互联互通仍然是我与习近平主席以及中国其他国家领导人进行讨论的核心话题。

同样，尼泊尔与印度致力于进一步加强跨境连接，推进包括铁路、公路与天然气管道的连通性。与此同时，尼泊尔也与孟加拉国签署了电力交易协议。

南亚区域合作联盟（SAARC）和环孟加拉湾多领域经济技术合作倡议（BIMSTEC）等区域组织也是多维区域互联互通的重要平台。我们必须使这些区域组织充分发挥作用并检视其效果。在第四届BIMSTEC峰会期间，互联互通是我们讨论的最重要议题。我们已经签署了一份关于能源网格互联互通的谅解备忘录。它表明了我们在重要的权力领域促进合作的强烈愿望。

一旦我们建立了足够的连通性，尼泊尔的土地也可以成为与世界"相连的土地"。

每个国家都有其独特的现状与需求。"一刀切"的做法无法满足不同国家与地区的多样化发展需求。任何国家的发展道路都取决于其实际

第一章
发展与繁荣

情况与社会经济背景。

我希望消除顾虑,通过声明在任何双边、区域或多边机制下,政府在选择或接受项目与方案时将完全着眼于国家利益。我们不会被任何不客观的、不立足于现实的观点所左右。

尼泊尔的首要任务是将人民从不发达又不人道的泥潭中解救出来,并打破贫困的恶性循环。不幸的是,惰性和玩世不恭的不健康结合只会使这种泥潭永久存在。如果我们不及时把握时机,那么这将是对后代的最大罪行。为了实现我们的繁荣议程,我们将根据我们的国家利益与首要任务,寻求与邻国合作的途径。

尼泊尔与中国是亲密的朋友,也是好邻居。两国有着悠久的友谊,始终保持亲切、和谐的关系。在和平共处五项原则的指导下,我们两国决心将我们的关系提升到一个新的高度,以使双方都满意。"一带一路"倡议为我们两国探索与挖掘巨大的发展潜力以实现共同繁荣提供了难得的机遇。

以知识和创新促发展

加德满都,尼泊尔侨民知识大会

我很高兴在这里与大家分享我对通过旅居国外的尼泊尔人丰富和弘扬尼泊尔文化的想法。

有一个特别的理由让我们感到幸福,那就是:我们聚集在这里讨论

我的梦

一个主题，该主题关乎人类的发展与未来。我想提醒各位，这是我们第一次表现出对一个问题的严肃态度，这可能会改变我们的发展前景。

因此，包括尼泊尔侨民（NRNs）、尼泊尔的教育与研究机构、私营部门以及其他利益相关者在内的组织者都应特别感谢我们采取这一值得赞许的举措。鉴于来自世界各地的许多博学人士和知名人士出席，我确信为期两天的讨论会取得丰硕的成果。预祝国际与会者尼泊尔到访愉快，大会取得圆满成功。

尼泊尔侨民已真正成为全球性的人。我非常感谢尼泊尔侨民协会在团结散布在世界各地的尼泊尔人并调动其资源帮助祖国发展方面所发挥的重要作用。我相信，身体上的距离不会减少对自己祖国的归属感与亲和力。相反，当你们居住在海外时，这种感觉会变得更加强烈。我赞赏你们对祖国一直以来的关切与热爱。

尼泊尔侨民通过通用语、尼泊尔人的饮食与生活方式，为弘扬尼泊尔独特的文化与价值做出了贡献。

我很感激你们对尼泊尔文化的热爱，以及你们在促进尼泊尔文化全球化方面发挥的积极作用。我认为，在向全世界推广尼泊尔丰富的文化、价值观与传统方面，尼泊尔侨民是我们的荣誉大使。它实现了一个目标：它可以帮助你们认识到该国的文化内涵，并有助于在世界范围内提升该国的形象。你们所做的不止于此。你们在确保外国人就业安全与尊严方面所发挥的作用不容忽视。

我很感谢你们在为尼泊尔的商品和服务进行投资、促进和开拓市场

第一章
发展与繁荣

方面所做的努力；并在你们目前居住的国家和地区为尼泊尔与尼泊尔人的利益进行宣讲。

虽然你们在各个领域都发挥着重要作用，但专注于建立自己的优势也同样重要。尼泊尔侨民之间的团结与互助将有助于为祖国的发展争取更多的支持；同时，也将提高你们在所居住国家的地位。我们希望看到你们的个人声望得到提升，影响力得到扩大。

在尼泊尔遭受地震、洪水与山体滑坡等自然灾害之后，尼泊尔侨民在国外的大力支持与援助，显示了他们对尼泊尔同胞的深切同情。尼泊尔侨民参与灾后恢复与重建工作值得称赞。2015年地震的震中——偏远的拉尔帕克（Larpak）村庄的房屋重建是你们热爱祖国与同胞的有力例证。

有了这种血肉联系与奉献精神，我相信尼泊尔侨民将在今后的日子里为尼泊尔的社会经济发展做出更大的贡献。为了表彰你们对祖国的贡献，我们的宪法向你们保证了具有经济、社会与文化权利的尼泊尔侨民公民身份。政府将做出必要的法律安排，以执行宪法的这一规定。

尼泊尔被誉为世界上著名的萨加玛塔（Sagarmatha，珠穆朗玛峰，世界最高峰）之国，也是和平使者佛陀的诞生地。

尼泊尔的自然之美是无与伦比的。我们同样拥有无与伦比的独特艺术与文化。我们在国际社会上有一个独特的形象，即人民热爱和平、诚实和勤劳。这些是尼泊尔的真正财产。我们必须利用这些稳固的资产，使尼泊尔在经济战线上强大，并在社会战线上成为以社会公正与和谐为主要特征的典型国家。

我的梦

这是不容易实现的。我们应该避免以简单的眼光看待事物。清晰的愿景、坚定的承诺、适当协调的资源、轻而易举的努力、有序的步骤以及具体的可交付成果将使之成为可能。

在发展方面，我们远远落后于许多国家。所以我们既没有时间等待，也没有时间就所谓的发展进程进行无休止的辩论。我们既没有时间等待别人来教我们如何前进，也没有时间互相指责并为过去的不作为与错误而忏悔。

时间不待人。变化是唯一不变的。因此，我们必须立刻采取行动，以更快的速度前进。我相信，尽管有艰辛，但我们有能力完成这一任务。

尽管存在种种困难和挑战，但政治斗争鼓舞了我们的勇气，并为我们提供了有益的经验和教训，我们将不惜一切代价实现目标。尼泊尔颁布了《宪法》，并成功完成了联邦、省与地方各级的选举，从而迎来了政治稳定的时代。

从民主、人权、社会正义与包容性的角度来看，我国宪法是杰出的。为了达到这个阶段，我们付出了沉重的代价。我相信尼泊尔人民从此将不再需要为政治权利而战。政治问题已经解决，我们已经成为一个充满信心和活力的政治文明的国家。

在巩固了具有开创性的政治成就之后，尼泊尔现在正处于社会经济转型的重要时刻。这不是一种选择，而是一种必然，因为尼泊尔人民再也不能生活在贫穷、饥饿和落后里。他们受了很多苦，现在应该过上有尊严的生活。

第一章
发展与繁荣

为了实现任何目标,我们首先应该把目标当成梦想。这就是为什么我国政府的愿景以"繁荣尼泊尔,幸福尼泊尔人"这一长期目标为指导。

为了实现我们的目标,我们必须确保我们的人民有体面的与富有成效的工作。我们需要实现农业现代化,发展能源部门,特别是水力发电。我们应该把重点放在发展基础设施、旅游业和创造有技能的人力资源上。

实际上,尼泊尔的投资环境正在改善。政府一直致力于改善投资与商业环境。我要强调的是,政策稳定与政治稳定同时存在。我们保证对国内外投资的保护。尼泊尔侨民社区可以在吸引尼泊尔的外国直接投资(FDI)中发挥积极作用。他们已经取得了极好的进展,但还有很多事情可以一起完成。

在很多投资领域,跨国公司与合资公司在尼泊尔的投资得到了很高的回报。在此关头,我认为政府、私营企业与尼泊尔侨民应加倍努力,让普通民众的生活变得更加富裕。

我认为,在促成繁荣的几个必要因素中,知识是其中之一。如果发展是果实,那么知识就是种子。

知识是经验的集合。它是创新与实验的成果。知识是以经验的记忆存储起来的。记忆就像可以使知识成型的存储库。知识具有实用价值;它不应仅仅被视为语句的集合。我坚信,领导一个国家走上进步之路的基础在于创建一个知识型社会。

不断的创新、发明与研究为知识创造的良性循环奠定了基础。知识创造对于全人类的福祉至关重要。

我们是知识渊博的祖先的后代。我们祖先的世界是一个截然不同的世界,充满了知识、创新与发明。没有什么是未经检验的。

在历史的进程中,我们失去了祖先建立起来的基业。当世界进入近现代时,那些曾处于黑暗中的人超越了我们。现在,我们有责任通过知识的复兴来复兴这段光辉的历史。我们的后代应得到不间断的丰富的知识与文化遗产,我们必须确保这一点。

创新、发明与研究的灵感将永久促进和平与繁荣。有鉴于此,我们在社会生活的所有领域都将创新方法列为最重要的目标。

变化与转型是由技术驱动的。我们已经看到不可阻挡的技术力量,它极大地改变了我们今天生活的世界。然而,并非所有国家与人民都已从技术进步中受益。没有技术就无法取得进步。所有国家都必须获得负担得起的和可靠的技术,才能从全球化中获益。

虽然技术充当硬件,但人性与软件同样重要。技术就像一把双刃剑。如果你们能够定义目标并将技术应用到目标中,它可以使你们的生活变得舒适与幸福。但是,如果你们缺乏明确的目标,而让技术定义你们的目标,则可能会产生完全不同的结果。

政府意识到研究与创新的重要性,因此设立了政策与研究学院作为一个智库机构,为进行必要的政策改革提供重要帮助。该学院将向政府提出基于事实、证据与研究的建议,以制定合理的政策。

政府最近成立了一个咨询委员会,以改善商业环境,并邀请尼泊尔侨民协会的领导参加。我相信尼泊尔侨民协会将继续从事创新与研究,

第一章
发展与繁荣

并将宝贵的发现反馈给政府。我向你们保证,尼泊尔政府随时准备在这方面提供必要的支持。

我希望这次大会将有助于我们实现内部一体化,利用我们的丰富知识来进一步创造新知识。我期望我们能够扭转人才流失的状况,并且通过我们全力的推动,产生新的知识的精华;我们可以在所有人之间共享这一切。

尼泊尔可以繁荣,也必须繁荣

卡尔纳利省,拉拉湖

在新年的第一个早晨,我很高兴在美丽的造物主宠儿拉拉湖之畔向你们致辞。拉拉湖本身就是一个独特的象征,是自然美与珍宝的象征,是可能性的象征,也是未来的象征。我们拥有无限的自然与文化遗产,有丰富的社会与生物多样性以及勤劳与朴实的人民。这些都是我们实现繁荣所必需的要素。但是,我也意识到现实的另一面。我们这里没有优质的儿童学校,也没有连通学校与家的道路、桥梁。我们没有足够的人力与物力来帮助产妇,也不能使产妇免遭与妊娠有关的死亡。我们有卡尔纳利河与其他河流,但是这里的村庄漆黑一片,不能发电、供电,农田荒芜。尽管卡尔纳利省存在着巨大的发展潜力,但是这里的人类发展指数排在末位,它正等待着大规模的社会与经济变革。

我在卡尔纳利省开启新的一年是有原因的。这是为了解释我们现在

我的梦

My Vision

所处的位置，我们的目标是什么以及如何实现目标问题。只有在包括卡尔纳利省在内的整个国家变得繁荣之后，我们才能实现"繁荣尼泊尔，幸福尼泊尔人"的目标。

我以作为第二任期的总理感到自豪，我一直以严肃、认真的态度履职。我出生于代勒图姆区的一个中产阶级家庭，现在我正面临着生活中的各种挑战。实际上，我的人生旅途是人民改变国家与社会的巨大意志力的结果。一个普通公民成为国家行政长官是民主制度的力量。面对一切困难，保护国家的独立与尊严是最理性的决定。因此，我谨重申我对尼泊尔人民主权、尼泊尔独立的领土与民主的最大敬意与坚定承诺。我要向尊敬的长者与烈士致以最诚挚的敬意。

在2017年11月的选举中，面对混乱、不稳定与动荡的局势，你们对我们党给予了无条件的信任，并支持左翼民主选举联盟。我把这种信任理解为，我们为实现繁荣而采取的积极行动的有力指导。我要对所有选民的信任表示由衷的感谢。我要感谢我们的党——尼泊尔共产党（联合马列）与尼泊尔共产党（毛主义中心）提议我担任总理，并感谢所有政党与议会议员对该提议的支持。我也借此机会感谢国内外朋友与同志的良好祝愿。

对你们中的许多人来说2017年11月选举日的体验并不好。有些地区寒冷得令人麻木，有些地区则因暴力而遭受损失。但是你们仍有勇气参与选举。选民们背着婴儿排队的画面至今仍浮现在我眼前。你们有些人躺在担架上，有些人拄着拐杖。我还看到选民们在哀悼时排队等候。你们投在箱子里的选票不仅仅是一张纸，它更是开启新时代大门的钥匙：

第一章
发展与繁荣

- 那是一个公民之间不会有歧视与不平等的时代。
- 那是一个充满社会正义与民主的时代。
- 那是一个所有人享有平等、尊严、安全、机会与权利的时代。
- 那是一个善政与繁荣的时代。
- 那是一个人民在富裕国家过上幸福生活的时代。

我郑重承诺，我不会辜负你们通过选举表达的期望。我无论如何都不会让你们失望。

2074年（BS）仍然相当关键，那是取得重大政治成就的一年。这一年是政治过渡期，国家组织了一个亲民的、向往发展的、进步的、民主的与爱国的政府。随着各级选举的结束，宪法开始实施，国家进入了政治稳定的新阶段。一些破坏国家选举与阻挡宪法颁布的阴谋失败了，把尼泊尔推向无休止的不稳定状态的计划也落空了。随着选举的成功，尼泊尔在实行民主方面确立了新标准。我们还面临着许多问题，我们有责任解决这些问题。现在，人民已经赋予我们处理这些问题的权力。这次，议会的票数与人民的期望之间的差距得到了弥合。我再一次衷心感谢你们为创造这个国家的繁荣奠定了基础，担负了时代所赋予的使命。

"尼泊尔能繁荣吗？这个政府能实现我们的梦想吗？"对于你们的这些基本问题，我给出了一次又一次的肯定回答。我再重申一次，尼泊尔可以繁荣，而且必须繁荣。一切事物都遵守时间的规律，也会受到种种限制，包括人类知识与能力。什么才不受到时间规律等种种限制，那就是诚实与正直。那些诚实与正直的人不需要接受检验。

我 的 梦

My Vision

大约三年前,在作为总理向议会发表的最后演讲中,我曾说过:"这不是时间的终结,我们正在参与这个过程。"时间又回到了我们身边,来培育我们当时种下的幼苗,去实现我们曾经的梦想,并执行我们起草的计划。我们一直团结在一起,我们继续得到人民的信任与支持。我们有地方、省与联邦各级的优秀代表,他们充满了活力,随时准备服务国家和人民。我们有国际友人正在等待支持尼泊尔的发展与繁荣。现在,我们没有任何借口拖延,将以闪电般的速度前进。

一个国家的发展需要强大的自信心。一个国家的进步离不开对美好未来的信心,也离不开人民自力更生建设国家的决心。若一个国家不坚决地与任何维度和规模的障碍做斗争,那就无法繁荣起来。一个心理上脆弱的国家无法应对挑战。因此,我们应该将注意力集中在建立"我们能做到"的自信上。我们不应该为挫败梦想、粉碎信心、描绘未来黯淡前景和灌输自卑情绪的行为所影响,我们应该为自己的前途感到自信满满。

尼泊尔是世界上最古老的国家之一。释迦牟尼生于尼泊尔(Gautama Buddha),在数千年前就倡导世界和平、慈悲心与非暴力的永恒信条。数百年前,尼泊尔因其艺术、文化与文明而闻名。当时加德满都谷地是中国与印度的商贸中心,文化交流的纽带。尼泊尔始终保持自己的独立性,反抗全球殖民帝国的统治。我们过去的斗争及政治成就引起了全世界的注意。拥有如此辉煌的历史的国家怎么能落后?

尼泊尔的前途一片光明。曾经使尼泊尔倒退的封建制度已经成为历史,宣扬依赖他国生存的世界观已经站不住脚,分裂势力陷入困境。认

第一章
发展与繁荣

为政治是服务于既得利益的权力阶层的观点已被击败。"发展"与"繁荣"不再是抽象的意识形态讨论或遥远未来的虚构故事。时代变了。我们的责任也是如此。我们击败专制与独裁的勇气，现在将用来与贫困、失业、落后、歧视和不发达做斗争。

保护主权、领土完整、独立、国家利益与尊严是政府的主要责任。我们将与邻国、所有友好国家和国际社会保持密切联系，以国家利益为中心。我们发展国际关系的基础将是主权平等、互不干涉、互惠互利与相互尊重和信任。我认为，我们谁也不应该把爱国主义等同于空洞的民族主义的自卑情结。国家之间的关系是根据主权平等的原则来确立的，而不是由地理、人口与经济规模决定的。

民主不仅仅是治理体系的名称。对于为实现这一目标而奋斗了数十年的人民来说，民主是一种生活方式与人生价值。我不想在这里谈论我为争取民主而度过的14年监禁生活与超过50年的奋斗历程。然而，我想回顾一下，在建立民主的价值观与原则之前，我们的祖先就已经采用了独特的治理体系。民主是我们固有的价值观，而不是别人借给我们的东西，对此我经常谈论释迦（Shakya）共和国以及通过利格利科特（Ligligkot）比赛选拔国王的做法。这两个例子展示了我们在竞争与功绩的基础上进行领导层选拔的历史，至少我们现在领导的这个党从历史中汲取了灵感。众所周知，我们党在理论上与实践上都采用了基于绩效的竞争体系来选拔组织领导。

我不止一次地说过，我们一直在谈论的民主不仅是保证公民与政治自由的民主。我们一直在谈论全面民主。所谓全面民主，是指维护人民的经济权利、保障社会正义的治理状态,而不是流于形式的空谈。没有社会正义的民主是不完整的、空洞的。因此,我们将在有限的时间内建立必要的规章制度、制定政策、调整结构与资源,并执行宪法中的规定。我们将努力缩小贫富差距。

本届政府的治理策略将以民主、人权与多元化原则为指导。政府将通过它的计划投入所有努力,以加强与巩固从最低层到最高层的联邦民主共和主义的基础。省与地方各级将首当其冲,自力更生。在合作、协调与和谐的基础上,保证联邦、省与地方各级的全面发展。在决策过程中,公民将在真正意义上参与。国家将回应公民关切,使他们感到自己在治理中有发言权,国家致力于为人民服务。

我们将奉行基于公平与正义的发展政策。我们要把发展社会主义国家制度的决心落到实处。为此,我们将努力结束一切形式的社会压迫与经济剥削。我们的行动将针对绝对贫困、文盲、失业与缺乏基本服务(包括健康、交通、电力和饮用水)。我们将确保所有人享有基本保健服务、交通设施、电力和饮用水,将在一定时间内开展全民基础设施普及运动。我们将保障所有儿童的受教育权。为此,我们从今天起开展学校招生运动。

多民族、多语言、多文化与多宗教的社会结构既是我们的特征,也是我们的宝贵遗产。我们的社会认同基于多样性、多元主义、社会尊重与文化共存。我们的民族团结正是建立在这些特征的堡垒上!但是,人们正在试图与它敌对,并在这些社会群体中注入不信任、仇恨与敌对情绪,并转移国家对优先考虑事项的注意力。尼泊尔人不会接受这样的企

第一章
发展与繁荣

图。我们将与之抗争，并将其挫败。政府将坚定地维护和平，并在形成社会凝聚力与尊重的基础上实现民族团结。

不受威胁的生存权以及职业和商业自由权是公民的基本权利。现在，人民享有主权。宪法使尼泊尔公民的所有权利制度化。一个清晰、有效的制度已建立起来，以通过法律与和平手段实现变革。面对这些成就与宪法规定，如果有人试图激发敌对情绪，鼓吹暴力，企图给以利益驱动的犯罪活动赋予政治色彩，为人民带来恐惧并破坏国家的政治环境，我们决不会让他们逍遥法外。政府的立场坚定不移，将对所有卷入非法事件的人进行处理。

腐败扼杀社会前途。本届政府对腐败采取严厉的态度和毫不妥协的反击行动。为此，我们将对法律进行必要的修正，并做出强有力的制度安排。在这方面，我们不接受任何借口。那些腐败的人将无处藏身。腐败不仅是非法地和不道德地获得金钱，也是人们表现出的态度与心理。贿赂造成的金钱损失可以追回，但是腐败造成的社会尊严与价值观念的损害无法追回，对民主的损害以及对个人或组织的道德品格的损害无法挽回。

经济繁荣是国家赋予我们的使命。这是我们的承诺，我们把它作为我们行动的核心。我们曾让过去漫长的黄金岁月白白流逝。现在我们深知时间的重要性，我们全速发展，并追赶时代的步伐，以便以最快的速度发展国民经济。我们有责任在2022年前使尼泊尔成为中等收入国家。我们必须兑现我们的承诺，到2030年实现17项可持续发展目标和169项可持续发展指标。有些人可能认为政府的目标难以实现。但是，没有任何

一个国家不抱有雄心壮志、不承担风险、不采取新政策、不发展新制度和不改变工作方式就能够大踏步地前进。

因此，我们现在对"一切照旧"说"不"。我们必须采取更明智、更迅速的行动，否则，我们无法实现"繁荣尼泊尔，幸福尼泊尔人"的目标。政府决心有计划地加快发展进程。为此，我们竭尽全力最大限度地利用国内自然资源、人力资源、金融资本与技能来推动经济建设。我们让私人企业与民间组织来壮大我们的力量，作为盟友与他们一起发展国民经济。我们为他们提供有利于投资的环境、良好的劳动资源，并保证他们投资与收益的安全。我们将优先推行政府与民间合作的模式。

政府已经充分了解了合作社的范围，以最大限度地调动资源。合作社应发挥推动变革与生产关系现代化的作用。我们将鼓励发展合作社，使之成为社会主义国民经济的主体。

我们从来没有说过我们可以独自走上发展的道路。我们接纳邻国、国际友邦、投资者与金融机构的力量，并为国家利益而共同努力。因此，我呼吁国内外的投资者：请在考虑环境敏感性、工人福利和透明税制的前提下毫不犹豫地在尼泊尔投资，并参与到建设繁荣尼泊尔的宏伟运动中来。尼泊尔政府了解你们对投资与利润的担忧。

你们再也不用面对不必要的法律和行政纠纷了。你们在进行投资时无须支付佣金与额外的服务费用。我们将解决一切不利于投资与商业安全的问题。我们将使现有系统变得简单、顺畅、便于投资与盈利。我们将在国内外投资之间做一个平衡，并确保所有投资者的安全；重点发展

第一章
发展与繁荣

必要的经济特区与工业特区。

  目前,一些人对我们实现"繁荣尼泊尔,幸福尼泊尔人"的决心表示怀疑。他们经常说这是不可能的,因为他们认为我们缺少方法与资源。但是我一直在告诉他们,世界上没有任何国家是在积累了足够的金钱与财富之后才走上发展之路的。每个国家只有在发展起来之后才变得越来越富有。我们有一块如此肥沃的土地,拥有丰富的生物资源。我们在我们的土壤下面发现矿物,在土壤上面发现生命。我们是一个盛产草药和芳香植物,水资源丰富,文化具有多样性和可再生能源丰富的国家。因此,我们的祖国没有理由继续贫穷与落后下去。

  对于那些说我们没有发展和繁荣资源的人,我请他们听听调查数据!我们有16至59岁的活跃劳动力,既然我们有这么强大的劳动力资源,怎么会缺少资源呢?当然,我们在管理上有一些弱点,参考依据存在一些缺陷,缺乏信心,制度不完善。但是,这些都不是不能弥补的。问题不在大环境中,而在于我们的无能!我们意识到了这一点,我们将解决一切规章制度上的缺陷,有效执行法治。我们将摧毁在民主的面纱下升级的无政府状态,粉碎在"假统治者"面具下苟活的流氓的乐趣与花言巧语。现在,我们将迎来这样的一天:站在"队伍"中的人们也感到轮到他们了,他们也可以到达"队伍"的前排!本届政府将竭尽所能使之成为现实,并恢复人们对民主制度与程序的信心。

  我们将尊重分权、司法独立与制衡原则。我们将加强法治,保证在法律面前人人平等。我们不能容忍国家受人尊敬的组织和机构出现偏差，不能接受人民对这些组织和机构失去信任。政府将全力维护这些机构的尊严，并重振人们对它们的信心。

历史告诉我们，如果我们的经济实力不强，国家的主权与尊严就会岌岌可危。因此，政府将全力以赴使国家在经济上自力更生。我们计划通过贸易多元化、相互依存与经济发展来实现这一目标。我们奉行指导我们结束封建制度与剥削、发展生产与生产力、加强基于公平与社会正义的分配、支撑经济繁荣、消除贫困、解决就业、消除不平等与外部依赖的政策，并为社会主义国家工业经济革命奠定基础。

最后，我们将采取以下五个优先基础行动：

- 爱国。

- 民主。

- 社会正义、平等、社会凝聚力与民族团结。

- 和平与稳定。

- 发展与繁荣。

农业是三分之二尼泊尔人的主要生计来源。但是，农业相关部门仍然是传统的、非商业化的、低生产力的。这是我应该指出的主要挑战之一。土地碎片化对农业现代化以及生产和生产力的提高构成了威胁，但市场管理、侵占生产用地与气候变化的问题给农业部门带来了额外的挑战。

我们在即将出台的政府政策与方案中，详细规划了农业方面的优先政策。但是，我们的重点仍然是：

- 尼泊尔从农业国升级为农业强国。

第一章
发展与繁荣

- 在未来五年内,将依赖农业生存的人口降低到国家人口总量的25%。
- 在未来五年内,农业生产力比现在提高4倍。
- 农业部门对GDP的贡献限制在20%—25%。目前,它对GDP的贡献为33%左右。
- 实施农业部门现代化与专业化的计划,将农业确立为有尊严的行业,并维护农民的尊严。

除此之外,政府即将出台的政策与方案中,详细规划了灌溉与能源发展,以及包括铁路与水路在内的现代交通与基础设施发展的框架。

不久之后,我们将开展卡尔纳利省旅游年的大计划。目前,旅游业是我们发展与繁荣的支柱。因此,我们把旅游基础设施的建设、旅游遗产和目的地的保护与宣传作为优先事项。我们在保护与拓展旅游市场的同时维护大自然的原始美。

教育是经济发展与繁荣的联结者。为此,我们以发展人力资源,使青年具有创造力、竞争力和自力更生为目的,重组教育系统。我担任总理的第一天,就已做出决定,在每个省至少建一所职业技术学院。我们以七比三为职业技术教育与通识教育的比例实行教育政策,使我们的教育系统既实用又职业化,从而为促进就业做出贡献。

当其他国家还没有发明字母、对世界一无所知的时候,他们在黑暗中摸着石头过河。那时,我们的祖先正在研究动植物、地理学与天文学。他们在手工艺术、文化与文学方面取得了成就。在此基础上,他们积累了知识,并把知识传播到世界其他地方。但是,今天,这些知识丰富的祖先的

我的梦

后代是文盲，没有受过教育！怎么会这样？我们怎么能忍受这种状况？

在发明"学校"一词并设计其本质与实践的土地上，如何剥夺人民的教育权利？我们不能再容忍了。我援引著名的尼泊尔诗人马哈南达·萨普柯塔（Mahananda Sapkota）的话，他曾发起了一场教育运动，他说："如果这是命运法则，那么这样的法则时代现在已经结束了！"

我要重申，我们的孩子现在要上学了。将知识从这个地方传播到世界其他地方的圣人和思想家的后代们现在将有机会获得教育。再也不会有任何一个孩子不能上学。我们将结束这种因经济困难而上不起学的情况。

教育体系将使人类生活和社会具有竞争性并提高人们的生活质量。在这样的教育体系中毕业的公民将过上简单的生活，成为对社会有用的人和明智的人。因此，教育应该是人人都负担得起的。教育是为了发展。因此，我们要为国家的发展做好详细计划，培养国家所需要的人才。在不久的将来，我们要准备一份详细的教育方案，并据此实行一项教育政策。

目前，我们的公民是传染病与非传染病的受害者。我们意识到污染和不新鲜的食物是疾病的主要来源。国家有责任把人们从这种地方性疾病中解救出来。健康不仅意味着有足够的医院与厕所，而且意味着公民能够获得清洁的环境、纯净的饮用水以及选择他们喜欢的生活方式。政府将竭尽全力保护我们所有公民的生命权。

我们需要记住——雪融化后，冲洗着草药根部的泥土流下来的，那是随时可用的有机草药的营养。这里的山泉水与矿物质的结合构成矿泉水。这样一来，这里的水就具有药用价值。令人百思不解的是，这片土

第一章
发展与繁荣

地上每一滴水都含矿物质，每一种植物都含草药价值；但是因为无法获得药物，人们变得衰弱甚至失去生命。怎么会这样？我们必须结束这种局面。为此，我们将很快推出"让尼泊尔成为有机尼泊尔"的政策。

从本质上讲，尼泊尔的空气是拯救生命的氧气，尼泊尔的每一滴水是拯救生命的希望之液！我们追求健康的行为并非为了治疗疾病。但是，它是有机的！我们将恢复这一传统，并增加额外的资源来保障所有公民的基本健康权。我们将在宪法的基础上，建立一套与地方政府和社区相协调的有效的规章制度。政府确保所有公民享受医疗保险，为儿童、老年人与贫困人口提供免费医疗服务，不提倡将卫生教育作为牟利的手段。

我意识到地震、洪水与山体滑坡影响着人们的生活，使人们面临着无家可归的困境。政府将保障他们的住房权，加快灾后重建。

当我在卡尔纳利省这个美丽的地方向全国发表演讲时，我想起了以习俗与传统为名，以暴力侵害女性的事件一直在发生。我们将采取强有力的行动制止对女性的暴力和歧视。我们将全面禁止童婚与一夫多妻制，彻底消除不可接触与种姓歧视的做法。我们将提高卡尔纳利与其他偏远地区的人民的生活水平、国民生产总值水平，同时，解决南部平原（terai-Madhes）地区的贫困、资源匮乏与发展不足问题。

我们都知道实践的最好办法应该是从政府顶层开始，政府将努力维护道德操守与透明度。我以国家总理的身份领导这些事情。我们很幸运有机会在尼泊尔出生，我们的生命是作为大自然的一份美丽的礼物存在的。现在，这些生命能够发挥政治与行政部门的领导作用。我劝我的所

我的梦

有内阁部长、议员与政府官员为人民的共同利益服务，充分利用生命的这一机会。当我们在设计政策与方案时，请始终记住在村庄遭受痛苦与折磨的人民。当我们做出任何决定时，请始终记住兄弟姐妹在海湾与其他国家辛苦劳作的场景。请始终谨记：通过腐败和违规操作所获得的快乐与奢侈是短暂的，而对此类行为的法律和道德惩治将是痛苦而长久的。

到目前为止，尼泊尔的政治经历了一个曲折的过程，经过了成功与失败，经过了团结与分裂。我们国家经历了封建制度、独裁统治、冲突、不稳定、政治过渡时期与腐败等而不得不承受痛苦。现在是写下我们新的历史的时候。在你们的支持与鼓励下，我的政府与左翼联盟都有机会领导大家撰写新的历史！我们为实现国家的变革、稳定与繁荣，认识瞬息万变的世界与地缘政治环境而快速前进的时间已经到了。

选举中的竞争是民主制度的主要特征，进行大选是为了让人民选出一个合法的政府。但是，随着选举的结束，随着政府接受人民的委托，选举竞争应该被协调国家建设与发展的思想所取代。多数人给我们投票不是为了表现出傲慢和霸权；人民给反对党的授权也不是为了无休止地阻挠、抗议和与政府各党建立恶劣的关系。我诚挚地邀请国内活跃的政党与政府携手合作，为实现民主、繁荣与国家利益而一起努力。

我很自信地向你们保证，未来五年内政府将为解决许多问题与取得更好的成果迈出坚实的步伐。政府不会让你们失望，也不会让你们收回对政府的信任。五年之后，当我们进行下一次选举时，你们肯定会感到五年前在正确的投票箱里投了选票！我们将改变国家的面貌，并且将朝着

第一章
发展与繁荣

正确的方向前进。请大家放心，并支持政府建设幸福与繁荣的尼泊尔。

让我们团结起来，支持国家的发展之路。愿新的一年为我们所有人带来健康与成功。

儿童发展上的投资引领美好的未来

加德满都，亚太区域会议

我在今天的会议上分享我对儿童早教，以及儿童早教对亚太地区国家的重要性的一些看法。

强大的人力资源对于一个国家的发展至关重要。这种人力资源的发展取决于我们对儿童的适当照顾与教育。正如著名的格言所说："今天的孩子们是明日之星"，我的想法也是如此。全球各国的经验表明，重视幼儿发展与儿童早教的国家已经能够实现繁荣。今天的每个孩子在未来会为国家的利益做出贡献。在尼泊尔，我们也高度重视儿童教育的事业，以便最终实现"繁荣尼泊尔，幸福尼泊尔人"的目标。

许多关于儿童发展的研究表明，对儿童从受孕期到8岁的生命周期的照顾对其发展至关重要。因为儿童到五岁时，其大脑中几乎有90%会发育。为了全面发展，儿童需要足够的食物、营养、保健、教育与保护。我们的责任是保证所有儿童能够享受这些基本服务以保证他们的健康成长。儿童发展的有关问题是相互交叉、互相联系的。关于儿童发展的各计划与方案之间需要适当协调。这些计划都必须适应儿童的成长过程，

并采取必要的干预措施以取得最佳效果。

我想起1990年在泰国举行的"全民教育"全球会议，使我认识到儿童早教是人类需要实现的主要目标之一；这一目标与我们的"全民优质教育"的国际承诺是一致的。尼泊尔政府一直在通过各种干预措施来促进儿童早教的发展。

今年，政府发起了大规模的招生运动，以确保所有到上学年龄的儿童都能入学并留在那里，以完成最低要求的学业。在"招收一个孩子是我的社会责任"的主题活动中，一些社会组织的杰出人物给经济困难的儿童提供了帮助。我本人也积极参与了这项运动。我们重视每个孩子受教育的权利。目前，还有许多到上学年龄的儿童无法上学。通过这项运动，政府致力于确保今年约50万儿童入学。

这项运动将在全年持续进行，以确保每个孩子都能入学。为此，我们实行了强制性的基础教育，并且对所有人免费。为了配合入学运动并消除一些政策障碍，议会最近一致通过了政府的政策与方案。它进一步简化了流程。此外，政府将全国所有学校升级为爱幼学校的承诺也得到了议会两院的认可。

对于尼泊尔政府来说，幼儿发展与儿童教育是宪法规定的优先事项，宪法保障所有儿童的全面发展的基本权利。我们始终让法律安排与宪法规定保持一致，并规定一年免费的学前教育与义务基础教育。因此，儿童的早期发展仍然是政府的工作重点。

尼泊尔政府与各种国内外机构合作，一直在致力于推出儿童早教计

第一章
发展与繁荣

划，其中包括安全孕产、黄金千日运动、合理营养计划等；这些方案是针对孕妇与两岁以下儿童的。我们制定了目标，以减少发育不良的儿童数量，并改善所有儿童的营养水平。政府制订了合理的营养计划，以减少体重不足与肥胖儿童的数量。

尼泊尔有将近100万儿童接受全国范围内超过3.6万家儿童早教中心的教育。这些孩子获得了全面发展的机会，并完成了学前教育。目前，全国有84%的5岁以下儿童获得了早期发展与教育的机会。通过计划的成功实施，1至5岁儿童的净入学率达到了97%。儿童早教计划中要求，儿童早教中心须提供日间午餐、足够数量的教师以及基础设施等。这些努力为儿童早教的发展提供了很大支持。现在，提高这些中心的质量仍然是我们的关注重点。

儿童早教已经与基础教育相结合，并已纳入教育体系的主流。现在，我们面临着提高儿童早教中心质量与实施针对4岁以下儿童的早教计划的挑战。参与这些工作的所有机构有责任扩大工作范围，提高儿童早教中心的服务质量。

我很荣幸能够与大家分享，尼泊尔实现了许多与儿童有关的千禧年发展目标，包括降低儿童死亡率与提高女童入学率。这些成就是我们实现可持续发展目标的基础。

尼泊尔现在正在走上繁荣与发展的轨道。我们的目标是引导国家走上可持续发展的道路。我们知道，高质量的幼儿教育将对实现这一国家使命发挥关键作用。

政府郑重承诺，再也不会因为任何原因剥夺儿童全面发展的机会。这也帮助我们了解为什么宪法要将儿童早教作为儿童的基本权利。因此，我们选择将儿童早教作为一项全国运动来实施，这样就不会剥夺这个年龄段的孩子的成长机会。

政府与非政府组织之间需要积极沟通协调，促进儿童早教事业的发展，多方合作下取得的成果非常重要。我相信，国家发展计划委员会、教育部、科技部、其他有关机构、国际合作伙伴与民间社会组织将继续努力，使儿童早教这项事业取得更大的成就。

我重申尼泊尔致力于到2030年实现可持续发展目标，特别是在我们描述的目标（到2030年，确保所有男童女童获得优质幼儿发展、看护和学前教育，为他们接受初级教育做好准备）中的承诺。为实现儿童早教计划的目标，政府在未来的计划中将进一步发展这项事业。我们将进一步建设这一领域所需要的基础设施。联邦政府部门将协调实施最近批准的合理营养计划以便促进儿童早教计划的开展。

我很高兴能够看到，这次的儿童早教计划会议在尼泊尔举行。我相信，这次会议将为儿童的全面发展做出有益的贡献。我相信，参加这次会议的各组织代表将有机会进行深入交流、分享经验，并且成功地促进亚太地区儿童的全面发展。我希望以研究为基础的报告、最佳实践的交流以及相互合作的机会能够鼓励政府、国际组织、民间组织与个人为儿童早教事业迈出坚实的一步。

第二章

和平与民主

我的梦

资本主义不能替代社会主义

尼泊尔，加德满都

不久前，我们筹划了一项盛大的纪念马克思诞辰200周年的活动。我们希望在一种轻松的环境下进行这项活动，并提前邀请国外的同志们，给他们充分的准备时间。但是由于选举、政府组建和政党统一等非常重要的国家大事，我们不得不采取折中的办法，在相对较短的时间内举办这次活动。我们理解由此给国外同志带来的不便。尽管如此，同志们对参加这次活动的兴趣和热情还是证明了这次研讨会的重要性。本次会议赋予了我们向世界传达信息的信心：即马克思也活在我们这个时代，并且持续不断地用他的理想指引着我们。

马克思诞辰200周年是我们认真地思考他对人类做出的贡献与他的思想的最佳时机。这将加固我们对社会主义的坚定信念，相互学习经验。在尼泊尔举行这次活动具有特殊意义，因为此时左派政党已经在选举中赢得近三分之二的票数，成为尼泊尔政治的主导力量。在世界各国社会主义运动经历各种实践与试验、兴盛与衰落、成功与挫折的时候，尼泊尔共产党胜利的浪潮给世界社会主义运动带来希望，和平手段是可以取得革命胜利的。我相信，这次研讨会有助于确立符合21世纪特点的社会

第二章
和平与民主

主义意识形态,并为我们实现社会主义注入活力。

马克思是我们这个时代最有影响力的知识分子。他是人类历史上开创新时代的转折点。佛陀在2500年前说过：世界上有苦难；苦难是有原因的，人可以从苦难中解放出来，并且有方法消除这种苦难。我们这个时代的工人阶级陷入苦难，因为他们不知道自己陷入苦难的原因，也不知道消除苦难的方法。这时候，一些思想家想象了一个理想的社会主义世界，但是由于缺乏科学的视角，这仍然只是一个梦想。马克思是这样一个"灯塔"，他的思想能够帮助工人阶级了解自己遭受苦难的原因以及消除这种苦难的方法。之后，曾经迷惑不已的无产阶级朝着正确的方向积极努力，团结在一起走上了革命道路。马克思的辩证唯物主义哲学为科学理解人类生活和世界的结构与细微差别铺平了道路，否则，在没有正确方向指引的情况下，革命似乎是很难成功的。唯物史观为社会现实的解释、理解与可能性开辟了新的视野，曾用来理解世界的哲学成为改变世界的工具。科学社会主义理论为工人阶级指明了未来的明确方向，坚定了对胜利的信心。

马克思的思想在很大程度上影响了19世纪和20世纪的世界。马克思主要在哲学、经济学与政治学领域做出了巨大贡献，没有一门社会科学学科未曾受到马克思思想的影响。随着马克思主义广泛影响着世界，一些明显的变化开始出现，包括世界力量的平衡、国际关系、政府与公民的关系，以及社会秩序等方面。这样，反对经济剥削与社会压迫的解放斗争日益激烈。革命运动在维护顶半边天的女性、工人阶级、受压迫群体、青年与儿童的权利方面取得了重大成就。马克思主义不仅仅是具有影响力的思想，而且是在个体层面伸张正义、争取平等与自由的思想，是在国家层面争取独立运动的意识形态工具。正因如此，在一项独立调查中马克思被选为第二个千年的"最伟大的思想家"。马克思主义在21世纪更加具有现实意义，尽管在社会各方面都逐渐实现了现代化和发展，但贫富差距不断加大，资本主义危机达到顶峰，人类为实现正义、平等、自由与繁荣的斗争也不断激化。

100多年前在俄国发生的十月社会主义革命，试图实现人们建立自己政权的愿望。工人阶级第一次取得国家权力。除了人类的基本物质需要之外，社会主义在教育、保健、体育、娱乐、人类尊严、权利等领域也取得了巨大成就。这些人类价值观念是不可逆转的，以至于除了利益之外什么也看不到的资本主义被迫采取一些改革措施，并证实了革命斗争的价值。这就确立了这样的一种观念：看似顽强的资本主义可以被击败，为了工人阶级的利益，新的社会结构是可以建立的。然而，由于内外的种种因素，世界上第一个社会主义政权仅维持了70年。真理可能被压制，但是不可能总是被否定。人民的运动有时可能会受到镇压，但是这种运动的影响与重生的能力不可能永远被遏止。十月革命"勾勒"出来的社会主义运动及其影响对当今世界同样有重要价值。

资本家们对苏联解体感到欣喜；许多资本主义国家的理论家认为，这是"意识形态的消亡""历史的终结"，马克思主义与社会主义"已经变成无用的思想"。但是，事实证明他们的臆断是错误的；许多国家的社

第二章
和平与民主

会主义运动纷纷成功,最近十年以来全球发生了金融危机。这场危机正在动摇自由市场经济和新自由主义的根基。即使到今天,尽管政府从国库中花费了数十亿美元,以牺牲普通工人的利益为代价,救助了一些银行家、房地产商、少数国家精英,但是,全球资本主义仍无法从这场冲击中恢复过来。经济不平等现象更加严重,世界1%的人口掌控全球99%的资本与生产资源。由于失去劳动保障,数百万工人被迫成为"不稳定"阶层。意识形态与政治处于边缘状态,这种极端主义与恐怖主义进一步加深社会分化的鸿沟。这正证明了所谓自由市场经济与新自由主义取得了最终胜利的观点是一种欺骗。因此,这进一步证实了社会主义的不可替代性。

资本主义可以寻找各种临时的方法来解决危机,但是它没有一个长期的解决方案。这种非常态的资本主义内部危机迟早会不可避免地将资本主义摧毁。尽管人类无疑将到达社会主义的目的地,但资本主义自身的危机并不能保证社会主义的获胜。前者肯定会打开其他选择之门。但是,社会主义的成功是建立在它自身的思想、政治方略、社会文化等力量之上的。在当今世界上,社会主义运动正在以各种形式向前发展。中国、越南、古巴、老挝等国家正在发展具有自己特色的社会主义。在尼泊尔,我们选择和平的民主竞选方式建立人民政府为社会主义奠定基础。在各国,共产党选择不同的方式实现革命,有的选择设立议会的方式,有的选择街头游行的方式。其他各种社会运动也正在朝着反对经济剥削与社会压迫的方向前进,以促进社会正义、和平、环境保护以及人权为目标。在这些运动中,具有特殊意义的是

工人争取劳动者权利、妇女争取平等权利的斗争。总体来说，这些运动都是社会主义运动的组成部分。

科学社会主义不仅仅是马克思和恩格斯聪明才智的幻想创造。他们在科学理论的历史必然性的基础上提出了解决资本主义生产关系引发的复杂矛盾的问题，并且提出了解放工人阶级的主张。到了今天，马克思主义同样具有重要价值与适用性。

但是，马克思主义不是解决所有问题的现成方法，也不是在任何时空都能套用的固定公式。刚好相反，它是一种理解、解释和改造社会的科学方法。由于历史发展、社会经济结构、阶级斗争水平与文化传统等因素，每个民族与社会形态都有其独特的特征。这些差异也是各国能够实现独特革命与特色社会主义的原因。在每个国家，共产党员的主要责任是按照马克思主义的普遍原则，确定社会与民族的独特背景，并在这些独特背景的基础上制定有特色的社会主义原则。如果不这样做，我们要么会走向教条主义和机械模仿的歧途，要么会偏离马克思主义的基本原理，追求实用主义，这两者都不利于社会主义运动的发展。

我们不模仿任何形式的革命、运动、变化或变革。同样，我们也不向任何国家输出我们社会主义运动的模式。每个国家的革命模式都是独一无二的，我们不会把自己的意识强加在别人的身上。然而，我们一直严谨地基于自身与社会的背景，并按照这种独特的背景进行革命。

有时候，一些人认为世界上有一个共产主义中心，存在唯一的社会主义模式。许多国家的社会主义运动试图模仿这个中心，但是他们遇到

第二章
和平与民主

了挫折。工人阶级代表了一个团结一致、相互帮助、互相学习的对未来有希望的团体。所以，社会主义运动只能以内生的方式发展与进步。

马克思诞生至今已有200年历史，发表《共产党宣言》已有170年历史。这些年来，全世界在劳动形式、劳动关系、剥削方式、资本结构、国际关系、科学技术、生产系统、贸易、消费、全球政治等方面发生了根本变化。今天，时代已经变了，社会主义运动的主题与方法变了，所以当前的社会主义运动面临着新的问题。马克思主义应该具有创新的视角，并且有能力解决当下的问题。

虽然全球化得到推进，但是由于利益分配不均、财富过度集中，世界经济结构的问题越来越多。各国的社会主义运动，应该根据国家情况设定社会主义目标，根据本国实际情况实行马克思主义。

关于政治斗争与社会运动，尼泊尔人民有着悠久而光荣的传统。在早期，这是为实现国家统一与反对英帝国主义侵略而进行的爱国运动。因为我们祖先有斗争的勇气，所以尼泊尔拥有一种从未被殖民过的独立国家的自豪感。在还没有确立政治方针之前，政治运动专注于社会改革与反对保守主义、迷信和歧视的"人本主义"斗争。瑜伽摩耶（Yogmaya）、圣·萨希达尔·斯瓦米（Saint Sashidhar Swami）、贾亚·普里特维·巴哈杜尔·辛格（Jaya Prithvi Bahadur Singh）、拉汉·塔帕（Lakhan Thapa）和克里希纳拉尔·阿迪卡里（Krishnalal Adhikari）等人是此类政治运动的先驱。后来，随着反对拉纳独裁政权的民主运动的开展，我们的政治运动逐渐变得更加强大。这次反对拉纳独裁政权的运动造成了冈伽拉勒（Gangalal）、达萨拉斯·钱德（Dasharath Chand）、苏克拉拉吉·沙斯特里（Sukraraj Shastri）和达玛巴克塔·玛图玛（Dharmabhakta Mathema）等革命骨干的牺牲。在这些运动的基础上尼泊尔共产主义运动诞生了。

尽管尼泊尔很早就发展自由贸易，但是到20世纪30年代才正式开始资本主义生产过程。与此同时，尼泊尔产生了两个阶级：工人阶级与资产阶级。尼泊尔共产党成立于1949年，是工人阶级的代表。同时期，代表资产阶级的尼泊尔大会党成立了。从此以后，社会主义与资产阶级民主思潮成为这两个阶级的代表思想。

尼泊尔共产党有着明确的目标，那就是按照马克思主义与列宁主义的准则，推翻封建制度，然后建立民主制度；确保民族独立，反对帝国主义与霸权主义的干涉；建设公平、公正、繁荣的社会主义社会。尼泊尔共产党从一开始就全面领导民主运动，反对一切形式的独裁政府。尼泊尔共产党员在实现自己的愿望时，已经证明了自己是工人阶级的好朋友，能在真正意义上代表工人阶级。

在70多年的历史中，尼泊尔共产主义运动经历了许多曲折。在推翻拉纳政权时，尼泊尔共产党也起了重要作用，但是后来受到大会党的压制，最后大会党领导的政府镇压了社会主义运动。尽管尼泊尔共产党面临着许多障碍，但它在20世纪50年代为争取人民权利而奋斗，领导了声势浩大的农民运动，反对外国干涉。尼泊尔共产党在20世纪60年代经历了一系列痛苦的分裂，因此弱化了党的能力。在这样的背景下，20世纪70年代初期的查巴起义宣告了一场人民共和主义反抗君主制的政治武装

第二章
和平与民主

运动。这次起义为建立在新思想基础上的共产党和基层共产主义团体的统一奠定了基础。这确立了牺牲、奉献与忠诚的新价值观，唤醒了年轻一代对社会主义革命的意识。

由于无法接受正确的观点，缺乏足够的经验，极左派的决策中存在一些失误。但是，虔诚的革命者认真思考，进行自我反思和批评，很快纠正了自己。从20世纪80年代起，党内开始对尼泊尔的历史进行新的诠释，分析尼泊尔的社会特征、主要矛盾，讨论尼泊尔社会主义运动的独特道路与意识形态。经过很长时间的深入讨论，我们在马丹·班达里同志的领导下，找到了尼泊尔革命独特的、创新的道路。这种独特道路被称为"人民多党民主"。

在尼泊尔共产主义运动中，首先出现了另一个组织，它的名字叫作"中央原子核"，后来被命名为"四大""马沙尔"和"马萨尔"，后来被命名为"尼泊尔共产党（统一中心）"。这在革命运动中，发挥了重要作用。后来，这一组织演变为"尼泊尔共产党（毛主义中心）"。

尼泊尔共产主义在提出"人民多党民主"意识形态的时候，国际共产主义运动正面临着剧变。一方面，苏联解体，苏联是世界上第一个社会主义政权，东欧的这一社会主义政府的解体使人们产生了幻灭感；另一方面，在世界各地进行武装斗争的共产党面临严重的挫折。很显然，始于十月革命的无产阶级时代似乎已经结束，共产主义运动面临新的问题与挑战。

这些问题的答案肯定不会偏离或背叛马克思主义思想，教条主义也不能解决这些问题。实际上,共产主义运动中的危机并不是马克思主义固有的弱点,而是运动的组织方式存在着缺陷。以创新运用马克思主义的假设为基础,我们关注尼泊尔社会的独特性,并且根据其社会属性实践了马克思主义。我们提出了革命口号,并呼吁所有革命者"反对清算主义和教条主义,创新运用马克思主义"。

这在我们的社会中留下了非凡的印记。尼泊尔的共产主义运动正值高峰期。这震惊了世界。美国《新闻周刊》杂志对马丹·班达里做了以"马克思在尼泊尔"为标题的报道,这体现了世界对尼泊尔共产主义运动的发展的关注。在一项调查中,马丹·班达里被选为对20世纪的尼泊尔社会产生重大影响的"世纪人物"。尼泊尔共产党在1994—1995年,成为尼泊尔执政的最大政党,尽管任期很短,但还是很有成就的。

在尼泊尔普及共产主义运动时,"人民多党民主"思想在国内外战局不利的情况下,对确立合法性及指导运动做出了巨大贡献。它使资本家对共产主义运动的惯常指控无效。提出广泛接受的政治主张、马克思主义的创新性发展、共产主义运动的民主化以及通过和平与合法手段实现社会变革都是马丹·班达里的功劳。

毛主义武装斗争开始于1996年2月。长达十年的斗争增强了被压迫阶级的政治意识,耗尽了封建制度的力量;将立宪议会与共和主义确立为国家议程,为促进包容性政治做出了重要贡献。尼泊尔共产党(联合马列)与尼泊尔共产党(毛主义中心)认真讨论了各种重要的政治问题。

第二章
和平与民主

这次讨论奠定了当时的七个主流政党与毛派之间合作的基础。这一合作推动了在2006年发生的历史性的政治变革。尼泊尔开启了和平进程。近十多年取得的可喜的政治成果就摆在我们面前，主要是尼泊尔新宪法与两个最大的共产党的成功统一。

宪法确保了社会正义、基本自由与社会主义愿景的价值观；两个最大的共产党的历史性统一产生了最强大的共产党——尼泊尔共产党。尼泊尔共产党的主要政治属性包括以马克思主义与列宁主义的理想为指导的方向，以多党竞争与民主价值观为基础的民主制计划，以建立强大的社会主义为导向的国民经济基础。这些都直接致力于完成社会经济转型。尼泊尔共产党的政治方针是通过和平、民主的手段建立强大的政府。

目前，尼泊尔共产党在联邦议会中拥有近三分之二的席位；在七个省中，尼泊尔共产党领导六个省的政府；并且领导大多数地方政府。它已成为一个成熟的党派，强大的政治基础使其赢得了超过53%的民众选票。人民通过选举已经赋予了尼泊尔共产党执政的权力，以实现政治稳定与经济繁荣的伟大目标。现在，政府集中所有精力来实现"繁荣尼泊尔，幸福尼泊尔人"的目标。我们的目标非常明确：到2022年，跨越最不发达国家线；到2030年，转变为中等收入国家。我们的目标是很直接的，那就是发展具有尼泊尔特色的社会主义。我们的首要任务是全面的，那就是通过消除一切形式的歧视、不平等、压迫，在社会和谐的基础上发扬民族主义、建设民主制度、加强民族团结、实现社会正义和平等；在较短时间内实现经济发展与繁荣。为了使以上所有梦想成为可

能，我们明确了经济发展道路，政府将制定经济政策来发挥有效作用，确保民间组织的积极参与，允许合作社与社区组织发挥有效作用，让国内一些先进领域首先吸引外资，以及提倡多种模式的政府组织与民营企业的合作。我们将确保所有尼泊尔人平等的权利，享受法治、机会、安全与尊严。我们尽全力实现善政，包括实行问责制、提高透明度与消除腐败。

尼泊尔已有3000多年的辉煌历史，是一个拥有多种族、多语言和多元文化的国家。这里和谐地居住着在语言、文化与宗教上存在差异的人。多样性和多元化标志着我们的地理与社会特征；正义与民主是我们的社会特征，和平、宽容、尊重他人的意见和信念是我们这个社会的特征。Mithila、Shakya、Khas、Kirat与Bagmati等古代文明为形成尼泊尔的独特性做出了很大贡献。这些社会特征都体现在我们的意识形态当中。

如上所述，尼泊尔人民有独一无二的斗争传统。尼泊尔共产主义运动继承了先辈的优良革命传统，并为这些传统赋予了社会主义的特色。

我们在反封建的过程中，提出了竞争性多党制、宪法至上、定期选举、人权、权力制衡、权力分立、司法独立等思想。在本质上，这些并不是资本主义特征，但是有些人倾向于将其归为资本主义特征。实际上，这是人类的成就。资本主义一直利用这些问题来合法化自己的统治，表面上关心人民。当工人阶级反抗资本主义的剥削时，资本主义就忘记了这些价值观念，甚至接受了"生育至上"的荒谬假设。因此，工人阶级必须用这些民主价值观和原则武装头脑。任何政体的内容都是由

第二章
和平与民主

统治者所代表的阶级以及那些控制国家机器和经济的人所决定的。治理体系仅仅是一个形式。所以，我们以人为本的国家治理原则与竞争性民主的治理体系的思想是一致的。从马克思主义哲学的形式与现实的二分法来看，这是显而易见的。

我们认为，只要社会存在阶级基础和多样性，就自然存在与这种社会特征相适应的多党制。因此，我们确立了通过竞选建立政府的制度。宪法与其他法律必须而且应该继续控制那些阻挠革命进程、在人民之间造成分裂和瓦解以及使社会倒退的人。共产党员始终是代表人民利益的。因此，共产党员不得有与广大群众意愿相悖的做法与行为。

当殖民化处于鼎盛时期时，使用武力、反抗与斗争是很自然的一件事情。国家被侵略，人民的权利和独立的愿望被外国势力无情地剥夺，人民在霸权的残酷统治下遭受剥削。但是，暴力既不是强制手段，也不是革命意识形态的主题。今天，时间与背景已经改变，殖民时代已经结束，极权主义也垮台了。所以，在21世纪以和平、民主的方式改造社会成为可能。当有机会使用和平与合法的手段时，暴力就不再是一种选择。在这种情况下，只站在潟湖中等待革命浪潮是不够的。相反，我们必须深入到"海底"，并抗衡社会倒退的浪潮，确保革命的成果。

因此，我们通过宪法，以合法手段以及由人民赋予权力，走上了和平实现社会主义的道路。

为了实现"繁荣尼泊尔，幸福尼泊尔人"的目标，我们秉持了积极的历史价值观念，摒弃了不必要的内容。正如马丹·班达里所阐述的

那样，生活不是为了意识形态，而意识形态是为了好生活。尼泊尔共产主义运动继承了马丹·班达里晚年的这种思想信念，并为实现普通民众的愿望而将其利益放在中心位置。我们不仅仅把政治放在心中，而且强调建立具有崇高道德与文化价值观念的文明社会。我们奉行的外交政策是，在主权平等、领土完整、互不干涉、相互尊重以及互利互惠的基础上与邻国和所有友好国家保持密切关系。国家在国土面积与人口方面可以有所不同，但是主权与民族尊严对所有国家具有相同的价值。所以，一个国家不能接受外部势力的干涉、统治与破坏。我们主张和平解决国际争端，并且认为应该以发展中国家及其人民的利益为基础，改善当前世界的政治和经济秩序。

今年是尼泊尔共产主义运动开启的70周年。当我们回顾这70年时，有许多成就值得骄傲。今天，在人民的支持下，我们成为最大的政党，在议会中占多数席位。我们已经成为尼泊尔民主运动的领导力量和社会变革的主要力量。我们是爱国主义与民族主义合而为一的唯一力量。

我们已经完成了时代与人民赋予我们的许多历史使命，推翻了历史上的三种不同的专制政权，建立了联邦民主共和国，并根据宪法的精神进行国家治理。现在，我们有责任在短期内实现经济繁荣，并巩固迄今为止所取得的政治成就。这个国家没有理由在经济上一直贫穷下去。因为我们拥有得天独厚的自然条件和令人难以置信的文化遗产，拥有充满活力与勇气的年轻人，也拥有勇敢、博学与极富创新能力的祖先。尼泊尔历史悠久，它在全世界传播和平、友善与智慧的理念时，世界上一些

第二章
和平与民主

国家还处于黑暗时期,一些国家尚未独立。尼泊尔曾是印度与中国之间的贸易中心;但令人痛心的事实是,我们今天的发展很落后,处于不发达状态。现在尼泊尔共产党员肩负着改变这一现状的重要使命。过去推翻专制政权的共产主义者,现在正在与贫困、匮乏和落后做斗争。我们坚信,与民主运动一样,我们将在这场运动中成为社会变革与经济繁荣的使者。30年后的今天是尼泊尔共产主义运动的100周年。到那时,我们将把尼泊尔在物质与文化上都提升到更接近发达国家的水平。我们将能够告诉我们的子孙后代,尼泊尔共产主义运动通过建设一个繁荣的尼泊尔,证明了革命运动的重要性,并完成了历史使命。

1994年在加尔各答组织的一项特别活动中,来自全球的共产党和工党代表参与其中。在会议上马丹·班达里说:"即使马克思主义偶尔受到打击,资本主义制度也不能像资本家所主张的那样替代社会主义。"在不同国家的马克思主义的实践表明,马克思主义需要进行重新解释与重新定义。只有这样,我们才能实现人类的自由、解放和进步;结束社会剥削,最大限度地提高生产力。只有了解历史发展的客观规律并通过反思,我们才能坚持马克思主义的理想,并确保在当今世界理解马克思主义的意义。如今,我们需要用一种新的思维来学习、运用马克思主义。

现在,我们在尼泊尔正在进行这项事业。为使马克思主义与社会主义成为符合时代特色的指导思想,我们需要全球的支持。

我 的 梦

My Vision

我们要有危机意识

加德满都，第四届BIMSTEC峰会

我很荣幸，欢迎各国元首与政府首脑以及其他代表来到珠峰与佛陀故乡，参加在加德满都举行的第四届环孟加拉湾多领域经济技术合作倡议（BIMSTEC）首脑会议。我衷心感谢所有BIMSTEC领导人，在如此短的时间内迅速同意召开本次峰会，并亲自出席。

世界关注着我们的峰会，对会议投入了浓厚的兴趣。因为，这是拥有16亿人口（占世界人口22%）的地区，这是GDP总计达到2.8万亿美元的地区；我们的愿景、承诺与行动将对全球政治与经济秩序产生巨大影响。我们今天在这里庄严承诺，促进孟加拉湾地区的和平、繁荣与可持续发展。

我们各国都有充满活力、创造力与勤奋精神的人民；有富足的自然资源，有丰富多彩的文化以及多元化的文化遗产。

BIMSTEC的独特平台不仅连接了我们，而且连接了南亚与东南亚国家。它把山脉与海洋连接在一起，并且加强了生态领域的相互依存度。它汇集了我们领导层的决心——进步、繁荣与可持续发展的决心。

BIMSTEC不仅仅是成员国的组合，而且有更高的目标与价值。

这也是一种思想——如果将这种思想统一起来，可以加深我们之间的融合程度、释放出经济活力并满足国家与人民的发展需求。这种思想将加快促进社会进步，并促进相互合作的关系。

这也是一种身份——在一种共同价值观基础上建立的丰富文化遗产的

第二章
和平与民主

身份，是一种塑造共同理解的身份，以及一种基于多样性而团结的身份。

这也是一种命运——由高山与深海之间的生态系统推进联系所决定的命运，这种命运是由相邻的地理环境以及强大的人与人之间的联系所形成的。

这更是我们的承诺——致力于将我们的经济、贸易与商业更深入地融合的承诺。这是20多年前许下的一项承诺，是对抓住全球化和经济重心向亚洲转移的机遇的积极行动。

而且，我相信，它一定会发展成一个凝聚力强的区域性团体，一个跨越社会与人民的、相互联系的国家联盟。

我们这个联盟将拥有无限的机会、丰富的自然资源以及充满活力的人民，具有广阔的发展潜力。此外，我们也因祖先的智慧、知识与创新能力而感到幸运。

在实现我们目标的过程中，首先，我们必须使人民摆脱贫困的残酷束缚，因为我们的人民陷入了贫困的恶性循环中；必须摆脱耗尽我们的潜力、嘲笑我们的努力和理想的不人道、不公正和充满恶意的控制。

如果我们不能挽救数百万人，摆脱令人窒息的贫困，那么，我们勤劳人民的付出就无法得到回报。如果我们不能战胜贫困的黑暗，那么繁荣的梦想就会落空。

《BIMSTEC贫困行动计划》必须得到充分执行。我们必须在执行千年发展目标方面有大的进展，并整合具有革命意义的《2030年可持续发展议程》。我们必须确保在这个地区快速发展经济时，其中的每一个国家都不能掉队。

我的梦

My Vision

我们一直承受着自然之怒的沉重打击,气候变化对我们造成了不利影响。山体滑坡、洪水等灾害导致巨大的损失。具有讽刺意味的是,我们从未犯过错误、从未得罪过谁,却受到严酷的惩罚。面对这一挑战,我们所有人都需要做好准备,以便防止此类灾难的危险。我们需要团结起来承担各自的责任,坚守原则,发挥各自的作用,为适应与缓解气候变化的影响加强合作。

我们同在喜马拉雅山一带,我们的河流发源于喜马拉雅山脉,并在孟加拉湾汇合。孟加拉湾升起的云层碰到喜马拉雅山,并以雪和雨的形式降落在我们国家;孟加拉湾的台风震动喜马拉雅山脉,引发了雪崩和洪水。反过来,高山的雪崩与洪水给孟加拉国与其他沿海地区造成各种麻烦。大自然不仅创造了喜马拉雅山和孟加拉湾,而且创造了我们需要不断协作与配合的纽带。

第四次工业革命的浪潮开启了新的技术革命。旧的生产方式与消费方式正在以数字化、指数化方式发生转变。

这一现象为我们带来了广泛的机遇,同时带来了许多挑战。我们不能骄傲自满,更不能做旁观者。因此,需要在信息与通信技术上进行更多的且明智的投资。

最重要的是,我们要对青年进行投资,培养他们的企业家精神、创造力,激发他们的创新能力并把技能传授给他们,使他们适应技术的迅速发展。这样我们就能够释放他们的创造力与生产力,帮助他们消除绝望与脆弱。我们应该最大限度地发掘培养青年的创造精神。

第二章
和平与民主

我们的青年和儿童是国家的未来。我们必须为青年、儿童以及子孙后代共同努力。对青年和儿童的投资就是对未来的投资。

我们这一地区难以避免恐怖主义、犯罪组织、贩毒、人口贩卖以及洗钱等危险。我们必须团结起来，打击一切形式的恐怖主义。我们必须加强协调合作，打击所有跨国犯罪组织。对持续的经济增长与发展来说，和平与稳定至关重要。我认为，具有社会正义的快速发展、具有公平分配的经济增长能够确保社会的和平与稳定。

贸易是经济增长的引擎，不幸的是，我们这一地区的跨国贸易很少。BIMSTEC能够有效地推动早期协定的关于为贸易提供便利的争端以及货物贸易、服务贸易、投资、海关事务、互助等方面问题的解决。在当今贸易保护主义抬头与壁垒盛行时，为兑现我们对自由与公平贸易的承诺，我们需要彼此之间相互了解。我们的成功取决于落实已签署的条约、我们的诚信与按时落地的项目。我们的成功取决于减少障碍、增加贸易的便利条件；提供顺畅的过境服务，增加货物和服务的流通性以及扩大投资范围。我们的成功取决于一体化的市场、一体化的经济；以及确保所有成员国（包括内陆国家和最不发达国家在内）的公平竞争环境与诚信。

我国政府确立了"繁荣尼泊尔，幸福尼泊尔人"的长期发展目标。当谈到繁荣与幸福时，我们必须认识到，繁荣与幸福之间的联系不是线性的。单纯的繁荣不是幸福的本质或特征。幸福是多方面的、多元化的，繁荣只是其中的要素之一。当我们为实现这一目标努力时，我们期望国际社会的善意与支持。

我们希望在宪法与民主的框架下，实现繁荣与幸福的目标。我们相信全面的民主不是只停留在政治层面上，而是要在经济、社会、文化层面赋予每个人人权。在这种愿景的指导下，我们渴望实现"繁荣尼泊尔，幸福尼泊尔人"的目标。

我们必须牢记，无论任何程度的贫穷，排斥的冲突，以及悲观主义者、愤世嫉俗者的一贯态度都是"繁荣尼泊尔，幸福尼泊尔人"的愿景实现的障碍。

只有深化经济一体化，我们才能克服这些障碍。为此，我们需要确定经济一体化的驱动力：更好的交通、贸易的增长、人与人之间联系的加强。我们应聚焦于我们的共同点和有优势的项目，大胆采取相应的政策措施。

连通性是加强区域合作的关键推动力，是建立经济一体化大厦的基础。只有交通连接与信息联通、基础设施与企业连接、市场与思想连接，才能够提高效率、激发创新、刺激增长与推动进步。

我们需要增加建设跨国区域运输网络的投资；提高公路、铁路、航空、水路连通性，以发挥我们的潜能。这样可以促进贸易、投资、能源、旅游业与技术转让等领域的合作。尽早通过"BIMSTEC交通互联互通总体规划"草案，及时签署有关区域交通的文件，这有助于推动我们的区域合作。

人是联通的驱动者和受益者，佛教是该地区的强大纽带。BIMSTEC的所有成员国都与佛教有着不同程度和形式的联系。我以这种精神，以佛陀故乡总理的身份呼吁，为促进连通性和旅游业的发展，强调在本地

第二章
和平与民主

区开发和运行佛教线路的重要性。

　　BIMSTEC的成功将由它取得的成果来评判。强大的政治意愿、正确的政策以及机构和资源的整合能够确保BIMSTEC的成功。随着组织的发展，我们应该准备《宪章》，为我们的组织提供坚实的法律基础。

　　尼泊尔始终倡导有意义的区域合作。我们相信，SAARC与BIMSTEC不会相互替代，而是相互补充。我们还致力于推动BBIN区域合作。尼泊尔重申对BIMSTEC区域合作的坚定不移的态度。

　　这一地区的实际情况与合作的规模、速度和内容之间需要与潜力相匹配。为此，我们必须意识到时间的紧迫性，现在是采取行动并全力以赴的时候了；现在不仅是考虑的时候，而且是行动的时候了；现在是将承诺转化为行动的时候了。

我们是维护和平的典范

纽约，亚洲协会

　　今天，我站在大家面前，分享我对和平、民主以及发展的看法。

　　尼泊尔人民在不同的历史时期经历了各种斗争与变革。

　　在一段时期内，我们的祖先与帝国主义势力做斗争，这样的勇气与爱国主义思想确保了我们的主权和独立性。

　　我父母那一代，他们是普通农民；他们为摆脱封建制度与压迫而进行斗争。最终推翻了拉纳家族的专制统治。在我们这一代，我们与专制君主

制做斗争。这是我们对限制自由与非民主政权的最后一次攻击。

现在，尼泊尔政治的历史进程已经改变。我们是一个民主共和国，但是我们的斗争以不同的形式继续进行。我们与贫困、不发达和落后做斗争。

在历史的进程中，我们取得的政治成就并非没有沉重的代价。许多同胞做出了牺牲；许多人经历了政治流亡，还有一些人遭遇了残酷镇压。

当我回想起我在监狱里度过的那黑暗的14年，包括监禁的4年时，我感慨万千。我的罪行是反对专制政权。但这种迫害从未阻止我，反而鼓舞着我继续斗争。

经过我们不懈的奋斗，在1990年我们获得了民主自由。但是，我们争取全面民主的斗争仍在继续。我们在以建立民主共和国为使命的革命道路上从未退却，最终达到目标时也丝毫没有骄傲自满。

2006年11月签署的和平协定，成功解决了始于1996年的武装冲突。2005年11月"12条协议"的签订是走上这条和平之路的关键。我是在把叛乱力量带到谈判桌上、达成共识并推动这一进程中发挥重要作用的人之一。这样，七大政党联盟与叛乱力量聚集在一起，发起了一场人民民主运动，推翻了通过违宪手段夺取人民权利的专制君主统治。

最终的结果是降服了君主，结束了武装叛乱，开启了和平进程。议会恢复后，限制了君主立宪制的实行，暂停了君主的一切权力；两年后，由民主选举组织的制宪议会废除了君主制。

制宪大会具有高度的包容性，其代表的性别、种姓、种族、语言、

第二章
和平与民主

信仰、文化和地域各异。经过七年的协商与审议、争论与抗辩、提出主张与施加压力、和平鼓动与竞选活动，人民代表们首次起草了先进与民主的宪法。作为当时第二大政党的领导人，我担负着重要使命，引领这一进程取得圆满成功。

最后，2015年9月20日颁布了《宪法》，终于解决了尼泊尔长期以来所面临的政治问题。这是现代尼泊尔政治史上的一个分水岭。我们的子孙后代可能不必再为争取自由与人权进行斗争。

通过《宪法》，我们巩固了民主政治体制、定期选举、基本人权、权力制衡与权力分立、法治、司法独立以及包容性与比例代表制等方面内容。宪法的实施与宪法的颁布同样重要。我有幸担任新宪法下的第一任总理。因此，我国政府有义务，按照宪法指明的路线一步一步实施宪法。去年联邦、省和地方各级举行了自由公正的民主选举后，全面实施了宪法。这次的选举投票率具有历史意义，选举选出了41%的妇女代表；这次选举在联邦的所有三个层面中建立了稳定与民主的政府。

我领导的政府得到议会四分之三的支持，并且议会一致支持我国政府的"政策与方案"，这在竞争性民主国家中很少见。这证明尼泊尔同胞非常信任我们的领导能力。

我们通过包容性政治对话以及和解的精神，成功引导了和平进程。

我们的进程是一个由国家领导、自主推进的和平进程。在这一进程中：

- 我们调和了多元化人口的相互竞争的需求和愿望。
- 我们确保所有组织、团体的平等参与，并聆听他们的声音。

我的梦

- 我们认识到妇女在解决冲突与和平进程中的重要作用。
- 为反映社会的真相，我们改变了国家政治结构和体制。
- 调整国家结构，拉近政府与人民之间的距离。
- 和平进程的主要目标一直是治愈社会冲突时期的创伤。

我对国家的发展有明确的愿景。我知道我们的优势、挑战与局限性。为了维护政治利益并为我们的人民带来发展的红利，政府制定了一个长期目标，即"繁荣尼泊尔，幸福尼泊尔人"。

为了实现这一目标，我们必须：

- 消除贫困。
- 消除不平等与歧视。
- 创造就业机会。
- 确保社会公正。
- 促进善政。
- 确保有效的服务。

我们的目标是实现全面的民主，使国家政治、经济、社会与文化各个领域都能实现自由。我坚信，全面实施可持续发展战略就可以实现这一目标。

尼泊尔是一个自然资源丰富的国家，但是发展水平远远低于我们该有的水平。这种不平衡必须尽早结束。我们已经确定了经济增长的驱动力。这包括农业、能源、工业、运输、基础设施、信息技术、旅游业与城市发展等项目的计划。为了确保经济可持续发展，我们同时关注减缓

第二章
和平与民主

气候变化并维护生物多样性。

尼泊尔是对外投资非常安全的地方。政府将进一步改善国家的商贸与投资环境。

现在，请允许我简要谈谈尼泊尔的外交政策。

尼泊尔是我们地区最古老的独立国家，有着自己杰出的和辉煌的历史。

尼泊尔外交政策的核心始终是与所有国家保持友好的关系。这是受到《联合国宪章》、和平共处五项原则、不结盟政策、国际法与世界和平准则的启发而制定的。

我们与我们的邻国印度和中国都保持着亲密友好的关系。它们的经济增长和繁荣为我们国家的发展提供了广阔的前景。

我们与大国、发展伙伴一直保持着亲密友好的关系。我们希望进一步拓展合作伙伴与外交关系。进一步增加友谊邻邦与劳工输出地也是我们的外交政策。

尼泊尔一直在促进SAARC和BIMSTEC的区域合作中发挥积极作用。

在多边战线上，尼泊尔将以努力促进建立一个公正、公平合理的国际秩序为导向，让所有国家，不论是大国还是小国都真诚地履行国际义务，也让所有国家都同等享有平等，实现发展与繁荣的愿望。

我想指出，尼泊尔坚持民主与自由的立场是全面而坚定的。我们的漫长政治斗争也是开拓民主道路的象征。

我们不允许在民主规范、价值观与原则上的任何妥协。我们相信民主、发展与尊重人权和基本自由是相互依存、相辅相成的。

我的梦

联合国应反映其成员国的多元化

纽约，联合国大会

在我们纪念纳尔逊·曼德拉（Nelson Mandela）诞辰100周年之际，我要对他以及他为之奋斗的事业表示深深的敬意。他是一个标志性人物，拥有伟大的灵魂，也是和平、正义、和谐、宽恕与和解的灵感之源。

今年，我们失去了一位杰出的外交官、有远见的秘书长科菲·安南（Kofi Annan）。我也对他为促进世界和平、发展与人权所做的巨大贡献表示敬意。

我为第73届联合国大会的圆满召开，带来了释迦牟尼佛与珠穆朗玛峰的问候与祝福。

2006年，我在联合国大会上发表讲话时，尼泊尔正在经历着历史性的政治变革。

通过对话与审议，相互尊重与和解，我们引导了一个由国家领导的、独特而成功的和平进程。

这是关于武装冲突的和平转变。

这是调整国家结构与促进多样性的统一。

这是为了让尼泊尔人民真正拥有主权并成为国家权力的来源。

这是通过制宪议会选举将所有这些成就制度化并巩固。

尽管尼泊尔在毁灭性的地震中遇到了困难，但政治领导人挺身而

第二章
和平与民主

出，决心在2015年9月颁布宪法，从而实现了长达70年之久的人民制定自己的宪法的愿望。

尼泊尔宪法不仅巩固了联邦共和制下的民主政治，而且体现了人民的广泛权利和自由。分权、制衡、法治、司法独立、定期选举、包容性与比例代表制是宪法的基本特征。

我们的愿景是建立全面的民主，从政治、社会、经济与文化上赋予尼泊尔人民权利。实施宪法是摆在我们面前的头等大事。我们去年进行了联邦、省与地方各级的自由、公正的选举，得到了创纪录的票数与社会各阶层人民的支持，完成了这一历史使命。最重要的是，选举选出了41%的妇女代表进入各级政府。我们将继续努力缩小剩下的9%的差距。

这次选举不仅在最大程度上确保了尼泊尔人民的民主权利，而且建立起强大的政府。我所领导的联邦政府获得了议会超过四分之三的支持。各省政府也得到了多数人的大力支持。通过这些具有里程碑意义的选举，我们已经获得了迫切需要的政治稳定。

凭借这些历史性成就，我们为建立平等与公正的社会奠定了基础；在这个社会中，所有公民都受到平等对待，得到平等的保护和机会。社会正义仍然是我们执政的主要目标。我们感谢联合国与国际社会对我们和平进程的支持。

尼泊尔的和平与民主变革的历程是一个独一无二的例子；它证明了对话可以战胜分歧，选票可以战胜枪杆。我们认为，尼泊尔在冲突和变革中所取得的成就谱写了一个鼓舞人心的成功故事，可供许多渴望和平

我的梦

的国家学习和参考。我们非常愿意分享我们的经验与见解。

我们在过渡到民主的艰苦历程中吸取了教训。通过这次经验，我们现在已经成为一个有信心的国家，能够维护政治利益并能够进行经济转型。尼泊尔政府意识到必须加快速度建设基础设施，因此提出了"繁荣尼泊尔，幸福尼泊尔人"的伟大愿景。

为了实现这个伟大的目标，我们正在尽最大的努力，合理利用自然资源以及充分运用和管理人力资源。我们希望在努力发展的过程中，国际社会将继续对我们保持善意、给予支持、进行合作。

我们的外交政策一直是，与所有国家保持友好关系。这样的外交原则决定了我们看待全球问题的独特视角，以及该视角的优势。我们相信区域与全球各国的共同努力将助推本国的发展。

根据优先推进区域合作与外交的政策，我们最近还承办了第四届BIMSTEC首脑会议。我们希望看到SAARC作为南亚重要的区域组织保持它的活跃性。

当今世界正处于危险与机遇并存的重要关头；国际社会面临着贫困、恐怖主义、气候变化、食品安全、人民被迫流离失所、自然灾害、军备竞赛等问题的挑战。国家之间的冲突造成了数百万生命的伤亡。全球饥饿水平在保持几十年连续下降之后，也再一次出现了上升趋势。

和平进程在许多地区仍然举步维艰。国家内部和国家之间的不平等也在加剧。一些国家未能实现可持续的生产和消费方式。

在这个背景下，一般性辩论的主题"让联合国与每个人息息相关：

第二章
和平与民主

为和平、公平与可持续的社会发挥领导作用和全世界分担责任"很符合我们时代的需要。尼泊尔支持各位在本周早些时候在大会的就职演说中讲述的七个优先发展的领域。我希望本届会议能认真地、刻不容缓地审议这些优先发展的领域。这也是我们的政治意愿与决心。

有了这样的决心，我们必须确保倾听包括叙利亚、也门、巴勒斯坦等国家在内的世界各地为自己的权利、民主、自由与正义而斗争的人民的声音，并解决问题。

努力让"联合国关乎每一个人"的奋斗目标充分地体现"不让任何人落后"的哲学思想。

在落实《2030年议程》的第三年，全球在执行方面所做的努力太少了，还远远不够。毋庸置疑的是，最不发达国家一直是奋战的最前线，从这里我们就可以看到《2030年议程》的成败与否。

尽管全球经济发展势头迅猛，但最不发达国家的发展却不容乐观。国际上的援助措施未能起到作用。全球各国承诺对落后国家进行援助的实际落实效果也远低于预期。帮助那些远远落后于发展范畴的人并不是一件奢侈的事，也不是做慈善，而是一种义务。帮助他们脱离贫困是一种国际义务和社会责任。

只有当外部援助力量尊重国家自主权和领导权，与国家发展重心保持一致，同时通过国际体系，并真正帮助提高生产能力、创造就业机会与开发人力资源时，才能充分体现发展与繁荣对全世界的影响。最不发达国家与内陆发展中国家只有顺利融入国际市场，消除贸易壁垒，根据

当地发展重心、建设能力与科技转移进行投资，使它们融入全球价值链，才能走上可持续发展的道路并突破他们面临的基础设施匮乏的瓶颈。

关于气候变化，警示的时钟已经开始敲响。

在世界上，最贫穷、最脆弱的国家（如尼泊尔）承受着气候变化的影响。被称为"世界水塔"的喜马拉雅山脉上的白雪正在快速消融，冰川正在融化；这种不稳定的天气模式在平原地区造成洪水泛滥时，我们不能作为旁观者。具有讽刺意味的是，我们一直是灾害的受害者，但是我们从未做过一件错事。

在山区与小岛屿国家显现的气候变化的影响，加重了生存威胁。令我们难以承受的是，生命、财产与生物多样性的丧失，以及日益严重的灾害现象。

这需要快速的以及与之匹配的响应。我们不能逃避责任，也不会有任何不作为的借口。我们必须采取有效行动，以尊重共同但有区别的责任和能力为原则，确保气候正义。为实现这一目标，为适应和减缓气候变化，我们需要进行国际合作；必须全面地和坚定不移地执行《巴黎协定》。

我们对儿童与青年的健康的投资是对未来的投资。我们为青年提供优质教育、传授技能与促进创新，能够形成一个良性循环，使青年为社会与国家建设做出贡献。

我们必须支持青年的无限潜力、创造力与活力的全面发展。我们需要给他们灌输企业家精神，并为其创造就业机会；这可以促进经济发展，并且有助于改变我们的社会。

第二章
和平与民主

同时，我们还必须对他们进行道德层面的价值观教育，使他们成为社会和谐与进步的动力。

现在技术的疆界不断扩大，它已经成为社会转型的主要动力。但是，数字化带来收益分配不均，并且鸿沟不断加深。

技术是变革与转型的强大动力，同时，技术革命有破坏性的一面。所有发展中国家，特别是最不发达国家正在努力适应新的生产与消费方式。我们必须创造一个方便交易且价格合理的技术转让环境，并消除技术转让的所有障碍。这能够为所有国家提供一个公平的竞争环境，以便通过新的技术推动经济增长。

今年，联合国采取了数十年来最大胆的改革举措，它的跨部门重组为我们提供了巩固其发展支柱和证明其执行效率的重要机会。我们相信，重新定位的联合国发展系统将更好地落实《2030年议程》。学习新一代国家联合的新方法对于确保健全的发展体系至关重要。但是，除此之外，同样非常重要的是，我们需要摆脱促使我们进行改革的陋习。在改革中，文化的转型也非常重要。新文化必须以问责制、透明性与国家所有权为核心。

尼泊尔十分乐意为确保和平与安全在管理方面进行改革。联合国应该体现其成员国的多元化特征，并提高效率与能力。

联合国安全理事会早就该进行改革了。改革必须反映当前的现实，并确保为国力较弱、话语权较小的国家与发展中国家伸张正义。

尼泊尔重申关于全面彻底销毁大规模杀伤性武器的立场。在这方面，我们肯定美国最近与朝、韩两国在朝鲜半岛关于无核化与和平稳定

所做出的努力。

尼泊尔支持和赞同秘书长的"裁军议程",希望有新的动力推动裁军。尼泊尔赞扬"加德满都进程"开始讨论的在亚太地区制定创新的信心建设措施。任何地区都无法承受恐怖主义的威胁。尼泊尔强烈谴责一切恐怖主义行为,无论由谁所为,出于何种目的。因此,我国呼吁世界各国早日缔结一个全面的反对恐怖主义的公约。

在联合国议程中人口流动问题从未如此突出。尼泊尔期待12月会议正式通过确保安全、有序与正常移民全球契约。确保所有海外务工人员的人权与财富一直被置于联合国人权工作的首位。尼泊尔坚信,契约将达到这一目的。

尼泊尔数十年来基于人道主义原则收容了千万名难民。国际社会必须维护难民安全与有尊严地返回家园的权利。

全球冲突的复杂性使得当前预防冲突的努力变得更加重要。调解是一种未得到充分利用的手段,这是我们解决什么冲突都可以使用的手段。

尼泊尔最近纪念了与联合国建立和平伙伴关系60年。尼泊尔每次都在最短的时间内积极响应呼吁。

尼泊尔热烈拥护秘书长提出的"维护和平行动"倡议,并肯定《维护和平行动宣言》。我们应该给予为和平派出部队与警察的国家公平的机会,使得它们可以在总部与外地特派团中担任领导职务。

维和行动中稳定的合作关系能够促进维和人员的能力建设并保障其安全,这可以提高维和行动的效率。尼泊尔严厉谴责对维和部队和维和

第二章
和平与民主

人员的任何形式的攻击与非难,必须杜绝一切针对他们的性骚扰和性侵犯等羞耻行为。

尽管如此,和平特派团不能替代本土的积极预防和解决冲突的措施。我们的经验表明,维护和平行动无法完成政治谈判达成的解决方案所要解决的问题。

尼泊尔对保护与促进人权的承诺是坚定不移的。我们认为,发展、民主与尊重人权是相互依存、相辅相成的。作为人权理事会的成员,我们将履行义务,继续发挥建设性作用。

尼泊尔正在进行的司法进程尊重全面和平协定,以及尊重维护和平与为冲突受难者伸张正义的基本现实。我们决不允许侵犯人权与违反人道主义法的行为逃避惩罚。

我们生活在一个不确定的世界中,冷战对抗正在重新浮出水面。贸易紧张局势不断加剧,多边主义正在受到质疑。秘书长的开幕词在很大程度上反映了当代世界的现实与成员国的心态。这反映了和平与安全、可持续发展、气候变化、移民与技术等领域的现实问题。我们认同联合国作为审议我们今天在全球范围内面临的各种挑战的多边合法论坛的中心地位。联合国所有成员国都有维护多边主义的神圣性和尊重国际法的义务。我们今天在全球范围内面临的问题只有通过绝对信任和全球伙伴的相互合作才能解决。

为促进所有国家享有公平、平等与正义,我们现在必须建立真正具有包容性的国际体系。

我们有指明世界发展方向的责任。我们的集体智慧和领导能力，应该致力于实现所有人的和平与繁荣的愿望。让我们共同下定决心，21世纪的历史将不再是对抗、冲突、不公正与剥削的历史，而是合作与和谐的历史，和平与繁荣的历史，正义与公平的历史。

尼泊尔对《联合国宪章》所载的原则与宗旨始终坚守。自从我们加入联合国以来，已经过去63年，我们依然保持着坚定态度。

亚洲哲学是我们和平理念的基石

圣何塞，联合国和平大学

今天能够来到联合国和平大学，我深感荣幸。关于哥斯达黎加我曾听过很多趣闻。我很高兴来到这片美丽的土地和久负盛名的和平大学，一个致力于实现联合国和平与安全愿景的重要机构。

我认为在参加完加联合国大会之后，这里是分享我对和平与民主看法的最佳论坛。没有比这所大学论坛更合适的平台了。

我要感谢校长与整个大学的盛情邀请。更让我感动的是，你们决定今天向我授予荣誉博士学位。能获得这样的殊荣，我深感荣幸，心怀感激。对我来说，这项荣誉是你们对尼泊尔和平进程的认可，也是对热爱和平的尼泊尔人民的赞赏。

另外，我必须恳切地指出，这份荣誉也授予了和平使者——佛陀诞生国的公民。

第二章
和平与民主

我必须赞扬联合国大学作为一个学习和研究中心，为全世界弘扬相互理解、包容与和平的文化做出的巨大贡献。

我很高兴在这一场合与尊敬的各位分享一个好消息，尼泊尔已成为成立该大学的协议缔约国。这也体现了我们对世界和平的承诺和迫切希望。

上周，我出席了联合国大会第73届会议的辩论会并发表了讲话。出席大会的世界各国领导人谈到了我们今天所面临的许多挑战。

对多边政策的抵制，恐怖主义和暴力极端主义事件的不断增加，贫困和不平等的加剧，气候变暖和海平面上升，持续战争和教派冲突，粮食危机等都是辩论中突出的问题。

无论这些领导人来自哪里，无论他们代表哪个国家，他们都一致呼吁建设一个和平的地球，让人类共同进步、共同繁荣。

在应对这些挑战的过程中，像联合国大学这样的机构应该站在最前线。因为它们能帮助解决我们今天所面临的许多困境。

教育教导人们要宽容和拥有同情心，教人尊重多样性和包容差异性，同时释放人类思想的无限潜力，这才是解决人类今天所面临的许多问题的答案。

教育贯穿人的一生。作为一个学生，只有积累了知识、提高了技能，才能为世界做贡献。教育也是提升自己的手段，因为我们今天所知道的和不知道的都可能会改变。培育和平与宽容的文化、鼓励创新和发明的教育，是走出当今世界面临的困境的最佳方式。这种教育是和平与繁荣的基石。

因此，我要赞扬联合国大学作为预防冲突与创造和平的知识中心所

发挥的作用。

当今世界是成就与挫折、进步与危险、希望与绝望并存的世界。虽然世界见证了令人印象深刻的经济增长和惊人的技术进步，但并不是所有人都能够公平地受益。目前不人道的贫困仍然存在，各国之间和国家内部的不平等正在加剧。

由于内战与暴力冲突，成千上万的人丧失了生命。恐怖主义的威胁没有减弱，它威胁着世界各地的人们。

不尊重人类社会多样性与多元化的极端主义正在露出其丑陋的嘴脸。我们必须指出，多样性是自然界固有的，任何人都不能违背这一事实。

生态平衡被破坏了；随着气温升高、冰川消退、积雪融化和海平面上升，气候变化加剧。而且，我们的反应和能力无法应对由人类鲁莽行为所带来的大自然的巨大挑战。

不幸的是，正是排放量微乎其微的国家承受着气候变化带来的沉重代价。这是不公平的，也是不可接受的。我们有责任把一个宜居的星球交给我们的子孙后代。我们必须履行对他们的责任。

第四次工业革命取得了许多突破性的成就。但是，技术进步并没有使所有人公平地分享它的好处。这种变革在工作领域的破坏性潜力仍是未知数。

随着数百万人口的流动，移民是当今的一个大趋势。应该有一个应对措施，来确保移民是一种选择，而不是被迫迁移。全世界需要团结起来，确保移民的人权，使移民安全、有序和正常地生活。

第二章
和平与民主

今天，这些问题比以往任何时候都更加相互关联。它们并不局限于国家与大陆的边界，也不局限于特定的种族和民族。现在，破坏多边主义并寻求全球解决办法的趋势正在扩大。

在应该联合、团结的时候，单边主义的言论是一种历史的倒退。

在国际合作应该加强的时候，以保护主义规则为基础的对国际秩序大厦的信任的侵蚀是令人沮丧的举动。这是不幸的。

我认为，世界比以往任何时候都更需要重申对多边主义和自由贸易的信心。

同样重要的是恢复和重塑以规则为基础的国际秩序，这一秩序有包容性，能包容无论大小、贫富、发达或不发达国家的声音。

现代人对许多弊病的根源需要进行反思。

在一些人心中播下的暴力思想的种子会引发战争，造成人类悲剧；贪婪会引发冲突和腐败；在一些人身上的无知面纱，会产生不宽容的文化。因此，人民的心目中应该建立和平的基础。这也是和平文化的本质。

目前，人类思维潜力并没有得到最大限度的发挥。人类的想象力、创新性和发明能力为人类历史带来了巨大的突破。有数以百万计的人仍生活在贫穷落后的环境中，如果被提供适当的教育和机会，他们将能够推动进步。我们应找到愿意进步的人，并对他们进行投资，以使他们得到更充分和广阔的发展空间。

在能力上，并非所有人都是一样的；并非所有人都有相似的兴趣。因此，教育的作用是通过适当的工具、手段、途径、方法，发现、识别与激发隐藏的个人潜能。

记忆力与包括想象力在内的创造力是决定人脑是否优秀的两大因素。

如果多数人因落后而不能充分发挥他们的能力，人类的繁荣和进步就不可能永远持续下去。

教育应该教人类利用自然的巨大潜力，同时消除贫富差距，结束贫困和落后。这有助于消除社会紧张、不和和冲突的根源。向人灌输积极的观点是教育的作用。教育还应该培养道德和价值观；提升价值判断力、积极作为并约束自身。教育提高人们的思考能力，使他们成为更好的人，并打开新的视野。但除此之外，它还应为社会和国家的发展做出贡献。

通过教育，个人能够富足；个人富足了家庭才能富足；富足的家庭有助于推动社会发展；富足的社会有助于建立富足的国家。总而言之，教育能够造福全球各国，进而造福全人类。

和平不仅仅是没有战争，也不应该被理解为压抑的冷静、强迫的沉默和有限的容忍。

它是一种精神状态、一种生活方式，存在于更广泛的层面——个体、政治、经济、社会与文化，它们相互依存、相互促进。

在个体层面，对更大的社会利益负有责任的自由是和平的基础。

在政治层面，有意义地参与政治进程和合理地分享政治权利有助于维护和平。权利和义务的完美结合有利于维护和平。

同样，在经济层面，为了维护和平，应该消除贫富差距与经济剥削。失业问题必须解决。必须满足人类基本的、正当的物质与精神需要。

第二章
和平与民主

在社会文化层面，作为美德的容忍与同情、不同信仰与文明之间的和谐与统一是和平的催化剂。这一观点提倡全面民主的概念，从政治、经济、社会、文化等多个方面以赋予个人权利。

在可持续发展目标"不让任何人掉队"的基本理念中，我看到了社会公正的一个要素。我对全面民主的愿景也是以社会公正为基础的。因此，可持续发展目标的最终愿景与我所说的全面民主的目标是完美契合的。

我认为贵校的研究项目可以针对全面民主与可持续发展目标之间的相互关系进行详细分析。在这方面，我国政府愿意派遣一些学生，为贵校的研究项目做出贡献。

《联合国宪章》体现了人们对世界和平的渴望——"使后代免遭战祸"。为了实现人们的愿望，需要筑牢和平的结构、维护和平的文化。

到目前为止，国际机构、规则、联合国和平特派团与调解都是重要工具。所有成员国真诚履行道义和法律义务，每个公民都要维护、维持和平与和谐的价值观。这就是和平教育的重要作用。从这个意义上讲，联合国通过建立这所大学，公正地履行了核心任务。

为了顺利实现和平，第一步是了解不同性质、范围的冲突的根源。贫穷、不平等和落后往往是滋生冲突的温床，不宽容、恐吓和偏见也不容忽视。

以自我为中心的狭隘主义与缺乏远见的思想进一步加剧了冲突。短视与走捷径弊大于利。

破坏环境、不平等、社会矛盾、不信任、剥夺国家主权等是点燃不

和谐的导火索。对这些冲突起因进行更多的研究，有助于深化我们的理解，并在全球范围内巩固和平。

这样的大学在产生、交流与传播有关和平与解决冲突的知识方面发挥着重要作用。毋庸置疑，年轻人是守护和平的使者。因此，他们在巩固和平方面做出了重要贡献，在维护民主与人权价值方面的作用也很大。

当我这样说的时候，我想起了我作为一个年轻的政治活动家为民主而战的日子。在我国独裁统治的那些日子里，任意拘禁和酷刑很常见。我本人在监狱里度过了14年，其中还包括4年的单独监禁。

在追求民主的过程中，我们从不让步，从不向权威低头，从不放弃良知。我们的毅力和勇气塑造了我们争取政治变革的形象。

在人类普世价值观的鼓励下，我们为人民权利与民主进行了无数次斗争和运动，最终在2015年，颁布了一部民主宪法。在创建和平的过程中，性别观点同样重要；妇女作为和平与和谐的推动者，可以发挥重要作用。

在佛陀的教导中，和平的基础得到了很好的确立，佛陀是世界的开明之子。佛陀出生在尼泊尔的蓝毗尼，教导和平与非暴力的道义，其教导与世界和平有着永恒的关联。随着时间的推移，许多事物、思想的关联性和实用性逐渐减弱。但是，佛陀的教义有永恒的价值，在过去与现在一样重要。《联合国宪章》包含了佛陀关于和平的永恒而普遍的教导。我们在他的教导中发现了一种启发性的和平哲学。

亚洲哲学的精髓是"vasudaiva kutumbakam"，意思是世界是一个大家庭。同样有"sarve bhawantu sukhina"，意思是所有人都应该幸福；这

第二章
和平与民主

是源于古老传统的哲学，是我们的福利思想的核心。这些格言的相关性和吸引力是普遍存在的。这种哲学并不以任何理由歧视人类。我们的和平思想就是以这一理念为指导的。

不幸的是，正如世界其他地区在不同时期、不同情况下所遇到的问题一样，尼泊尔也经历了一段武装冲突时期；这是当时人民因缺乏经济与社会发展机会而产生的不满情绪的结果。

然而，尼泊尔各政党与武装叛乱分子积极协商，通过和平手段解决冲突，并为和平奠定了基础。作为一个由本国自主领导和平进程的结果，2006年签署了一项和平协议，正式结束了武装冲突。我们成功地处理了武器、安置了武装人员，为政治进程铺平了和平道路。

在过去十年中，尼泊尔经历了历史性的政治变革。我们从单一的君主制治理体制转变为联邦民主共和政体，新宪法已经使之制度化。

尼泊尔人民选出的制宪会议颁布的《宪法》是一部具有前瞻性的、进步的和基于人权的宪法，它保证包容性与参与性民主、分权的联邦结构、社会经济正义和法治。

这标志着我们完成了独一无二的和平进程。作为一份具有研究性的案例，我们可以把解决冲突的经验、和平进程的经验分享给你们，以进行研究学习。

我们的经验证明，只要双方有必要的政治意愿和和解意识，谈判和对话就能解决冲突。我们必须认识到，某些别有用心的人试图利用不同群体之间的分歧和不和来制造冲突，以攫取自己的利益。我们必须要消

我的梦

除这些造成分裂的因素。

去年在联邦、省和地方各级举行的具有历史意义的选举不仅参与人数众多,而且从社会各阶层都选出了代表。在各级代表机构中41%的妇女代表当选了。我们的经验证明,强有力的政治意愿与宪法保障了妇女的权利,法律确保她们的参与,让民主具有包容性。

在解决了政治问题之后,历史又赋予了我们进行社会经济转型的使命,以便维持我们所取得的政治成就。我领导的政府肩负着时代与人民赋予的使命,决心在这场政治变革的基础上再接再厉,加快推进繁荣和可持续发展,为实现所有尼泊尔人的幸福而奋斗。

我们以"繁荣尼泊尔,幸福尼泊尔人"这一长期目标为指导。为实现这一目标,我们的首要任务是确保适龄劳动力的有报酬的就业;促进农业现代化,开发包括水电能源在内的绿色能源,并促进基础设施、交通、旅游业和人力资源的发展。

为此,我们需要在多个领域进行投资。我们已经制定了正确的政策,使在尼泊尔的外商投资安全且有利可图。

因此,我要强调,必须促进联合国和平大学与尼泊尔各大学、智库和政策机构在推进和平事业方面加强协作。当我们谈论和平、民主和发展之间的关系时,我们决不能忘记:

• 民主和发展取决于和平。

• 在没有和平的情况下,对发展的投资将无从谈起。

• 在没有和平的情况下,对民主的渴望只是空谈。

第三章
宪法与法治

宪法包含了国家的愿景

尼泊尔，加德满都

五周后，我们将迎来尼泊尔《宪法》颁布三周年。

在我们周年庆的准备过程中，我不禁想起了尼泊尔人民在编撰宪法的过程中所经历的严峻考验、痛苦与磨难。宪法体现了人民对国家繁荣、对后代福祉的憧憬与渴望、理想与信念。

同时，我也意识到，摆在我们面前的艰巨任务是将尼泊尔人民的愿望转化为具体行动，让人民保持希望与信念，让在宪法中向尼泊尔人民所保证的进步能真实地在生活中得以实现。

宪法约束我们不能有错误行为。我们将力争为人民和国家实现和平、善政、发展与繁荣。尼泊尔人民现在不能容忍任何自负或借口，他们迫不及待地等待着变革的结果。现在这个由人民选出来的政府也在竭尽所能让人民感受到生活的变化，这也是宪法所赋予我们的职责。

我们的宪法是尼泊尔人民集体意志的体现，一共35个部分，308条。它包含了我们在这几十年的政治斗争与革命中所追求的新颖的、现代的与进步的民主、包容与人文政治理想。

宪法承认每个尼泊尔公民的价值与尊严，平等对待每个公民，保证每个公民的基本权利与自由不受任何歧视。

第三章
宪法与法治

我们应该为自己国家的最高法律感到自豪，该法律的颁布是尼泊尔现代历史上的重要里程碑。

历史概况

我们与各种形式的专制政权进行了持久的斗争，以保障公民的基本权利与政治自由。尼泊尔的现代政治历史基本上是由各种形式的斗争与革命构成的。

的确，尼泊尔人民的政治斗争与运动有着悠久而光荣的传统，首先是国家统一爱国运动，其后是反对英国侵略的斗争。

这些种种形式的社会改革与反对专制和压迫的人道主义斗争，后来逐渐演变为反对拉纳专制政权的民主运动。

尼泊尔人民对立宪主义与民主政体的追求源于所有的革命历史，它们演变成一个旨在实现政治自由、社会转型与变革的政治运动。

在过去的70年中，尼泊尔人民尝试过迫使当政政权颁布限制统治者权力的宪法，以此来改变自己的命运。过去的宪法不像现在的宪法那样富有民主与进步精神。

尼泊尔宪法史

尼泊尔的宪法历史可以追溯到70年前，当时帕德玛·苏谢尔（Padma Sumsher）（时任尼泊尔总理）颁布了具有里程碑意义的1948年《尼泊尔萨尔卡·比卡尼克·加努恩》（Nepal Sarkar Bidhanik Kanoon）。虽然它作为第一部宪法开启了尼泊尔的民主化进程，但它未能满足民主制度现

代制衡机制的基本要求。

更糟糕的是,该宪法从未实施。

1951年革命后政府颁布了《尼泊尔临时政府法》,建立了Pradhan Nyayalaya(即最高法院),并为公民争取到了基本权利。

然而,正是1959年的《尼泊尔王国宪法》使尼泊尔举行了有史以来的第一次大选,从而在本国历史上首次引入了多党代表民主制。

然而,这种民主制的试验极为短暂,因为国王通过禁止政党活动、限制言论自由和在他的直接管控下建立专制的潘查亚特政权来独掌行政权。

随后,1962年的《尼泊尔宪法》将国王的政变宪法化,并推崇其成为尼泊尔政治权力的中心。

这是尼泊尔现代历史上的黑暗时期。

为反对这种公然侵犯人权的行为,尼泊尔人民进行了持续的斗争,为恢复民主政治做出了极大的牺牲,当局最终承认人民才是国家主权与国家最高权威的所在。

当我回想起那个至暗时代,那个政治受限、公民自由被剥夺、人民因暴力而沉默的时代时,我还清楚地记得我们的革命同志在反抗专制政权的斗争中展现出的无与伦比的勇气与毅力,甚至不顾自身安全和生命。我可以坦然地告诉你们,我也曾因积极领导反权威运动而被监禁14年,其中包括4年单独监禁。

许多人为争取民主和人民权利献出了自己的生命。

但对于当时的年轻人来说,那是我们无法抗拒的使命召唤。

第三章
宪法与法治

那是崇高的事业,是神圣的使命。

所有的人民斗争最终引发了1990年的人民运动,专制的潘查亚特政权倒台,预示着尼泊尔民主政治的新时代的到来。

我们应该在这种背景下看待1990年《尼泊尔王国宪法》的颁布。

尽管它可能并不完美,因为它是在反对君主专制下引发政治改革与变革的迫切需求。但是,在公民自由、基本权利与法治的宪法框架下重新引入了民主政体,这些也应归功于《宪法》。

2005年国王为了获得政府直接控制权而引发的灾难破坏了1990年《宪法》的基础,该宪法是以君主立宪制与多党民主制为基础的。国王的这种不民主行动促成了七党联盟与毛主义者联合起来反对独裁君主的阵线。国王被迫接受恢复被解散的议会的要求,并放弃了通过违宪篡夺的权力。王室发表了声明,宣布君主制的终结,尼泊尔在历史上第一次真正拥有了人民主权。在制宪议会第一次会议上,统治尼泊尔近两个半世纪的君主制终于在2008年5月被废除。

在2006年,长达十年的武装斗争结束之后,世俗政治秩序的方向急剧转变,尼泊尔的政体朝着联邦共和制发展,这一直是我们的最终政治目标。我们根据2006年签署的《全面和平协定》完成了对毛派武装人员管理的艰巨任务,为加速和平进程铺平了道路。

2007年《尼泊尔临时宪法》的作用很特殊:它是一个权宜之计。

尽管如此,它还是成立尼泊尔宪法史上重要的里程碑,并为制宪议会颁布尼泊尔宪法做好了准备。

尼泊尔宪法不仅是尼泊尔人民的历史性成就，而且是这个国家高度进步的法律，在保障人民权利，特别是包括妇女、达利特人（Dalits）在内的弱势群体与底层人民的权利方面在全球范围内史无前例。

通过《宪法》，我们实行了多党竞争制度，具有宪法至上、定期选举、崇尚人权、法治、权力分立、制衡以及司法独立等特征。

宪法也是一份文件，包含了我们对国家未来的憧憬。

我们为尼泊尔确立了首要政治任务——加强民族主义，发展民主体制，在社会和谐的基础上加强民族团结，通过终结一切形式的歧视、不平等和压迫来实现社会正义和平等，以及尽早实现经济发展和繁荣。

我想与大家分享的是，尼泊尔宪法还吸收了代代相传的社会价值观、规范与传统，但这却从未在以前的任何文件中被正式记录过。

同时，我们重视善政，包括政府问责制、提高政治透明度、崇尚节俭和消除腐败等，这是繁荣和快速发展的关键要点。

简要回顾：2015年尼泊尔宪法的颁布之路

根据2006年《全面和平协定》的规定，尼泊尔第一届制宪会议于2008年4月正式举行。由于第一届制宪会议无法在规定的时间内交付宪法，2013年11月再次举行了会议。在第一届制宪会议取得的成就的基础上，不到两年的时间《宪法》就成功颁布了。拥有601名成员的制宪会议很好地体现了我们对包容性政治的承诺，反映了我们政治的多样性。它用参与的方式解决宪法问题，体现了真正的民主。

第三章
宪法与法治

在困境中团结一致的政党,挫败了一切破坏尼泊尔人民民主运动的不良企图。在对宪法问题与其他内部事务做出决定时,我党始终站在维护人民权利与捍卫国家主权和独立的最前列。

《宪法》的最终目标很明确:让主权掌握在人民手中,确保人民享有平等的权利与机会,确保每个人的尊严,消除一切形式的歧视,建立公正与繁荣的社会。为了实现这些目标,我们已将国家改组为联邦民主共和制,并正在推行人民民主制度。

我们的宪法构想了这样一个社会:每个人都能充分发挥他(她)的潜力;他(她)有权享有有意义的、快乐的与健康的生活,并享有政治、经济与社会自由,发挥自己的全部潜能而不受任何歧视,无论他们是何种阶级、种族、种姓、肤色、性别、宗教或语言。

在谈到对尼泊尔政治制度的愿景时,尼泊尔民主运动的杰出领导人马丹·班达里曾说过一句话。我在这里引用:

"在尼泊尔的政体中,我看到宪法的至高无上、多党制开放社会、三权分立、人权保护、多党竞争政治制度、定期选举、多数政府与立宪反对派以及法治都是绝对必要的元素。"

我感到非常满意的是,尼泊尔《宪法》就是其中之一,它强调和保证每个尼泊尔公民的尊严。

宪法表达了建立平等社会的决心,以确保平等的经济机会、**繁荣**与社会正义。它旨在通过采用民主规范与价值观来建设社会主义。

尼泊尔《宪法》对落后地区与弱势群体享有平等权利也有特殊规

定。此外，《宪法》规定尼泊尔为联邦制国家，在联邦、省与地方各级实行三层治理。

《宪法》规定了包容性选举制度，分别采用60∶40比例的多数当选制（FPTP）与比例代表制（PR）。它还要求各政党拥有一定比例的妇女、达利特人、土著居民、卡斯阿里亚（Khas Arya）、马德西（Madhesi）、塔鲁（Tharu）、穆斯林（Muslim）等群体，并按比例提交候选人名单。

确保妇女参与国家机构的条例中，保证妇女在联邦议会及省级议会中占有三分之一席位。宪法还规定总统或副总统以及议长或副议长的职位必须由女性担任。在地方，保证有40％的女性代表席位。最近的选举还确认有41％的女性代表席位。这并非微不足道的成就，我们将继续致力于消除9％的剩余差距。

我们的宪法有许多重要的目标。它不仅建立了联邦制，而且做出了许多规定，以使国家更具包容性，政体更具参与性。

因此，国家拥有多民族、多语言与多文化的特征，并根据多元化的地域特征实行不同的政策。

宪法禁止基于任何阶级、种姓、地区、语言、宗教和性别的歧视，以保护和促进文化多样性、保证社会团结，营造宽容、和谐与和平的尼泊尔。

宪法还赋予了尼泊尔人民从未有过的权利。这些权利包括：社会正义权、清洁环境权、禁止剥削权、受教育权、健康权、就业权、食物权与住房权以及许多其他权利。宪法还囊括了高福利国家的许多规定，以

第三章
宪法与法治

保障从儿童到老年人的社会各阶层的权利。

因此,《宪法》已经获得尼泊尔人民的广泛认可,因为它充分保证了他们的权利,并致力于建立一个让每个尼泊尔公民都感到幸福的繁荣社会,真正实现"繁荣尼泊尔,幸福尼泊尔人"的愿景。

这是尼泊尔政治与宪法史上最具变革性的成就。

2017年,地方、省级和联邦选举的成功举办,象征着宪法的全面施行。选举以自由、公平与公正的方式举行,参加人数创历史新高。尼泊尔人民多年来首次赋予尼泊尔共产党执政的权力。实现政治稳定与经济繁荣是我们的双重目标,我们将继续坚定地追求这些目标。

作为当选的总理,我有义务确保政府按照宪法的规定与精神充分执行《宪法》,我呼吁所有政治领导人和公民真诚地、忠实地支持我们完成这项最重要的任务。

随着《宪法》的全面执行,我们需要考虑几个问题。在我看来,有四个主要问题需要仔细考虑和合理应对:

首先,我们必须确保充分执行《宪法》中有关人民享有权利的规定。

政府要致力于尽早确立与全面实施宪法的相关法案,并在宪法规定的时间内让议会表决通过。

我号召所有人共同努力完成这项最重要的国家任务。

我认为,重要的是要确保有关公民权利的宪法规定得到及时执行。

这将向人民昭示宪法条例的力量,以及确保人民过上有尊严的生活的愿望和意义。

第二，我们必须按照《宪法》的要求建立中央与各省的关系，增强各级政府的能力，并确保中央、省级和地方各级政府之间自然资源与财政资源的公平分配。

这需要有远见卓识、强有力的领导，并随时调整，具备广泛性与灵活度才能实现这些目标。

正如尼泊尔的一句谚语所说："相互依存与合作至关重要。"

尼泊尔《宪法》规定，三级政府被嵌入一个单一的治理体系中，尽管具有不同的司法管辖区与不同的责任范畴，但在相互支持的治理结构中寻求有效的法治、管理与公共服务。

我们将确保尼泊尔政府的财政收入在三级政府之间平均分配，并且资源的匮乏不会成为当地发展的制约因素。

我们将看到，平等拨款是基于诸如人类发展指数、区域平衡状况、资源需求以及社会经济发展情况等参数的。

同样重要的是，省级和地方政府也要积极地调动资源，以加速当地的社会经济发展。

我希望各省级和地方政府吸取过往的经验教训，建立一种廉洁与透明的治理机制。

我相信，随着地方政府与人民更加亲近，它们也更有能力与责任感来解决地方问题，更有效地促进地方发展。

同时，地方政府将从自己的实践中总结经验，慢慢成熟，并通过提出创新型方案来应对新挑战，从而实现经济发展与社会进步。

第三章
宪法与法治

最后，我们一方面需要在公平与经济增长之间寻求平衡，另一方面要在联邦制结构与经济效益之间寻求平衡。

我们采取的经济政策不仅应促进经济增长，而且应支持公平与正义。希望从我们的土地上消除贫困，并为我们的人民提供平等的进步与发展的机会。

这三个目标（经济增长、公平与社会正义）的结合也是人民一直以来期盼实现的愿望。

在我看来，一个经过精心设计并且有效管理的联邦制结构不仅可以确保经济增长，而且可以实现公平与正义。

最后，了解在何种情况下可以修改宪法也很重要。

尼泊尔宪法是具有一定灵活性的，它允许在不侵犯尼泊尔主权、领土完整，以及不侵犯尼泊尔人民的权益与国家权威的前提下进行修改与调整。

这种灵活性是宪法的重要特征，这一特征将确保尼泊尔人民不断变化的愿望始终能在宪法中得到充分体现。

尼泊尔人民为此艰苦奋斗了无数年。我只希望子孙后代将不必（像我们一样）需要进行这样的斗争才能让他们的合法要求引起当局注意，使他们的切身利益得到维护。

我们相信《宪法》将使尼泊尔成为一个强大的、繁荣的、有尊严的国家。让我们与邻国、与世界上所有国家和平共处，保持亲密的关系，并在与世界各国发展建立伙伴关系中发挥积极作用，共同建立公平、公正与透明的世界秩序。宪法首次定义了国家利益的要素，我们的外交政策也将在宪法规定的框架内维护国家利益。

在过去三天的会议中,许多问题我无法深入探讨。我真切地希望此次会议将帮助制定有效的策略,来充分实施《尼泊尔宪法》。

尼泊尔政府一直致力于实施《尼泊尔宪法》。因此,你们的意见与建议都将非常宝贵。

我要衷心感谢加德满都大学法学院与南亚信托组织举办这次活动,并邀请我就这个最重要的问题发表看法;感谢所有参与本次会议组织工作的人员付出的努力。

我们对繁荣与幸福的承诺不是一句空话

<small>加德满都,尼泊尔军队大厅</small>

今天是宪法日和国庆日。首先,我代表尼泊尔政府与我本人在这个喜庆的日子里,向大家表示衷心的祝贺与良好的祝愿。

五周前,我在尼泊尔宪法国际研讨会上发言时曾说过:"我们正在以盛大的方式庆祝我们颁布《宪法》三周年。"在许多国际知名的宪法专家面前讲这件事时,我想起了尼泊尔在艰难的制宪历程中所遭受的痛苦与焦灼。那时我已经清楚地表明,经过长达70年的艰苦努力与制宪议会的努力,我们制定的宪法不仅体现了尼泊尔人民的愿望,而且全面地体现了我们的规范与原则。

这部《宪法》在现代性与进步性方面,吸纳了人文与民主政治的思

第三章
宪法与法治

想；宪法分为35个部分，308条细则与9个附表。因此，尼泊尔宪法不仅已成为国家的基本法律指导，而且体现了尼泊尔人民的共同愿望。

尼泊尔宪法是在来自不同种姓、语言群体、宗教、社区、文化以及居住地的所有阶层与不同性别的五个政党、1202位议会议员、数百名专家与数十万颗心的共同努力下完成的。这部宪法，使尼泊尔喜马拉雅山区到南部平原的所有人聚在一起，已经证明了每个尼泊尔人的重要性与尊严。这部宪法确保了所有公民的基本权利和自由，并保障其不受歧视。因此，我们为这片土地上的基本法感到自豪。

今天是9月19日，这是宪法颁布的日子，这是尼泊尔当代史与未来史的重要节点。我们在全国盛大的节日气氛中，庆祝国庆日。在国庆日到来之际，我向烈士们表示衷心的敬意，同时我谨向所有失踪者、无家可归者以及在这一运动中遭受身体、精神与家庭损失的同胞表示敬意；你们做出了无与伦比的贡献，使得国家步入法治之路。

我们没有将我们的宪法称为"无可比拟的文件"，也不认为需要与任何其他宪法进行比较。我们尼泊尔人有着悠久、光荣的革命传统。为了确保人民的基本权利与政治自由，我们针对不同性质的独裁政权进行了斗争与革命。

无论是上个世纪为反抗外国侵略势力而进行的爱国主义斗争，还是为反对极端压迫而进行的社会改革运动，最终所有这些运动都变成了反对压迫和专制的人民民主运动。

在过去的70年中，为实现我们的目标，创造美好的未来，尼泊尔人

我的梦

至少经历了六次宪法修改。尼泊尔《宪法》不仅体现了经过数百年运动而发展起来的爱国主义、人文主义与民主主义，而且凝聚了我们在社会实践中几代人的价值观、规范与习俗。现在的宪法比我们以前颁布的所有宪法都更加进步与丰富。

尼泊尔宪法体现了我们对未来的愿景。这一愿景承载着建立具有民主价值观与规范的社会主义的目标。

我们的宪法是解决由于经济剥削与社会压迫而在社会上爆发的不满与叛逆声音的文件。它标志着在接管冲突时期的武装分子和武器之后，尼泊尔独一无二的本土和平进程的完成。这是一个复杂而艰难的和平进程，但它树立了一个全球标准。

我们的宪法已将国家转变为由三个级别（地方、省与联邦）组成的联邦民主共和国。在"宪法日"之际，我作为国家总理许下我的承诺：为实现和平、善政、发展与繁荣，我以承担使命的态度执行《宪法》。我想明确地说，本届政府已经确认了这样一个事实，即尼泊尔人民在努力实现发展与繁荣的长期愿望时，没有借口不施行宪法。

"繁荣与幸福"既不是一个人的名字，也不是一句空话。这是我们多年期待的结果。"繁荣尼泊尔，幸福尼泊尔人"的愿景，是我们共同的梦想；这是可以实现的，我们必须把梦想变为现实。

繁荣与发展不是总理、政府或任何一个政党或个人的事情；这是我们国家的决心。我们在每一次革命运动中都与献出生命或努力奋斗的同胞站在一起才会成功。因此，我今天再次诚挚地呼吁所有政党领导人与

第三章
宪法与法治

同胞支持并履行这项国家义务。

关于**繁荣**问题,我也经常听到"言论过多,做事太少"的抱怨。现在,我们已经从设想阶段进入到行动阶段。我很清楚这一点,我们的承诺已经到实现变革的阶段。

有人提出了这样的问题:为什么没有达到预期的结果?哪里错了?问题出在我们选择的制度上还是出在我们当选的领导人上?抑或是我们的新领导班子与政治体制不匹配?为什么建立了新尼泊尔还感到困惑?

我认为,当前的困境是由人们思维方式的不一致所产生的,人们的思维方式包括"一切顺其自然""坐享其成""妄想一步登天"。我礼貌地向所有人解释,在政府组建后六个月内,"一切都会井然有序",这是一个美好的期望,很有吸引力,却不切实际。

政府已经为实施《宪法》规定的31项基本权利做出了必要的法律安排,以确保我们一直走在繁荣之路上。随着这些规定的执行,尼泊尔人民过上有尊严的生活的愿望将得以实现。我们在联邦议会上已经提交了实施善政所需的50多项法案。平均每五天准备一份法案,这是建立法治社会的一项很有代表性的工作。

我们经常听到一些毫无根据的言论,比如联邦制没有实施,或者联邦制没有得到大众认可。我们已完成了一个单一制国家机构的改革工作,为地方、省与联邦划分了各级职责。这正驳斥了联邦制无用论。省、地方与联邦政府一起采取行动。117846名公务员被均分到各省、各地方。

政府的三个层级都有明确的职责划分，并各司其职，这一事实表明，联邦制的基础已得到确立。

我们必须清楚联邦制对我们来说是一个新的实践，通过实践才能不断完善。现在对我们来说，联邦制是对还是错的问题不再重要。在我们得出结论之前，质疑与争论是很自然的。但是，当国家做出决定时，领导层会坚决执行。在国家事务中只有承诺，不可以存在任何形式的假设或借口。

无论是联邦制还是宪法，如果仍然存在缺陷和漏洞，它们将会在适当的时候进行调整。二者在实践中出现的不一致也将得到修正。

我一直在说：我们的民主运动取得了成功。这场运动需要舍弃不相关的方面，并实施创新。其中，公民权利具有至高无上的地位。但是，任何动机不良的人以人民权利的名义谋取私利是不可接受的。

我们实现公民权利的政治运动的试验阶段已经结束。如果还有什么需要试验的地方，那就是"快速而迅猛"的发展。争论与讨论应集中在这一点上。

和平的、武力的革命运动都将成为《宪法》实施之前的"历史"主题。以实现公民权利或捍卫政治制度的名义进行的任何形式的活动都是没有必要的。

因此，从现在开始进行的就是民主运动。这是促进发展与繁荣的伟大运动。在这场运动中，光荣的革命传统得以保留，过去民主运动的成果得以制度化。在民主运动中，首要任务是使公民形成责任感。

第三章
宪法与法治

我可以确定地说,我们联邦结构中的"联邦与省的关系"将按照《宪法》的规定进行管理。人们常说"岩石依靠土壤,土壤依靠岩石",以这种精神为指导,我们将公平分配自然与财政资源方面的投资。我们的联邦民主只有经过具有远见的领导才能实现预期的结果,这种领导在执行上是坚定不移的,但是在方式上是很灵活的。

我们的政府在为各省区域发展与全国各地提供服务方面,一直采取统筹兼顾的方针。我们必须理解,在经过20年的空缺之后,由不同角色选出的地方领导会逐渐成熟,并按照人民的意愿提供服务。

经济增长、公平与社会正义构成了公众期望的三位一体。因此,我们的经济政策不仅要促进经济增长,而且必须加强公平与社会正义。我们必须在经济增长与公平之间以及联邦制与财政效率之间保持一定的平衡。

我们的全部精力应集中在善政与经济发展上面。为此,我们以负责任的态度与注重结果的方式向前迈进,把我们的资源与精力放在维护和平与政治秩序,并控制与消除腐败上。然而,这可能还不够。因此,我们采取睦邻友好、吸引外国投资的政策,以便实现我们快速发展的愿望。在这样做的同时,我们还要让国有企业、私人企业与合作社成为我们的发展伙伴;推动发展真正的民主运动,建成一个福利国家,创造一个公平、公正的社会环境;让每个公民都能过上繁荣、安全与有尊严的生活。

这届政府很清楚,国家不能轻率行事,也不能触犯法律。我们应该

明确，国家所有机构之间为实现共同的目标而进行讨论、协商、合作。行政机关、立法机关与司法机关是构成我们民主制的三个机构，为公民做决定时，应该认真对待公民的问题，确保公正。我们必须消除现存的许多矛盾，其中一些问题一言不发就可以解决；另一些则尽管多年来争议不断，我们却充耳不闻。

我完全相信，在我们的宪法的指导下，尼泊尔将成为一个强大、繁荣与有尊严的国家。它将保护我们的民族并加强我们与邻国的关系，进一步增进与世界各国的友好关系。尼泊尔将在与所有国家的国际关系、伙伴关系的发展中发挥积极的和建设性的作用。

第四章

外 交

决不允许在尼领土上的任何反华活动

北京，尼中商务论坛

谈到尼中关系，大家都会感到非常自豪。尼泊尔和中国是在地理、文化与传统上都紧密相连的邻国。我们的关系可以追溯到上古时代。两国于1955年正式建立外交关系。两国拥有多维的关系，包括政治、经济、社会与文化等方面。

我们以和平共处五项原则为基础，始终保持亲切友好的政治关系。两国之间有着顺畅的合作关系。多年来，我们的关系在质和量上都在提升。高度的政治互信是我们紧密联系的基础。

尼泊尔坚定地奉行一个中国的原则。我们的立场是：决不允许尼泊尔领土上的任何反华活动，我们也在不断地践行这一原则。

我们两国在经济、贸易、商业、文化和人文交流等领域一直保持着密切而持续的往来。我们两国的贸易关系从喜马拉雅山脉两岸的商贸开始，历史悠久。贸易关系为巩固我们的经济关系奠定了坚实的基础。

尼中两国不仅是好朋友，并且是可靠的发展合作伙伴。尼泊尔是一个有着无限发展机遇的地方。但是由于资金与技术短缺，我们丰富的资源一直处于待开发状态。我们想要改变这种状况，并在开发方面创造成功的案例。我们相信，中国拥有强大的金融与技术实力，能够帮助改变

第四章
外　交

尼泊尔的发展格局。

很多人认为，21世纪的成功故事将以中国的成功故事为主导。中国在许多领域取得了空前的进步，震惊了世界。我们真诚地祝福中国在发展上取得的巨大成就。我们也重视中国在世界舞台上的积极作用与影响力。

我们欣喜地发现中国政府与人民一道使中国成为了：

- 世界第二大经济体。
- 全球最大的工业生产国。
- 最大的外汇储备持有国。
- 世界上最大的商品出口国。
- 全球第二大外商直接投资（FDI）目的国。
- 金融发展的全球领导者。
- 全球增长和繁荣的关键驱动力。

我们很高兴看到中国在社会经济与技术发展方面取得的空前进步。作为中国的近邻，尼泊尔很自然地渴望与中国建立互利的伙伴关系。我们可以在两国之间的商业领域建立共生关系，建立共赢的合作局面。

在我们钦佩中国的成功故事的同时，我也想与大家分享，尼泊尔最近在政治生活中所经历的重大变化。在经历了长期的冲突与动荡后，尼泊尔最终颁布了高度进步和民主的宪法。宪法让我们在过去70多年的不懈努力中取得的政治成就制度化，并让尼泊尔人民在真正意义上成为了主权公民。

在联邦机构三级选举完成之后，各级组织成立了政府。我们现在已

经进入了政治稳定、和平与繁荣的时代。

尼泊尔共产党（联合马列）和尼泊尔共产党（毛主义中心）这两个共产党的联合统一，也保证了我国急需的政治稳定。有了政治稳定的保证，我们现在已迈出了具有决定性的发展与繁荣之路，以实现我们的"繁荣尼泊尔，幸福尼泊尔人"的目标。

政治稳定也确保了政策的持续性与连续性，因为统一的、一致的政党制度是外国投资的先决条件。现在，我所在的政府向你们保证，尼泊尔将拥有稳定与统一的政策、明确的愿景、清晰的行动与战略计划、坚定的承诺、绝对的民众支持以及执行发展的能力。政府将致力于将人们对和平、稳定与繁荣的渴望转化为现实。我们坚定地认为经济繁荣对尼泊尔人民而言并不是一个无法实现的梦想。因此，我们希望到2030年能成为一个中等收入国家，并尽早脱离最不发达国家的队伍。

为了实现经济繁荣，我们需要对基础设施建设进行大量投资，并引进先进的和创新的技术以加快发展步伐。我们期望中国投资者们来弥补我们在金融和技术上的不足，我们相信我们的朋友——中国将愿意在尼泊尔进行投资。

我向你们保证，现在到尼泊尔投资绝对会有丰厚的经济回报。政府致力于营造良好的投资环境。这不会仅仅是我的说辞，我将为这一承诺付诸实践，你们将很快能感受到。随着政治过渡结束，强大的政府当政，尼泊尔的法律条例也已明显改善，包括劳资关系法等。因此，我再次申明，尼泊尔是投资的新兴地，其在水电、农业、旅游业、服务业与

第四章
外　交

制造业等领域都拥有巨大的投资潜力。中国是尼泊尔最大海外直接投资国与第二大贸易伙伴，两国之间的经济接触也在不断增加。我们对跨喜马拉雅山脉连接的持续投入将进一步为双边贸易，及货物与运输服务创造有利环境。

投资者们总是在不断寻找市场，这在尼泊尔不是问题。众所周知，尼泊尔地处印度与中国这两个充满活力的市场之间，辐射超过25亿人口。生产是我们唯一的问题，因为我们的生产能力有限。

我们拥有8000多种尼泊尔产品享受免税配额（DFQF）优势以进入中国市场。我们一直在请中国政府授予512种尼泊尔产品贸易许可，以求进入中国更高水平的市场。作为最不发达国家之一，我们还有70多种产品享有进入欧洲市场的免税特权以及美国优惠市场的准入许可。我站在这里是想倾听你们的声音，了解你们的看法。

我们致力于进一步改善国内商业环境，以尽一切努力来增强你们的信心，提高你们的参与度，并帮助你们快速做出投资决策。我们已经确立外商投资、公私合营、工业企业、银行与知识产权的法律与政策。

几乎每个行业，包括制造业、水电业、IT业、服务业、旅游业、矿产开发与农业为主的行业都对外国投资开放，受限的行业很少。

让我介绍一些尼泊尔潜在的投资领域。

尼泊尔是一个有着多元化农业的国家。它地域广阔，拥有丰富的生物资源，其可耕地仅高出世界最高峰80米，为本国的各种农产品提供了生产环境。

我的梦

尼泊尔也是水电行业投资的利润丰厚之地，拥有超过10万兆瓦容量。但是这一领域也仍未得到充分开发。此外，尼泊尔矿产丰富，包括铁、大理石与稀有宝石。这些领域都有待开发。

尼泊尔以其众多的世界著名遗址、旅游胜地而闻名。它拥有最受青睐的徒步路线、奇妙的野生生物与令人惊叹的风景名胜；尼泊尔人民热情好客，所有这些都增加了投资的吸引力。

我们还奉行自由的经济政策，并以私营企业为主要合作伙伴。我们无意扭转大趋势。我们想向你们保证的是我们不会违背全球发展趋势。

目前由总理领导的尼泊尔投资委员会将通过修订《投资委员会法》得到进一步加强，它将发展成为一个系统化促进公私合营投资的机构。

尼泊尔有良好的财政环境。我们的税率低，并在规定期内对经济特区的出口工业产品免征所得税，我们为一些特定行业提供了免税优惠与免税期的政策；对出口行业使用的核心产品提供了免税政策。

我国法律允许将通过投资与再投资获得的收入汇回国内。在尼泊尔注册的外国公司可以购买、拥有与出售土地；国内外投资者之间不得相互歧视；我们没有私企国有化政策。另一个在尼泊尔投资的竞争性优势是廉价的劳动力以及完善的劳动法与劳资关系。

基础设施建设是经济发展的关键。尼泊尔政府和中国政府都在努力建立中尼边境附近的跨境经济区，并进一步发展两国之间现有的边境点。自今年年初以来，我们两国已经通过光纤正式建立连接。我们还正在计划通过铁路、公路与新建国际机场进行跨境连接，而与中国投资者

第四章
外　交

合作完成这些重点项目将非常重要。

两国已签署谅解协议与备忘录，包括《促进投资与经济合作框架协议》《能源合作谅解备忘录》与《生产能力投资与合作谅解备忘录》。这将促进与加强两国投资者之间的合作。

尼泊尔加入了"一带一路"倡议，这是习近平主席发起的一项极具远见的倡议。我们认为，该倡议为我们两国的合作与伙伴关系提供了巨大机会。"一带一路"对国际社会的吸引力与日俱增，使其成为国际合作的最大平台之一。

中国是国际旅游市场的重要来源国。近年来，尼泊尔的中国游客流量很大。美丽的自然风景与文化、喜马拉雅山与文化遗产、野生动植物与灵修地一直是旅游业的重点项目，这些部门也一直是国内经济的关键。

尼泊尔政府积极致力于保障游客的安全，正在出台关于保障登山运动员和徒步旅行者的安全与进行紧急救援方面的特别规定。为了促进旅游业的发展，我国政府宣布将2020年定为"访问尼泊尔年"，目标是在2020年接待200万游客。这也是中国游客与各个旅行社的绝佳机会。

欢迎各位充分利用尼泊尔的免签政策，访问并享受它的自然风光。我也鼓励中国投资者在尼泊尔投资旅游基础设施，并从中获益。

我们两国的私营企业已经建立了良好的关系，并就许多投资计划达成了合作意向。今天在这里举行的聚会将为你们提供另一个在尼泊尔建立富有意义的商业伙伴关系的机会。我国政府将持续致力于提供一切可能的支持来促进商业发展。良好的政治合作以及融洽的经济和商业伙伴关系将进一步加强两国的联系,并让两国及两国人民都能从中受益。

睦邻友好,和谐共处

新德里,印度基金会

两年前,作为尼泊尔总理我对印度进行首次国事访问时曾到访过新德里这座大城市。我国刚刚完成了历史性的任务,即通过选举产生的制宪议会的民主进程颁布《宪法》。

那是重要的时刻。生活在漫长而代价高昂的政治过渡和动荡时期之后,我们期待着未来稳定的政治进程。作为国家总理,我负有执行与刚刚诞生的《宪法》有关的任务的重大责任。任务很艰巨,挑战巨大。

得益于尼泊尔领导层与2600万尼泊尔人民的智慧与毅力,以及来自邻国与世界各地的朋友的支持与帮助,我们在过去两年中实现了宪法实施的所有重要进程。我们根据宪法进行了首次选举,作为一个对未来充满希望与梦想的国家领导人——我将以尼泊尔总理的身份访问印度。

2017年举行的地方、省和联邦选举在很多方面都具有历史性意义。在此之后,经过近20年的时间间隔,我们在所有753个地方一级机构中选出了代表。而且,省级选举的形式是全新的。

《宪法》提出的一项重大政治变革是将国家改组为联邦制。现在,我们有七个省级议会和省政府,这是我们历史上的第一次。"家门口的

第四章
外　交

政府"是我们的宪政精神，现已在结构上实现。

选举具有极大的参与性，其结果具有包容性。选民的平均投票率超过70%。通过选举，我们能够确保超过41%的妇女在民选机构中任职。无论从任何标准来看，这都不是一个小成就。而且，我们的目标是弥合剩余的9%的差距。

随着这一政治进程的完成，我们现在已经走上了政治稳定的道路。所有省级政府在其各自的议会中均获得三分之二多数的支持，而我国中央政府得到了强有力的授权与压倒性的支持。

我认为这是一个为长期以来的社会经济转型而努力的任务。我们的梦想是建设一个繁荣的尼泊尔，在那里人们将拥有体面的生活，而青年将获得体面的工作；我们的基础设施将得到改善，我们尚未开发的大量资源将转化为经济利益与财富。这是消除贫困、不发达与社会落后的恶性循环的梦想。

然而，我们须谨记，一个国家无法凭一己之力踏上实现繁荣的征途。我们将仍然需要来自世界各地的朋友，特别是我们的邻国的支持、声援与善意帮助。

我要说，由于邻国的地理位置和与我们历史悠久的联系，他们是对我们很了解并知道我们发展需要的那些人。对我们来说幸运的是，我们的邻居在发展方面取得了举世瞩目的成就，因此，他们是我们的灵感、经验与关键性支持的来源。

尼泊尔与印度是近邻。地理、历史、宗教与文化将彼此联系在一起。

我 的 梦

My Vision

我们的关系因圣贤的智慧而得到强化。几乎所有领域的紧密关系和人与人之间的交流都加强了我们的联系。

我们的关系甚至在有记录的历史之前就已经开始,始于人类世界在这一地区文明的曙光。

今天,在21世纪,我们的古老关系已经扩展到更广泛的多维领域。

这是一个邻邦现实,我们经常在两国关系中看到断断续续的摩擦。事实上,我们的关系经历了困难时期,经历了关系中的紧张与亲密之间的循环。我坦率地分享这一点,因为公开讨论有助于解决关系中的重点问题,加快友好进程。

作为两国领导人,我们都有能力回顾与反思问题出在哪里以及我们将来如何做得更好。

历史将我们的关系带到新的机遇面前,实现互利共赢。在此进程中,我们自然对印度作为一个大邻国与一个在多个领域具有日益提高的全球地位的国家抱有某些期望。

邻邦之间的关系不同于其他关系。邻邦的现实性在许多方面都是截然不同的,因此决定了合作的程度。友好邻邦永远需要和谐共处。而且,信任是巩固关系的关键因素。它的力量来自对平等、正义、相互尊重与互利以及互不干扰等基本原则的遵守。

作为友好邻邦,我们两国需要了解并尊重彼此的关切与敏感性问题。尼泊尔决不允许将其土地用于侵犯印度的主权利益。我们坚定地维持这一立场。我们自然希望印度也持同样的立场。

第四章
外　交

在国内外，我们都处于变化之中。国内的政治现实决定着我们对内与对外的价值观与行动方针。我们已为国家建设确定了目标、首要任务、战略与行动纲领。同样，我们希望为我们与外部世界的关系注入新的活力。

我们的外交政策从优先处理我们的边界关系开始。显然，我们非常重视与邻邦的关系。谈到印度，我们的外交目标是加强我们关系的基础，而不是削弱它的基础；目的是增进与巩固关系，而不是设置障碍与撇清关系。我们的目标是将我们的关系提升到一个新的高度，而不是出现倒退。我们的目标很明确。我们的愿望是纯洁的而且决心很坚定。为此，我们将付出极大的努力。

关系的稳定性与可预测性对我们来说非常重要。因为我们是两个面积大小、人口数量与经济发展水平都不同的国家。我们的志向是相异的，我们的力量也如此。

我们将与印度政府密切合作，将我们的关系提升到彼此满意的新高度，以使两国人民享受我们关系的成果。我们的关系应有助于两国人民的共同繁荣。它应有助于增强信任与理解。它应有助于建立人民的信心，并使关系更加紧密。我正在构想一种完全不同但互惠互利的尼泊尔—印度关系，它将超越两个主权国家之间存在的任何关系。

我们欣赏印度的进步与繁荣。它在许多领域的成就是引人注目的。印度作为主要经济强国的辉煌发展历程为世界各地乃至我们周围的许多国家提供了灵感。

印度是一个充满创新的国家，其辉煌的发展以及作为IT与数字经济全球枢纽的令人印象深刻的成就,对我们国家的年轻一代来说是一种激励。我们看到印度高度积极的发展劲头,我相信它将取得更大的成功。

对于尼泊尔而言,印度仍然是最大的贸易伙伴。但是,解决双边贸易逆差问题迫在眉睫。我们的经济无法适应与印度之间惊人的高度贸易失衡状态。它的持续发展将对我们的经济构成严重威胁。我们无法在任何领域与印度竞争。我们需要一个生存空间。我敢肯定,当我说增强尼泊尔的经济实力符合印度的切身利益时,你们中的许多人都会同意。

因此,我们需要集中精力使贸易多样化,并扩大从尼泊尔到印度的出口量。1996年《贸易条约》的规定大力支持尼泊尔的贸易。该条约签订后的初期是我们贸易关系的黄金时期。诸如取消数量限制,减少关税配额与向下修订增值标准,简化与精简程序以及易于使用检疫与检测设施等措施可以缓解这一困难局面。

为了增加货物流动与扩大贸易,我们需要投资基础设施并简化程序。

印度提供了慷慨的援助,以帮助尼泊尔快速发展。这有助于使我们的经济多样化,建设基础设施并夯实我们的工业基础。但是,要扩大我们的经济合作与及时交付商定的项目,还有很多工作要做。

为了进一步加强经济合作,我们必须创造成功的案例,必须将我们的承诺转化为行动。

尼泊尔与印度拥有得天独厚的自然与人力资源。21世纪不应仅仅是潜力与资源的世纪——不应处于尚未开发的和沉睡的状态。

繁荣需要潜力的释放。释放潜力将推动繁荣。而且,只有在更紧密

第四章
外　交

的伙伴关系与更坚定的承诺下，这种转型才能取得成功。这是对共同繁荣的承诺。

尼泊尔的水电开发是双边贸易伙伴关系的重要领域。这将使我们两国的人民与工业受益。我们需要真诚地推进过去商定的项目，例如Pancheshwor，以创造成功的案例。

尼泊尔是印度游客的理想目的地。印度游客受到自然风光与宗教文化的吸引，可以进一步为尼泊尔的经济做出贡献。

为了增加企业与旅游业的人流量，我们需要进一步加强空中连接以及公路与铁路的建设。跨境连接对于释放发展潜力与促进增长非常重要。

对于像我们这样的内陆国家而言，连通的重要性无须过分强调。印度一直在为尼泊尔提供国际贸易的陆上过境设施。当我谈到连通性时，我想起了莫迪总理在2014年8月首次访问尼泊尔时在立法议会演讲中雄辩地强调了HIT（信息高速公路，一种信息方式与传输方式）的概念。我们需要实现这一愿景。

由于连通性对我们所有人都很重要，因此我们强调需要制定区域与次区域的连通性安排。我们需要确保双边以及区域的连通性与过境安排顺利进行，始终保持不间断。在当今互联互通的世界与互联互通的邻邦关系中，货物、服务与人员流动的障碍不应存在。

就世界上不断变化的力量方程式与转变的地缘政治取向而言，我们生活在一个有趣的时代。

经济学、人口统计学及其价值体系的迷人结合，印证了亚洲在当今

世界舞台上的中心地位。亚洲拥有地球上三分之一的陆地与世界近三分之二的人口,而且其中大多数是年轻而充满活力的人,因此亚洲的复兴已经是不可抗拒与不可逆转。

我之所以称其为复兴,是因为亚洲获得霸权并不是第一次。我们今天看到的是亚洲将重返200年前辉煌的世界领奖台。这是对亚洲拥有世界上最古老、最富裕的文明的时代的回归,回到产生世界上最好的艺术家与建筑师的时代,产生最好的物理学与形而上学、最先进的教育体系以及关于治理与治国之道的最具启发性的著作的时代。

当世界上大多数人在迷信的黑暗中摇摇欲坠时,这个地区数百年前就产生了包含世界上最精巧的知识与智慧的著作《吠檀多》,以及最先进的哲学体系——佛教,关于和平与非暴力的最受尊敬的指导原则。古代亚洲给世界带来了先进的城镇规划理念与精致的建筑。它还提供了工业与贸易技术方面的思想。

在过去的200年中,亚洲的突出表现是一种畸变。原因可能多种多样,但现实情况是,在过去的200年中,贫穷与落后成为亚洲的主要特征。

今天,亚洲已经步入成功与繁荣的轨道。这段旅程可能并不顺利且时而间断,但仍在继续。

亚洲幅员辽阔,是世界上最具多样性的地区。人是多样的,文化也是如此。地理是多样的,发展水平也是如此。基于此,我们如何确保亚洲逐渐发展成为一个联系更紧密的地区呢?

我们如何确保在发展中落后的人能获得帮助与公平的竞争环境,以

第四章
外　交

跟上时代的步伐？我们如何确保我们所有人，无论大小，都作为亚洲同胞共同成长？我们如何确保我们理清分歧，或者至少不允许这种分歧破坏我们共同追求的更大利益？当我们踏上实现亚洲复兴的崇高旅程时，这些都是至关重要的问题。

尽管发展的具体指标很重要，但我们需要确保亚洲普遍友爱、和平共处等意识的核心价值观指引我们的道路，因为这些价值观是确保世界和平与安全及发展的可持续性的堡垒。

亚洲价值观不仅有可能使我们（亚洲人）更加亲近，而且可以为世界的美好未来做出贡献。这些源自对我们更大的公共利益的追求、纪律至高无上的集体的构建、文明的信念的坚持以及对个体自我中心主义的排斥。亚洲价值观更注重分享、关怀与共存，而不是个人竞赛。集体主义是亚洲的思维方式。

亚洲价值观强调，作为发展的基本先决条件，建立健全运作良好的国家机构十分必要。尽管其他行为者是现代治理的重要组成部分，但国家机构必须获得应有的尊重，任何带有破坏性的企图都必须加以制止。

我们只有通过适当的方式和将亚洲价值观制度化，才能走上实现亚洲复兴的集体旅程。

亚洲提倡的和平共处五项原则不仅成为《联合国宪章》的核心原则，而且为世界各国克服分歧和平共处、维护共同的利益提供了参照。尼泊尔对和平共处五项原则的态度坚持坚定不移。

根据《宪法》的规定，尼泊尔与世界其他地区的交往仍然受到和平

共处五项原则、不结盟政策、《联合国宪章》、国际法与世界和平规范的影响。

尼泊尔是整个历史上始终保持独立的为数不多的国家之一。这个历史事实，加深了当今2600万尼泊尔人的民族自豪感。因此，我们拥有主权、独立与不干涉原则是最重要的。

我们奉行独立的外交政策，而我们的对外关系则以平衡的观点为基础。

没有人会对民族主义妥协。对我们而言，民族主义是对主权、领土完整、民族独立与国家利益的保护。我们的民族主义不会对任何人怀有恶意。对所有人友好、没有敌意是我们外交政策的根本原则。我们力求在正义、主权平等、相互尊重与互惠的基础上增进与邻国和所有友好国家的关系。

谈到尼泊尔与印度的关系，亲密的友谊与互助伙伴关系已经存在。我们必须在推动这些因素的基础上发展我们的关系，抓住机会，使我们的关系造福两国人民的生活。作为近邻，我们有着共同的命运，需要共同追求繁荣。

我这次来印度的任务是探索与时俱进的、将我们的关系提高到新高度的方式与方法。我希望我们建立牢固的信任大厦，以使我们的关系始终保持和谐，创建一个模型关系，这不仅使我们，而且使我们的后代同样为我们的成就感到自豪。这一值得永远珍惜的关系，每个人都可以为实现这一目标做出贡献。

本着这种精神，我们已责成尼泊尔—印度关系知名人士小组（EPG-

NIR）提出具体建议，以使尼泊尔－印度关系真正对我们两国与两国人民都有益。我们的态度是真诚的，更大的印度知识分子团体有责任传播我们之间的关系需要积极转变的信息。我希望这次聚会可以达到这个有意义的目的。

今天下午，我与莫迪总理进行了坦率、公开与全面的对话。我们的谈话聚焦在同一点上。

我坚信，并希望大家都同意，一个和平、稳定、繁荣与民主的尼泊尔符合印度以及我们广大邻国的利益。

共同努力实现南盟地区的繁荣

尼泊尔，加德满都

南亚拥有成为世界上充满活力的增长极的所有特质与资源。在过去的几年中，我们实现了更高的增长率。我们需要通过在该区域内增加投资与商业活动来维持这种经济活力。

我们的目标是促进区域内的贸易与投资。如果不改善我们的贸易基础设施，不消除麻烦的后勤与监管障碍，这都将无法实现。更重要的是改善商务便利化的环境与投资氛围。

我们是社会经济发展水平不同的国家。我们的智慧告诉我们必须让区域一体化为所有人带来双赢的局面，必须确保没有赢家与输家。每个国家都应该有发展与繁荣的空间。

我 的 梦

My Vision

连通仍然是任何有意义的区域整合的核心。对于像我们这样的内陆国家来说，这一点很重要。没有互联互通，贸易、旅游与投资就无法实现繁荣。物理连通性与思想连通性对于当今经济的全球化发展至关重要。通过私营企业，创新得以蓬勃发展。技术是变革和转型的关键驱动力。在这两种情况下，私营部门都处于主导地位。

我们这个地区并非没有挑战与机遇。我们必须大胆地放下分歧，以连通我们的市场与思想。制定双边与区域贸易和过境便利化政策将大大促进我们各国的经济增长。

发展邻国之间的贸易是当务之急。然而，我们这个地区缺乏这种自然联系。尽管有许多有利因素，但我们还是世界上整合程度最低的区域，区域内贸易比重不到5.5%，投资金额微不足道。

我们必须找到与当今世界发展趋势相适应的方式和手段来整合我们的经济。我们渴望建立一个南亚经济联盟。全面实施南亚自由贸易区（SAFTA）和SAARC南盟服务贸易协定（SATIS）将实现此目标。坚定的政治承诺是向前发展的先决条件。

我们之间达成了包括能源、科学、技术与创新在内的许多领域的有意义的合作。这些领域的合作可以改变南亚发展格局，改变游戏规则。这也将有助于实现雄心勃勃的可持续发展目标。我们必须确保，当其他地区的人正在发展上取得令人难以置信的进步之时，我们这没有人会被抛在后面，陷入贫穷与饥饿的非人道处境。

我们将继续面对气候变化、自然灾害、恐怖主义与跨国犯罪等众多

第四章
外　交

挑战。像我们这样的国家一直承受着气候变化的影响。跨国犯罪、恐怖主义与极端主义事件已经挑战了我们的区域安全与治理能力。一个国家无论多么强大，都无法独自应对些挑战与其他不断产生的挑战。我们的集体努力无可替代。防御、坚韧与协作无可替代。

青年是我们的未来。我们从尼泊尔的年轻人口与活跃人口中获得了人口红利。为我们的年轻人创造创业空间，鼓励企业家精神与打造创新创造空间非常重要。外汇的有效利用以及归国移民的思想、技能与专业知识也应得到我们的重视。农业是尼泊尔的命脉，因此农业部门的现代化与商业化将通过增加就业与增加收入为减少贫困做出重大贡献。我们需要在这个至关重要的领域交流知识与技术。

区域一级不合作的代价将是巨大的。合作与互利共赢是无可替代的。区域理解与合作对于推动区域一体化的进程具有很重要的意义。

南亚是一个具有多样性的地区。这种多样性也是我们的优势。正如《南盟宪章》所载，我们的愿景应该是建立一个和平、稳定与繁荣的南亚。现在是团结一致，调动我们的资源，改善我们各国人民应有的体面生活的时候。我们的最终目标是实现共同繁荣。我相信，你们（企业界）可以为此目标发挥重要作用。

第11届SAARC峰会在加德满都举行之后，SAARC商业领袖会议应运而生。从那以后它一直很活跃，我感到很高兴。它为南亚商业领袖提供了一个独特的平台，以分享商业思想，建立伙伴关系，培养人才并探寻商机。

我的梦

　　我很高兴得知这次会议将就我们地区的一些最受关注的问题进行审议。我期望会议将成功地促进南盟的目标与南亚人民的愿望的实现。我也希望它能够成功地吸引发展参与者，按照旨在"更深层次地促进和平与繁荣"的第18届南盟首脑会议的精神，领导我们进行集体努力。我感谢尼泊尔工业、商业与供应部，南盟商会与其他合作伙伴组织者及时采取了这一举措。

　　如果政治稳定则颁布新宪法和进行政府选举，尼泊尔正在朝着这个方向迈出大步。至此，我们的宪法已全面运作。尼泊尔现在有一个稳定的政府，在联邦议会中，国会议员的支持票数超过四分之三，在联邦议会中拥有三分之二以上的多数支持。这是我们政治与宪法历史上的一项伟大成就。

　　漫长的政治过渡期现在已经结束。我国迎来了政治稳定的新时代。现在，我们国家的首要任务是加快社会经济转型的步伐，以实现人民的繁荣。

　　在我的领导下，政府充分致力于改善商业与投资环境，并与私营部门密切合作。尼泊尔所有政党团结一致，发出一个强烈的信号，即尼泊尔现在准备欢迎邻国与世界各国的投资者。在尼泊尔，任何领域的投资都是高利润的。就投资而言，它是处女地。我邀请所有商人来尼泊尔投资。

　　我以南盟现任主席的身份重申，区域合作将继续在我们的外交政策中得到充分重视。我们致力于与其他成员国紧密合作，以加快南盟进程，实现该地区的和平、发展与繁荣。我感谢所有成员国在我履行作为南盟主席的职责方面提供的宝贵支持。

第四章
外　交

与所有人和睦相处，对任何人都不心怀怨恨

加德满都，外交社区

请允许我与你们简要分享我对三个主题的看法。首先，我将谈谈尼泊尔最近的政治事态发展。第二，我将强调本届政府的优先事项。最后，我将着重介绍我们的外交政策优先事项。

尼泊尔在过去十年中经历了重大变革。变革的影响不仅限于政治领域，国民生活的所有领域都受到了变革的影响。这是我国政治与宪法史上前所未有的变革。

政治转型的最重要阶段始于2015年9月，当时我们颁布了高度进步和民主的宪法。你们都目睹了这一事实，因此，我无须对其进行进一步的阐述。我们已经完成了"独特而本土化的"和平进程。宪法将联邦民主共和制的治理体系制度化，体现了我们多年来通过人民斗争与革命取得的政治成就。

我们成功地完成了联邦、省和地方各级的选举，实现了下一个重要的目标。你们都亲身体验了这一切。选举是自由、公平与公正的，选民的投票率很高。我们已经履行了执行宪法的历史使命。

随着所有选举的完成，联邦治理体系已全面发挥作用。政府由联邦结构的所有三个层次组成。我们现在已经开启了一个政治稳定的新时代，为此我们付出了沉重的代价。我感谢我们在争取民主的斗争中从朋友与祝福者那里获得的道义支持。我们认为，他们也珍视我国人

民的这一历史性成就,我国唯一的梦想是建设一个和平、稳定与繁荣的尼泊尔。

在联邦一级,我们有一个稳定的政府,执政期五年,获得众议院超过四分之三的多数支持。所有省级政府均获得议会的三分之二以上的多数支持。我们现在支持州以下各级政府为其顺利运作创造必要条件。

我们有责任通过社会经济进步来巩固这些政治成就。我们有必要抓住摆在我们面前的历史性机会,来实现可持续和平、善政、发展与繁荣的议程。

因此,我们意识到我们的努力必须写在我们历史的新篇章上,这一新篇章充满了和平、稳定与发展以及社会正义的成功故事。我们知道不作为的代价将是巨大的。我们的每分每秒都是宝贵的,浪费时间不再是一种选择。如果我们无法兑现承诺,我们就不能找任何借口。因此,除了成功,我们别无选择。

我现在领导的政府已经意识到这一点:应对社会经济进步的代际挑战非常重要。我们完全致力于将我国人民的这种合法愿望变为现实。

让我强调一些政府的主要政策与优先事项。

我们决心实现"繁荣尼泊尔,幸福尼泊尔人"。为此,我们有六个政策和计划。

第一,民族主义。我理解的民族主义是对我们主权、领土完整、民族独立与国家利益的保护。我们尼泊尔是历史悠久而辉煌的拥有独立与主权的伟大民族,致力于为国家利益与后代利益维护这一权利。这对我

第四章
外　交

们来说是不容争辩的首要任务。我们将根据我们的价值观、现实与愿望为这一事业服务。

第二，民主与自由。我们对民主与基本自由的承诺是彻底而坚定的。我们政治斗争的漫长历程是争取民主的代名词。我们的宪法纳入了所有的普世规范与价值，这些规范与价值明显地体现在其所载的权利法案中。我们认为，民主是不可逆转的，没有人可以把它从我们手中夺走。没有人会敢于摧毁我们如此精心构建的民主的坚实基础。我们非常珍视这一点，不会在民主规范、价值观与原则上妥协。

第三，社会正义。没有基于平等的社会正义，我们就无法想象可持续的和平与繁荣。我们坚定地致力于实现这一目标，确保为社会各阶层提供平等的机会和平等的保护。我们的社会充满多样性。多样性一直是尼泊尔的特色，也是我们力量的主要来源。我国宪法禁止基于任何理由的歧视，国家有义务捍卫这一基本权利。包容性政治一直是我们宪法的真正精神，我们希望严格地执行它。

第四，稳定、进步与发展。这是我们取得进步的最重要支柱之一。我们将继续努力逐步变革我们的政治、经济与社会文化结构。我们从自己的经验中吸取了教训，非常清楚不稳定的代价。任何破坏和平与稳定的企图都是不能容忍的。如果任何人进行了这样的尝试，我们将坚决予以回击。我们的社会没有暴力的余地。

和平追求政治目标仍然是我们政治话语的核心。然而，我们必须保持谨慎与警惕，以维护我们的政治利益。在不同的情况下，可能会

有一些来自不同方面的势力，试图破坏我们的社会和谐与凝聚力。也许有些人认为我们的社会会永远存在冲突与不和谐。我们不想看到我们的人民在任何别有用心的制度下受到剥削。我们将团结一致，齐心协力，战胜分裂与动荡的力量，为我国人民能过上应有的体面生活而努力。只有尼泊尔人民才有权就宪法、政治与其他所有影响他们的问题做出决定。

第五，善政。我们对善政的承诺是坚定的。我们希望将其变为现实。它将继续指导政府的政策、方案与活动。法治将成为治理的核心，并将以有效的方式进行。我们还将奉行对腐败零容忍的政策。我们的目标是确保无腐败治理。我们将采用高效、智能的服务交付模式，让人们感受到变化。政治透明与问责制将得到有效执行。除了国家的努力外，我还要指出，善政必须在从国家到国际的各级实行。我们所有人都必须从语言转向行动。

第六，可持续发展。随着长期政治过渡的结束，政府现在的唯一重点将是实现人们对广泛基础、包容性与可持续发展的期望。我们有决心实现快速的经济增长以支持政治转型。我们要打破贫困与不发达的恶性循环。我们国家资源丰富，不应该再继续贫穷了。我们必须坚定地、果断地解决贫困、饥饿与落后问题。

在这些政策的支撑下，我们将在政府、政党、私营部门与社会之间建立更大的国家发展议程融合机制。

我们发展的挑战是艰巨的。我们仍然处在最初级的发展阶段。由于

第四章
外　交

政府的执政能力与资源有限，不可能单独克服这些困难。因此，我们邀请国内外的私营企业投资并为创造生产与就业机会做出贡献。

我们完全致力于改善商业与投资环境。为了改善与促进贸易与投资，我们降低了关税，简化了税制，并集中于与贸易有关的基础设施的建设与运作。

我们致力于尽早脱离最不发达国家的行列。我们需要实现两位数的增长才能实现这一目标。促进贸易与投资是政府的自然优先事项。所有政党团结一致，以确保我国良好的投资环境。水电、旅游业、农业、基础设施建设与信息技术是我们需要大量投资的领域。这些领域有可能改变我们的发展格局。

先进、现代与高效的技术是促进知识经济的关键，而知识经济是可持续发展的基础。通过科技发展实现繁荣是我们的使命。

尼泊尔拥有可观的人口红利。创造就业机会是我们的首要任务。我们希望留住青年并让他们从事经济活动。

地震后对受损构筑物、建筑物以及文化与历史遗址的重建将是我们的首要任务。

现在请允许我简要地强调本届政府外交政策的首要任务。

我们生活在一个充满矛盾与不确定因素的世界中。稳定与破坏的力量都是活跃的。适应瞬息万变的世界是每个人的重大挑战，对于像我们这样的国家而言，更是如此。全球秩序的稳定对全世界的和平、发展与民主至关重要。

尼泊尔宪法明确规定了我国的国家利益，并为国际关系提供了框架。

我们有两个固有的外交目标：第一，促进尼泊尔社会经济发展；第二，在国际层面上提升我国作为包容性民主国家的形象。随着这些目标的确定，我们将继续遵循以下一些基本前提。

首先，在维护尼泊尔的主权、领土完整与国家独立的同时，维护尼泊尔的国家利益。作为一个永远不受任何外部力量控制的国家的人民，相对于其他任何事情而言，我们都更加坚持主权、独立与互不干涉的原则。独立的外交政策和平衡的外交关系将是我们对外交往的标志。

其次，我们的总体交往将一如既往地以和平共处五项原则、不结盟政策、《联合国宪章》、国际法与世界和平准则为指导。我们将努力促进建立公正与公平的国际秩序。在这种秩序下，所有国家，不论大小，都真诚地履行其国际义务，所有国家都享有平等的机会，实现其国家发展与繁荣的愿望。

第三，我们的原则是"与所有人和睦相处，对任何人都不心怀怨恨"。我们希望成为每个国家的好朋友，我们希望将每个国家都视为好朋友。我们认为，这有助于增进信任与理解。我们将在正义、主权平等、相互尊重与互利基础上追求和发展关系。

第四，国内发展的紧迫性将成为我们在国外进行外交活动的指南。在国际一级集中追求经济发展的议程仍将是首要议题。我们认为，发展与繁荣是普遍目标，实现这些目标所有国家都有正当权益。因此，我们必须看到每个国家的发展潜力，不能以地缘政治的眼光看待发展。

第四章
外　交

第五，我们的文化、文明与独特性是我们的资产。我们的目标是树立尼泊尔作为具有多样性特征与丰富资源之国的形象。

我们将在这些前提下动员我们的外交机构。下面让我与你们分享我们重要任务中的一些方面。

我们与我们的邻国印度和中国都保持着亲切友好的关系。相互信任将是我们关系的关键因素。我们感谢邻国对我们民族愿望的一切善意与支持。我们期待在合作的各个层面上进一步加强这些关系。为了国家利益的实现，我们对经济发展与繁荣的正当愿望将指导我们的工作。尤其是，我们将继续参与邻国的"蓬勃经济发展"的活动，以期从中受益。我们尊重邻国的合法利益，在我们的领土上绝不允许发生任何不利于他国的事情。

我们也希望加强同广大邻国与所有其他友好国家的关系。我们的交往将基于相互尊重与合作。我们希望探索、拓展与丰富我们的外交关系，特别是在贸易、投资、旅游、人文交流等领域。

在与大国、发展伙伴的双边接触中，我们将努力丰富合作的内容，真诚感谢合作伙伴的支持与合作。考虑到我们的目标主要是经济发展，我们仍然需要我们的合作伙伴提高发展的合作水平。我们敦促合作伙伴根据我们的发展任务提供援助，尊重我们在这一过程中的领导地位与主人翁精神，并通过政府机制来提供这种支持。我们必须创造发展合作的成功案例。珍贵资源的分散利用将不会产生预期的结果。

我们将与接收劳工的国家紧密合作，以确保我们的工人的安全、保

我的梦

My Vision

障与福祉。我们希望将与这些国家的合作范围扩大到劳工问题以外，覆盖贸易、投资与旅游业。

我们的多边接触也将在联合国变得更加有效。我们知道，作为一个全球社区，我们所有国家都面临着全球性挑战，这些挑战只能通过一个具有包容性的与基于规则的国际体系来解决。我们支持联合国的改革倡议，同时强调三个支柱：和平和安全，发展与人权，并使该世界性的机构更加有效率、有效力与响应我们时代的需求。就我们而言，尼泊尔将通过有效参与联合国授权的维持和平行动，继续为维护国际和平和安全做出贡献。

我们赞成和平解决国际争端。我们支持国家领导拥有解决危机局势的政治角色与联合国等机构的任何解决方案的自主权。尼泊尔将继续支持全面彻底裁军，特别是对所有大规模毁灭性武器的销毁。尼泊尔还将向全球反恐力量提供支持。尼泊尔谴责一切形式的恐怖主义，并认为不能以任何理由为恐怖主义辩护。

尼泊尔将继续建设性地参与推动全球和平、安全与发展的事业。同最不发达国家和内陆发展中国家的团结与协作仍是我们审议工作的重点。我们呼吁有效执行所有相关国际文书，以满足特殊情况下这些国家的具体发展需求。

我们已经将可持续发展目标纳入我们的国家政策与计划中。我们希望在截止日期之前实现这些目标。我们敦促国际社会忠实有效地执行《巴黎气候变化协定》，在就气候变化有关的资金与支持措施做出决策

第四章
外　交

时，必须特别考虑像我们这样的国家的脆弱性。

尼泊尔当选为人权理事会成员，任期为2018—2020年。我们对所有支持我们当选的联合国成员国表示感谢。作为成员国，我们将向所有希望安理会在生活中发挥积极作用的人发出强有力的声音。尼泊尔将始终主张对人权问题进行非政治的与客观的审查。我们认为，可以通过实现经济发展与提供履行人权义务的手段，为所有人创造享有人权的有利环境。

真相与和解委员会、被强迫失踪者调查委员会目前正在本国开展工作，以解决过渡时期的司法问题。我重申，不应对严重违反人权和人道主义法的行为进行大赦。我们必须确保这一过程是公正的，不受国内与国外的压力与影响。

促进区域经济合作仍然是我们外交政策中的首要任务。我们将继续与南盟和BIMSTEC的其他成员国密切合作，以加快实现和平、进步与繁荣的区域进程。我们将在亚洲合作对话（ACD）与上海合作组织（SCO）中发挥积极作用。

促进经济议程是当前外交活动的中心。因此，我们将努力在国际上促进至关重要的经济利益的获得。这将通过旨在吸引更多外国投资到我们国家的关键部门，扩大我们的出口贸易与促进旅游业等活动来实现。

我们将非常高兴接待来自邻国与所有其他友好国家的高层贵宾。我希望我们的朋友会认真考虑一下，我们愿通过高层互访与朋友们分享我们独特的和平进程与政治变革的经验与成就。

我们知道，仅靠政府的努力是无法实现稳定与发展的。这是政府、私营企业、民间组织与利益攸关方的集体责任。同样重要的是，国际发展伙伴的支持与合作得到加强。我们感谢你们的支持，为我们的使命的完成做出贡献。

第五章

视野与行动

我的梦

My Vision

民主是我们的理想，我们愿为之奋斗终生。我们今天所实行的民主，是经过深思熟虑与艰苦斗争而形成的有章可循、条理清晰的科学制度。相信我，民主是我们走向繁荣的基础。

我们正在实施新的联邦制，这对我们来说是一次全新尝试。这个新的体制必然是具有挑战性的，但通过边干边学、克服困难，我们将不断前进。虽然时间不长，但我们已取得了长足的进步。我们在"入学运动"中取得了空前的成功。卫生设施的优化工作正在稳步推进，各项大型项目建设已初见成效，基础设施建设正以令人振奋的速度向前不断迈进，我们也在努力为贸易与投资创造有利的环境。在外交方面，我们在保持着独立自主的外交政策的同时，也使国家在国际社会站稳了脚跟。近年来，作为被国际金融机构评为"南亚新星"的国家，尼泊尔对国际社会的吸引力与日俱增。

不久前我们几乎无法想象的事情，现在已然变为现实。尼泊尔必然发展，而作为尼泊尔人民，我们必须将其发展起来，这绝不是痴人说梦，也不像那首著名的歌谣里唱的"愿为爱人摘下月亮与星星"，成了一种理想主义式的浪漫。不错，我们的能力与知识也许同我们拥有的时间一样，是有限的，但同时我们也拥有着无限的决心和勇气。在我们这一代，实现繁荣是可能的。在此，我将作为这个过程的引领者，带领大

第五章
视野与行动

家共同努力，让这个国家不断前进，让人民的生活充满幸福感。为此，民主是不可或缺的要素。

腐败的人不可能是尼泊尔人

在尼泊尔历2076年开始的这一天，我向大家致以诚挚的问候。

现在，我们告别了尼泊尔历2075年。我们曾带着希望、热情与期待开始了过去的一年。一年来，为了国家的繁荣昌盛，我们每个人，都在各自的工作岗位上努力着，做出自己的贡献。值此新年之际，我谨向所有尼泊尔的兄弟姐妹致谢。

去年初，我们在卡尔纳利省（Karnali）的拉拉（Rara）发起了"入学运动"。当时，我心中有几个疑问。

- 怎样修建符合标准的学校、道路与桥梁等基础设施，使孩子们安全、便利地到校上学？
- 怎样为偏远地区的产妇安排充足的医务资源？
- 怎样通过利用卡尔纳利河水系发电，为偏远的村庄与居住点提供照明？
- 怎样让由于缺乏灌溉设施而荒芜的农田重现生机？

同样，我也在反思：

- 如何巩固新的联邦治理体系的基础并使之制度化？
- 如何消除人们心中的尼泊尔必然无所作为的消极观念，并给他们

树立一种"繁荣的尼泊尔在我们有生之年指日可待"的信心？

今天，到了总结一年来的进展的阶段，我们已然摆脱了那些负面的担忧。通过解决困扰这个国家的重大异常问题，我们已经将国家转变为一种逐步稳定的体系。我们已经制定了符合宪法的法律条例，并且进入了依法管理国家机构的阶段。

以下是我们取得的一些成果：

• 联合国儿童基金会（UNICEF）在最近发表的题为"随时准备学习的世界"的报告中提到，尼泊尔的学前教育入学率为86%。报告指出，这一数字领先于世界其他国家。

• 在近期结束的尼泊尔投资峰会上，与会的国际金融机构官员在认可我国良好与可靠的投资环境的同时，将尼泊尔称为南亚的"新星"。

• 尼泊尔的和平进程与富有竞争力及参与性的治理体系受到世界各国的广泛认可，被认为是鼓舞人心且值得效仿的。

• 通过混合选举制度组成的稳定而强大的政府，已被视为是尼泊尔人民知情决策与实现发展的强烈愿望的反映。

我一再申明，联邦制度对尼泊尔来说是一个全新的方向。挑战在于执行，尽管如此，全国各级政府都在努力从实践中学习，不断克服不足而前进。我们的联邦民主共和国是建立在坚实的基础上的。这种本土化的治理体系正在逐渐走向成熟。我向所有参与建设、推动国家政治经济改革制度化的人致以最诚挚的祝愿。

在上次大选中，尼泊尔人民投出了支持和平、稳定与发展的选票。

第五章
视野与行动

因此，在过去一年里，为实现这一理想，我们建立了相关的法律法规。现在，在此基础之上，我们将加快发展与繁荣的步伐。到目前为止，我们已经使用了许多的资源、手段，并付出巨大努力来实现这一目标。我们认识到，光靠尼泊尔现有的资源条件，还无法达成目标，因此我们正在积极寻求合作伙伴。

尼泊尔投资峰会标志着这种合作的开始。这次峰会有助于吸引外国资本与技术进入我国。接下来需要做的则是培训及开发技术型人力资源，以有针对性地实现发展目标。

也许有人会问："过去一年里真的有什么发展吗？"而我则呼吁所有提出这样问题的人，与其愤世嫉俗，不如让我们以这样的方式问问政府：

- 过去一年我们取得了什么成就？
- 作为制定法律的一年，我们制定了多少法律？又有多少法条被修改了？
- 到目前为止，我们建成了多少千米的柏油路？多少座混凝土大桥？
- 将过河索道（tuins）替换为桥梁有什么好处？
- 东西铁路工程已准备就绪，那么铺轨工程什么时候开始？
- 海运办公部门已经成立，那么内河航运什么时候开始，从哪里开始？
- 有多少闲置机场已经投入使用？2020年是尼泊尔旅游年，尼泊尔有多少飞机可供使用？
- 社会保障计划作为新纪元之标志，它在公民生活中产生了什么样的影响？如今开始实施的老年人健康保险计划能给我们的父母带来什么

我的梦

好处？

• 什么是"我们开户吧"银行计划？它对人民有什么好处？

• "工作与就业运动"的现状如何？总理就业计划将如何惠及人民？

• "尼泊尔之水，人民投资计划"将给国家及个人持股者带来怎样的收益？

• 访问邻国、参加联合国大会及其他各种国际论坛，这给我们带来了哪些益处？

• 今后尼泊尔社会的根本趋势是和平、统一和发展，如果真是这样，政府正在为发展做些什么？

我相信所有这些问题都会随着人们生活的改变而慢慢地得到答案，人们会自然而然地感受到我们的努力给他们的生活带来的变化，政府准备用事实与数据回答这些问题。

"繁荣尼泊尔，幸福尼泊尔人"是我们的愿景，而位于核心地位的，是人民利益与世界和平：让人民生活得舒适与幸福，并守护我们家园的安全！

社会繁荣是人民幸福的基础。幸福来自人生理需求的合理满足及生活必需品的易得性。而衡量繁荣的指标则包括：高质量且可持续的物质生产资料及生产力、现代化的基础设施、各领域的紧密联系、人力资本的形成与充分利用以及高水平且分配合理的国民收入。繁荣就意味着社会公平程度的进步。

善政、文明和体面的生活、公正的社会、健康和平衡的生态系统、

第五章
视野与行动

强大的民主、民族团结与尊严,是"幸福"的指标。我们发起的各种就业与投资计划正是繁荣的重要手段,而善政是繁荣的先决条件。

腐败是善政的敌人。我公开声明,在采取行动时,决不会保持沉默,或支持腐败行为、庇护腐败分子。我们的文化和传统绝不是腐败与不道德,尼泊尔人民相信只有辛勤地工作才能换来应有的收入。尼泊尔人是诚实的,他们从不违背誓言,也不违反承诺。在我们的文化里,一旦庄严地决定要去做或不做某事,就等于援引了神圣之力量,必须认真履行。因此,一个腐败与不道德的人,就其本质而言,他永远不会也不可能是真正意义上的尼泊尔人。

去年是大力推行反腐败运动的一年。让我们想一想,在政府机关内部工作的那些本职为确保善政,却深入参与了不良活动的官员,是否受到相应级别与程度的调查?为什么到去年为止都未曾改变的公务员职位需求,现在却有所改动?为什么那些因过去某些行为或活动受到质疑的人,现在变得焦躁不安?为什么他们总是以出人意料的方式做出反应?

在新年的第一天,我很高兴能够在此告诉大家,在我的领导下,政府开展的有利于善政的活动已经开始取得成果。对各类违法违纪活动的调查正在有条不紊地进行,其中涉及房地产业务、有组织的走私活动、偷渡或非法移民、无序交易与滥用外汇及虚假增值税等问题。通过伪造文件而获得的公共土地正在陆续得到归还,而这种情况还将持续。政府绝不允许私自开发国有资产。保护国有资产,功在当代,利在千秋。

我们知道,反腐斗争具有挑战性,是一场长期战役。但我致力于消

我的梦

除腐败，且不惜为此付出代价与时间。

我要向社会各界表示感谢，感谢你们对这场反腐斗争的支持。我要感谢所有支持这场运动的社会人士、媒体与有觉悟的公民。我再次申明推行反腐运动的决心，努力在今年取得更加显著的反腐成效。

和平是繁荣的另一个前提。在过去的一年中，我国取得了重要的政治成就。对于一个试图建立独立的国家形象，使用独立的国旗、国歌与宪法的团体来说，宣布将根据尼泊尔宪法条例参加政治活动绝不是一件寻常的事情。令人欣慰的是，随着这个国家的发展，分裂主义倾向已经结束。

现在，一场全国性的运动已经开始在掩护之下控制暴力与极端主义，并以此为契机控制犯罪活动。尼泊尔再也不能容忍暴力的另一次循环，因为它刚刚结束了长时间的冲突与过渡期，开始实现稳定。我们的宪法规定，保障和平抗议与异议。但是，我们会坚决制止企图倒退与反宪政的活动。我真诚地呼吁所有人不要通过政治力量来使暴力合法化，在这些问题上实行双重标准或走上民粹主义道路。

我想到阿联酋总理写的一本书——《我的愿景：追求卓越的挑战》，我喜欢这本书中的一段话：黎明时分，非洲丛林中的一只狮子刚刚醒来，它心想："如果我跑得比丛林里跑得最快的鹿还慢，我就会饿死。因此，我必须尽可能快地奔跑。"同样，丛林另一个角落里的一只鹿也醒了过来，心想着："哦！现在我必须尽可能快地奔跑。如果我比这丛林里的狮子慢，我将被它吃掉。我必须活着。"

第五章
视野与行动

在这个辞旧迎新的时刻,我依然要强调时间的重要性。我们面前摆着许多任务,在我领导下的本届政府任期内,我们必须使我国摆脱"最不发达国家"的劣势地位。我们必须在2030年前实现可持续发展的目标。为此,我们奋斗的步伐必须像书里的非洲狮子与鹿一样。无论我们要做什么,都必须在这10年内完成。我国青年人口将在10到11年后进入老龄化阶段,有利于发展的人口红利将告一段落。我们的时间有限,但要完成的工作是无限的。

为了赶上时间的步伐,我也全神贯注于这场分秒必争的比赛。像每一个勤劳的尼泊尔人一样,从清晨到午夜,我都保持着自己充沛的活力。包括我的主要公务活动,我在过去一年中参加了314个不同的项目。长期以来,我以多种方式持续与民众保持对话。

在我担任政府领导后,我开始了与卡尔纳利省拉拉市民众的对话之旅。拉拉是一个美丽的地方,远离公路网。我去了罗尔帕(Dolpa)、胡姆拉(Humla)、久姆拉(Jumla)和苏尔凯德(Surkhet),尽管时间很短,但我用心听取了人们的意见,并分享了我的计划和设想。在听取六个省议会发言时,我还同那里的人民代表进行了对话。而现在,我看到了这些对话的积极成果。

当我去年做出的"我们将把杜奈(Dunai,多尔帕区总部)与达沙因(Dashain)的国家公路连接起来"的承诺得到实现时,我与杜奈的人民一样感到非常高兴。正如我们在锡米科特(Simkot)时讨论的那样,管理塔克拉科特(Taklakot)口岸的工作也取得了成果。达尔丘拉

（Darchula）民众提出的至少在马哈卡利（Mahakali）边境河上修建一座吊桥的要求已经实现。这座桥为人们安全渡河提供了保障。

我曾在潘切塔（Panchthar）、伊拉姆（Ilam）、查巴（Jhapa）、莫让（Morang）、孙萨里（Sunsari）、滕古达（Dhankuta）等省参加过许多项目，比如出席道路奠基仪式。我在锡拉哈（Siraha）的人民集会和在劳塔哈特（Rautahat）举行的大型会议上发表了讲话。除了此前关于官方项目的承诺，我还为遭受风暴袭击的痛苦的巴拉（Bara）和帕萨（Parsa）人民带去了关怀和慰问。我到过马南（Manang），鼓励苹果的商业化种植，并前往多尔卡（Dolakha），以推进水电项目尽快完成。我在过去一年中亲自去到77个地区中的29个地方与人民对话。

对这些地区的访问促使政府执行相关指示，以管理卡尔纳利省和苏杜尔帕希姆（Sudurpaschim）省（远西部）的丘陵地区与特莱（Terai）大部分地区存在的各种性质的不安全居民点。

因此，面对挑战，在希望和干劲之中，我们的上一年已经过去。过去的一年进一步坚定了我们的信心。尼泊尔历2076年正以满腔的民族热忱与一系列有待完成的工作迎接我们。自然法则之下，一年之计在于春，然而社会发展的规律更为复杂。

与自然界不同，人类社会的春天不会自动到来，它必须由人来创造。它的到来受到各种力量与趋势的影响。但我们相信，尼泊尔社会的春天终将到来，它将带来持久的和平、公正、繁荣、民主与人民的幸福。

我向所有的先驱致敬，他们用伟大的思想指引我们前进，激励我们

第五章
视野与行动

前进。

愿新的一年给尼泊尔人民带来更多的幸福,再次向各位致以真诚的祝愿和问候!

2019年4月14日,奥利在尼泊尔历2076新年之际向尼泊尔人民致辞。

善政:发展的基石

我要感谢2018年尼泊尔亚太峰会授予我世界和平联合会(UPF)领导与善政奖。我很高兴接受这个奖项。对我而言,这一荣誉不仅是对我在尼泊尔争取民主、人权与法治的肯定,也是对尼泊尔人民为实现这一目标所做的牺牲与长期斗争及其成就的尊重。

我也把这一荣誉视为对我国促进善政的真诚努力的肯定。善政是和平与稳定的前提。它是发展的基石,是可持续民主的基础。因此,我谨重申,我们需要在加强治理方面进行机构间的合作,从而巩固民主、促进人权。这个奖项激励我为此采取更大胆的措施。

请允许我简要谈谈这个问题。善政具有广泛的意义,它不仅限于行政管理。我坚信,没有善政,就没有发展。善政对于实现更大的发展目标、以透明的方式提供公共服务和为人民生活带来幸福等问题至关重要。如果没有善政,就很难调动那些为人民提供服务的机构与资源。

我国政府坚持普世的善政价值观。我们的努力是为了促进全面民

主。为此，我们强调法治、定期选举、透明且负责的政治体制及包容和公平的社会环境等。在坚持这些普世的善政价值的同时，我们还需要考虑我们的经济、社会与行政能力以及实际情况。

善政的首要原则是尊重法治。法律面前人人平等，没有人能凌驾于法律之上，这一原则是我们应该遵循的。行政问责制与政治透明是善政的有力基础。

我认为，善政意味着一个负责任的政府，一个提供安全保障的政府，一个有执行力的政府。这样的政府在对自己的行为负责的同时，也要对它的人民负责。一个负责任的政府，才能真正巩固政府与人民之间的关系。

当我们谈论善政时，总是倾向于关注一个国家的国情。而我要强调，国际范围内的善政同样重要。严格遵守诸如公平、公正、政治透明与行政问责制等重要原则，有助于推动国际关系健康发展，提高国家的国际形象。

腐败是对善政的挑战。这是一个复杂的主题，如今，技术的进步为我们追踪与制止腐败提供了强有力的工具。但另一方面，它也催生了新的腐败形式。

各种形式的腐败，破坏了提供公共服务的基础，它阻碍了我国社会经济的全面发展。腐败不仅包括利用金钱影响决策，还包括滥用政策、职权以包庇某些怀有恶意的个人、机构或团体。

在这种情况下，有必要通过提高透明度来减少官员贪腐的机会。政府的行为应是公开透明的，结果应是可预测的，政策应是全面的。我国

第五章
视野与行动

政府致力于提供无贪腐的行政管理,并对贪污腐败实行零容忍政策。

仅靠各级政府的努力是无法遏制与消除腐败的。每一个机构——无论是国有的还是私营的、企业还是民间团体、媒体还是学术机构,每一个有觉悟的公民——都应该发挥重要的作用,以高道德标准促进廉洁、透明与问责的政治文化氛围,以遏制腐败。遏制腐败问题不应成为压制反对派的工具,而应成为建立良好治理体系与促进伦理价值观发展的工具。

民主选举产生的代表机构在这方面可以发挥更大的作用。而且,我们政府应该认真且忠实地承担起责任。

我国政府最重要的任务是社会的经济转型与尼泊尔人民的幸福。维护政治稳定、确保社会公平正义与法治一直是本届政府的首要目标。善政对于"繁荣尼泊尔,幸福尼泊尔人"的美好愿景的实现至关重要,它指引着我们走向发展与繁荣之路。

我们正在采取各种政策措施并制订方案计划,以改善各行各业人民的生活质量。我们已准备好面对发展和挑战,而绝不是回避问题。我们的政策是,所有机构与个人都必须"每天前进一小步",这样国家就能"前进一大步"。

但我也认为,光靠政治改革是不足以实现全面发展的。我们需要统筹兼顾,有的放矢,因地制宜,这样才能产生最大化的影响。

我申明,所有部门都需要得到全面发展。在提高国有企业绩效的同时,我们还应为私营企业的蓬勃发展提供有利的经济环境。同样,民间组织的参与对议程的制定也发挥了作用。当私营企业、非政府组织、政府机

关与其他利益相关者共同努力时，其结果必将是有影响力的。

> 2018年12月2日，奥利在世界和平联合会（Universal Peace Federation）举办的"领导与优秀政府管理奖"颁奖典礼上致辞。

传播事实，而非谣言

2018年5月26日，我所领导的那一届政府一百天任期结束之际，我曾说，我想到了你们，我的同胞们，也想到了我的就职典礼。在这两次讲话中，我都承诺，要为了你们担任总理，不是单独一人，而是与每个人一起，让大家对我充满信心，我决不辜负你们对我的爱戴、忠诚与信任。

今天，这届政府已经完成了365天的行政管理工作，而我自始至终没有忘记你们。在此，我再次向各位致以诚挚的谢意，感谢你们赋予我领导国家建设的重任。

在一年的时间里，我曾在不同的场合，就国家的大局与我领导下的政府的表现发表公开讲话。今天我与大家分享的内容，大家可能都很熟悉，因为这是我先前的观点与经验的一个延续。

我还记得去年大选结束后三个月，那些被人民投票否决的人仍然在管理政府。他们不愿意将合法权力移交给联盟，而联盟已经赢得议会三分之二的席位，并准备组建新政府，在我的领导下管理国家。那些人以"需要明确的法律"为由，危及民主、淡化民主价值观达三个月之

第五章
视野与行动

久。公众舆论已经到了十分失望的地步。赢得民众授权的联盟愿意承担责任,但那些本应移交权力的人却陷入混乱,因为选举结果对他们来说是一场灾难,他们还在为掌握权力找借口。

对于这种情况与选举结果,我曾强调:"这不是一场灾难,只是不应该以这种方式进行。它会发生并且必将发生,因此,我们必须接受这一切。"

人们普遍认为,我们采取了复杂的选举制度,所以没有一个政党能够通过明显的票数差异而获胜。他们原以为选举将导致议会陷入僵局。尼泊尔人民厌倦了多年来"动荡且不可预测的联合政府"以及由此产生的基于狭隘与短期规划的看守式治理,他们以压倒性的票数支持我们的联合政府。我们复杂的选举制度因而产生了令世界震惊的结果。

我记得,虽然我们有联邦、省与地方各级的宪法,但却没有任何机构可以容纳地方政府机关,形势尚不明朗。我们指定了省会,却连一个正规的省长办公室都没有。我们成立了省议会,却没有开会的场地。我们任命了各个部长,他们却没有自己的办公场所和住所。面对大量的工作任务,我们缺乏足够的人力资源、法律条例、既定程序、财务流程或者任何计划安排。

我们不应该抹去我们过去的足迹,让我们回顾一下当初我们上任时的情况,再看看我们现在的状况。尽管选举制度复杂,但经过25年的努力,我们已经组建了一个拥有强大权力的一党制政府,结束了政治过渡的恶性循环,实现了社会稳定。这就形成了一个相对稳定的环境,使我们能够专注于长远的发展规划,而不是着眼于急功近利的工作。这是令

人振奋的，我们不应该感到灰心丧气。

2019年1月6日，我在众议院发表讲话时曾说："今天，我们不仅仅是在管理新一届的政府，在经历了巨大的变化之后，我们正处于一个历史性的转折点。在1959年，拉纳政权（Rana regime）倒台后的第一次大选之后也出现了类似的情况。同样地，这也发生在1991年潘查亚特制度（Panchayat system）瓦解后的选举之后。当前的变化催生了一个新的体系——从单一的治理体系到联邦制，从"正式民主"到参与式民主，从君主制到共和制。今天，我们的国家是一个联邦民主共和国。

1951年发生了一场政治变革。1957年，我们奠定了发展民主制度的基础。但是，1960年的倒退颠覆了这一局面。现在，我们正在施行一种全新的制度，采用全新的治理方式与新的宪法。这种全新的体系融合了参与和包容的价值观，同时还秉承联邦制与分权制的原则。我们的民主并不局限于言论自由和出版自由，我们的民主是具有公正、平等与尊严的"全面民主"。但有些人似乎仍对我们持有意识形态方面的偏见。为了将人们的注意力从我们赋权于民的使命中转移开来，社会上开始流传一种"民主已经开始萎缩，专制已经出现"的谣言。这种认为我们日益繁荣的全面民主正在萎缩的论调是一种令人忧虑的假象。我要重申，民主是我们的理想，它是一个以规则为基础的、连贯完整的体系，而不仅仅是一项谋生的事业。它既不是他人的恩典，也不是某些人的牟利工具。它是一种理想，是经过我们的深思熟虑和思想斗争而建立起来的，有许多人为此做出了牺牲。

第五章
视野与行动

因此，本届政府将任期的第一年作为国家的结构管理之年与繁荣发展的基础之年，这就是为什么我把今年称为近五年乃至未来多年的基础。我们今日之举必然为未来奠基，我相信，政治稳定是走向繁荣的保证。

在为建筑物打地基时，我们当然要考虑楼层与屋顶的设计。但是，有人只看到地基就要问楼层与屋顶的细节，我们也面临着类似的问题，这些问题就是由那些破坏地面平整与地基建设的人造成的。

我经常想，我为什么要对这些问题做出回应。现在，联邦制已经开始运转，在此基础上，我们也有了参与式的治理体系，部分国家权力已移交到了地方。实行联邦制与权力移交并不容易，我们的干部过去以传统的方式管理地方政府，因而缺乏管理新设市（真正意义上的地方政府）的实践经验，这是很正常的。对具有单一制议会经验的人民代表来说，对联邦制下的实践产生困惑也是正常的。省级结构对我们来说是一种全新的经历，我们正在努力使之形成一个良好的体系。

因此，在我领导下的省际协调委员会已开始将联邦制便利化工作计划付诸实践。实施财政联邦制是一项更具技术性的任务，但它已在此期间得以实施。我们已经确定了财政收入分配的具体依据与结构，决定向省级和地方政府各征收15％的增值税和消费税，各省与地方可在每月的前15天内获得财政拨款。

联邦综合基金已向各省提供了占总预算3.8％、向地方一级提供了占总预算6.5％的财政均衡补助金。这是在根据省与地方两级的支出需求与创收能力设置指标之后进行的。

政府制定了向省级与地方政府转移有条件补助金的规定。联邦政府已将总预算的4.8%拨给各省，8.2%拨给地方，用于实施2018—2019财年的方案/项目。省、地方补助金与专项补助金发放指导意见也已获批准。根据指定标准，政府向省与地方发放了200亿尼泊尔卢比。

在各省与地方预算赤字管理方面，国内债务调集的最高限额为国内税收总额的10%，并通过收入分享机制转移资金。

省与地方政府合并基金和联合会，省、地方各级财政收入分成基金已经开始运作。为了简化对公共开支的管理，我们已做出安排，向联邦各职能部委提交由这些部委批准并由各省管理的方案与项目的实物与财务报告。同样，我们还安排，向各省各部提交方案与项目的实物与财务报告，这些报告由省级部委批准，由这些省的联邦办事处管理。

省际金融委员会一直在推动解决与实施财政联邦制有关的问题。为了按照联邦制的精神加强省与地方一级的工作，并保持它们之间的统一和职能协调，我们已编写了17份指导方针与指示样本，并已送交各省；还有21份类似文件，已送交地方一级。共有51465名地方代表与官员接受了规划与预算编制、综合财产税、司法委员会运作、采购与公共财政等主题的培训。

在联邦一级共有1081个办事处，包括22个部委、12个宪法机构、54个部门与部门级办事处以及4个其他委员会秘书处。在每个省中，设立了7个部、1个省议会秘书处、1个省财政总审计长办公室、63个厅、717个处。地方级被分为10类，所有753个地方一级的组织架构都已获批准。

第五章
视野与行动

在联邦、省与地方各级的人力资源配置方面，共保留了137371个官员职位。其中包括47920个联邦级职位、22685个省级职位与66766个地方级职位。在联邦机构中调整公务员职位，这是一项艰巨的任务，而现在已经基本完成。与其他国家联邦制改革的过程相比，我们迄今取得的进展是令人备受鼓舞的。

制定必要的法规是我们今年的又一个里程碑。宪法是我们的根本大法，政府有义务把宪法的内容付诸行动。宪法颁布后，我第一次担任总理，但9个月后不得不下台。历届政府也知道，新的国家准则需要从2018年8月17日起实施。我们必须在2018年9月18日之前出台实施宪法第16至48条规定的基本权利的必要法律，但在这方面却没有取得任何进展。当我去年再次上任时，任务依然没有完成。我国正在等待一个有能力完成这些任务的政府。我有责任带给人民希望，宪法的规定不是为了"向外展示"，而是为了将其落实为行动。本届政府把它放在首位，平均每5天起草一项法案，并逐步落实宪法条款。

在过去的一年中，与基本权利有关的16项法律已经出台并实施，联邦议会通过了25项法案，颁布了5项条例，有23项法案正在审议，有24项向议会提交的法案已经完成了最后的准备工作，另有47项条例与7项组建令得以发布，33项指示与准则正在制定。

在现有的339项法律中，部分法律符合宪法的规定，亦有新的法律正在依宪制定，另外，与宪法规定有出入的165项法律的修订程序正在进行。

尼泊尔已成为95项双边与多边条约和协定的缔约国，目前有多达108

项双边与多边条约以及与捐助机构签订的贷款与赠款协定草案等，正在接受审议。

与政治利益有关的问题已经基本解决，接下来的任务就是实现繁荣的愿景。这就是为什么我一再重申，本届政府的愿景是"繁荣尼泊尔，幸福尼泊尔人"。如今，投资环境比以往任何时候都更加有利。在修订《劳动法》的同时，我们还制定并修订了13项相关法律法规，创造更加有利于投资的环境。

搁置已久的《外国投资与技术转让法案》不久将提交给联邦议会进行审议。为确保更有利的投资环境，对《公私合营与投资法》《工业企业法》《外汇（管制）法》等法律的修订工作已进入最后阶段。另外，双边投资保护示范协定也已经准备就绪。

政府通过发展大型能源与输电线路项目、扩大工业区以及设立经济特区，致力于为投资创造有利环境。建立与运营"一站式服务中心"的准备工作已经完成，该中心可为客户提供从公司的注册到退出市场的所有与投资有关的服务。

政府一直大力支持国内、国外与国家之间的投资活动。在瑞士达沃斯举行的世界经济论坛年会邀请了尼泊尔总理，这是该论坛成立50年来的第一次，可被视作国际社会对尼泊尔商业领域发展潜力的认可。

工商业促进对话理事会由总理主持成立，该理事会鼓励私营企业参与经济发展与基础设施建设。将在2019年3月举行的国际投资峰会的准备工作也已基本完成。

第五章
视野与行动

我们成立了政策研究院，这是一个自主的智库机构。2019年1月6日，我在众议院发表讲话时，提到了一些统计数据。那些企图在我的发言中找到"情绪化言论"的人质疑我为什么引用这些统计数据，那些对政府取得的成绩感到反感的人把这些数据误认为是"错误的统计数据"。他们似乎认为，在尼泊尔，民众注定只能听到坏消息。"在这样一个国家，提供展现成绩的统计数据是否明智？"他们似乎觉得，这些数据毫不真实。

我清楚地知道这些问题，也意识到，我们所做的这一切还远远不够。我明白，必须弥合人民对发展的渴望与我们的努力之间的差距。人们热切地追求着发展速度，但我想要提醒大家：欲速则不达。让我简单地汇报一下我们在今年取得的一些成绩：

• 特里布文（Tribhuvan）国际机场已开始每天运营22小时。在此期间，包括丹加地（Dhangadhi）和巴德拉普尔（Chandragadhi）在内的6个机场已开始在夜间提供国内航空服务。佛陀（Gautam Buddha）国际机场的建设正在迅速进行，目标是在2020年6月开始试飞，并从2020年9月开始投入运营。博克拉（Pokhara）国际机场的建设工作势头强劲，有望在2020年前按规定时间完成。在计划使用的110块土地中，已有65块土地被征用并用于建设尼杰格尔（Nijgadh）国际机场。

• 在能源领域，相关决定与协议已经制定，这对包括能源银行业在内的各行各业产生了深远影响。在此期间，新增用电量突破30万单位，人均用电量由177千瓦时提高到200千瓦时。塔玛科西（Tamakoshi）上游水电站工程已进入收尾阶段；阿润河（Arun）三期水电站工程已经开工；

我的梦

巴瑞巴贝（Bheri Babai）引水综合项目8千米隧道的施工已经完成。

• 年内，共兴建497条新道路；共改造农村公路589千米，其中221千米为柏油公路。同时，我们修复了7500千米的道路，建造了87座机动桥梁，安装了417座吊桥。加德满都-特莱（Kathmandu-Terai）快速通道建设取得了令人欣喜的进展。梅吉-马哈卡利（Mechi-Mahakali）铁路达尔克巴尔（Dhalkebar）至斯马拉（Simara）段的建设工作正在迅速推进。杰伊讷格尔-库尔塔（Jayanagar-Kurta）铁路已经完工，我们终于可以运营尼泊尔人自己的火车。

• 由我发起的替换过河钢索的运动收效显著。仅今年一年，平均每3天就有一条过河索道被更换。

这些事实表明，我们行政管理的能力正在增强，同时，我们也为私营企业创造了有利于投资的友好环境。综合海关检查站自2018年4月7日起已在比尔贡吉（Birgunj）投入使用。有些人会问："投资在哪里？产业在哪里？"我只想告诉他们，在这一年里，已有499家公司注册成功，涉及的资金约为18亿美元，其中承诺投资总额超过4.6亿美元。

我常提到我们祖先的创造力以及我们的生物多样性。当我提及我们拥有的大量矿产资源时，一位朋友引用了尼泊尔著名谚语"拉萨的黄金对我的耳朵而言毫无用处"来表达讽刺，他想表达的意思是，光说说是不够的。当然了，光说不练是没有意义的，我们必须做好准备，行动起来。不行动的人什么也得不到，但对于敢于创新的积极人士来说，即使是无形的空气也有可能变成黄金。

第五章
视野与行动

就在昨天，2月13日，一家世界级的生物科学公司正式成立。这家公司聘请了生物科学领域的优秀毕业生，利用空气中的"病毒"生产疫苗并出口到国外。

在纳瓦帕拉西（Nawalparasi）的达乌巴迪（Dhaubadi），我们发现了一个储量约1亿吨的巨大铁矿矿床。人们可能好奇这有什么作用，它对我们未来的发展将有何贡献。根据在中国进行的冶金试验，这种铁矿石可以用于生产海绵铁，因此，它的作用是显而易见的。

为了方便从维沙卡帕特南（Vishakhapatnam）港进出口，电子货物追踪系统已经安装到位，以便直接在比尔贡吉（Birgunj）清关货物。从本月起，电子货物追踪系统也开始用于从加尔各答（Kolkata）与霍尔迪亚（Haldia）港口通过铁路进行的货物交易。在所有进口点的邮轮上都安装了安全锁定系统，以防止从印度运输石油产品时产生泄漏。铺设石油管道的工作也已安排妥当。

2019年1月17日，我们在乔巴尔（Chobhar）奠定了内陆清淤基地建设的基石。"尼泊尔之水，人民投资计划"今天刚刚启动，其目标是让每一个尼泊尔人都有机会成为水电项目的股东。

在我于众议院发表的演讲中，我曾说过，几十个项目的落成典礼与奠基仪式将于2019年2月中旬之前完成。今天，我不再重复我当时所介绍的细节。

我还记得一位支持者的评论，他说在听我讲话的时候，确实能够感受到一些进步正在发生，而他实在不能明白，为什么总有些人不相信我

我的梦

所说的话。这是个严肃的问题，我并不在意这些人是谁，我只能说，虽然我做得还不完美，但面对同样半杯水，我看到的是"半满"，那些人却只能看到"半空"，那我又有什么必要回应呢？

一直以来，我们有一个奇怪的习惯——我们希望每9个月就能看到一届新的政府，但最初的3个月，我们保持沉默；而后的3个月，我们开始质疑它的表现；再过3个月，我们就推翻了政府。因此，我能想象这些人看到本届政府一年以来的良好运转，会感到多么惊讶。有时，我觉得我所面临的问题实质上是我们"9月政府"这个问题的体现。如果是这样的话，我请求大家改掉旧习惯，养成新习惯。

意识是建立在物质的基础上的，只有少数人能在并非亲眼所见的情况下猜出物体的形状。我怀疑，正是由于这个原因，当我们谈论尼泊尔的船只、航运与铁路运输时，总会有人质疑。我们都看到飞机在天空中飞行、船只在河海上航行，但是，为什么在计划开发和利用这些设施时，我们却要在自己的国家制造障碍？我的计划和决心正是在尼泊尔的河海之中行驶我们自己的舰船，这不是痴人说梦，也不像著名的纳拉扬·戈帕尔（Narayan Gopal）与阿鲁纳·拉马（Aruna Lama）的歌谣里所唱的，"愿为爱人摘下月亮与星星"那般理想主义式的浪漫。

今天早上我参加了船舶办公室的揭幕典礼，这是为了确保我们船舶运输的良好长久运作。有些人可能会说些风凉话："新的办公室成立了，所以我们应该去那里买船票吗？"但我真诚地建议你们别急着去那里买票，这个办公室现在不是用来卖票的。总有一天，人们会为了登上

第五章
视野与行动

我们自己的轮船而到专门的办公室购买船票，那个时候我一定会亲自通知你们。

这一年，我们同邻国的关系取得了巨大进展，在外交政策上也取得了一定的成就，媒体对此也进行了报道。尼泊尔本着"和平共处，互不敌视"的原则改善了对外关系。我们坚持平等的外交政策，同时在全球性事务中保持一定的参与度。鼓舞人心的是，区域及国际论坛上尼泊尔开始发声，随着尼泊尔的发展，国际社会对我们的信心不断增强。

年内，尊敬的总统阁下访问了卡塔尔与波兰，并与人们探讨了尼泊尔的投资潜力。此外，副总统阁下参加了第十七届中国西部国际展览会。

我对印度的正式访问，以及印度总理对尼泊尔的正式访问，将尼印两国的关系提升到了一个新的高度。两国之间的一些悬而未决的问题正在通过讨论而得到解决。我们与印度的合作项目发展势头强劲，除了加强农业、铁路与跨境水路合作的协定以外，两国在其他领域的合作范围也有所扩大。

在我访问中国以及随后与中国国家主席和国务院总理以及其他重要高级官员会晤期间，我与中方签署了14份有关铁路、公路与能源领域合作项目的文书与协议。根据《过境运输议定书》的协议，利用中国公路及港口出海的大门已为尼泊尔打开。

2018年9月，我在第73届联合国大会上发言。我谈及了尼泊尔对于世界和平、国际安全、人权和可持续发展等问题的看法，还向国际社会介绍了尼泊尔独特的、由国家引导的和平进程。我认为，我们的这一具有独特性与本土化特征的和平经验可以作为国际典范，为那些饱受冲突之苦的国家提供借鉴。我可以感觉到，国际社会对于尼泊尔在冲突管理、和平建设、独特的选举制度之实施，以及完成制度转型等方面取得的巨大成功感到惊讶。在访问联合国期间，我与瑞士联邦主席以及加拿大总理，英国、柬埔寨首相会面，并就我们共同关心的问题进行了效果显著的讨论。

而那些自称"知识分子"或是"意见人士"的人也对这次访问发表了荒谬的评论。无法想象这些人究竟是以怎样的心态来贬低尼泊尔的独立与进步，甚至对外宣称这个国家正在依附他国，并且逐渐走向"衰落"。

在我正式访问哥斯达黎加之后，尼泊尔与哥斯达黎加的关系达到了一个新的高度。尼泊尔已成为在圣何塞建立的联合国和平大学的国际协议缔约国。在该大学发起的一个项目中，我向国际社会介绍了尼泊尔和平进程的显著特点。该大学还向我授予了荣誉博士学位。

今年，斯里兰卡和缅甸总统，孟加拉国、巴基斯坦、泰国总理和柬埔寨首相，以及缅甸的国务委员等人都访问了尼泊尔。另外，尼泊尔外交部长对印度、中国、葡萄牙、比利时、卢森堡、奥地利、日本与美国的访问也有效加强了尼泊尔与以上国家的关系。

环孟加拉湾多领域经济技术合作倡议（BIMSTEC）第四届峰会在加德满都举行。所有这些活动都有效地巩固了我们的国际关系。在此，我不谈细节，但是，我强调，尼泊尔通过这些努力，不断地向国际社会表明我们的利益和关切。

第五章
视野与行动

尼泊尔现已成为人权理事会亚太地区的成员,同时也入选联合国和平建设委员会成员。我们已经在联合国各机构的各种选举中提交了成员国申请。

在这一年里,尼泊尔与圣基茨和尼维斯、卢旺达、马达加斯加、苏里南建立了外交关系。到目前为止,与尼泊尔建立外交关系的国家已达163个。

总体而言,我国的宏观经济正向着积极的方向发展。我不想详细列举数字,因为我们已经能够以可见的发展改变现实。纵观本财年经济活动的发展状况,我们有信心使整体经济增长更接近既定目标。本财年的平均通货膨胀率一直控制在正常范围内。

有些人质疑:"物价飞涨,这就是我们梦寐以求的民主的样子吗?"我想请这些人注意,我当然不是说民主能够让物价下跌,或者我们的收入可以富余到有能力买下整个宇宙。但我们知道,只有通过过去与现在的对比,才能看见进步。如今,尼泊尔的平均通货膨胀率维持在4.25%左右,我恳请那些四处散布谣言的人去核实一下去年的同期数据。

这一年中,注册公司数量增加了26.7%;工业产能提高了;银行与金融机构对工业部门的投资增长了28.3%;工业活动范围有所扩大。

工业产品、建筑材料与支持资本形成的货物进口增长了32.1%;劳动关系的改善使得工业活动创新力增强,得到发展;来自银行与金融机构的贷款与投资增长了20.3%;流入私营企业的贷款也增加了24.1%。

早在1998年,尼泊尔就定下目标要接待100万游客,21年后的今天,

这一愿望已成现实。访尼游客人数增长了32.5%，即使在尼泊尔旅游淡季的1月，也有超过9000万游客到来，这些数据无疑是令人振奋的。在旅游业不断发展、游客人数不断上涨的背景下，服务业也在持续发展。自然保护区内野生老虎数量的增加使得尼泊尔成为世界上最受欢迎的15个旅游目的地之一。

截至2019年1月中旬，银行的外汇储备足以维持8到9个月的货物进口以及7到8个月的商品和服务进口，这意味着我们有足够的外汇储备。

这一年，农民可以按时得到所需的肥料，又有2000公顷的土地上建设了灌溉设施。为帮助农民更加便利地获得优质种子，我们做出了相关安排。与上一年相比，我国水稻增产了8.9%，玉米增产了3.5%，蔬菜增产了16.5%。

包括罗尔帕、穆古（Mugu）和胡姆拉等在内的偏远地区，已经收到103145公担的食品。农业与畜牧业发展部称，去年全国没有任何地方面临粮食危机。

国家已为受过教育的失业者以及海外归国人士提供了20万尼泊尔卢比的农创企业补助金。为了推进农业机械化，我们在"总理农业现代化项目"下建立了19个定向招聘中心，另有25个工作中心正在建设之中。除此之外，我们还免除了总额达13.2亿尼泊尔卢比的小农户贷款。

在青年与中小企业家自主创业基金会下，有约1.7万名青年自主创业；过去6个月中，出国就业人数与去年同比下降了39.1%。与此同时，金额流入量却上升了30.2%。总体而言，国内生产总值的增长表明，我

第五章
视野与行动

国已经创造了新的就业机会。

劳动、就业与社保部门设立了11个劳动就业办公室。各省已着手提供与劳务输出有关的劳工许可证和其他服务，便民服务的开展降低了人们为了劳工许可证而拥进加德满都的热情。已有约2万人申请了我们为过去三年劳务输出回国的人提供的最低贷款利率。

在雇主与工会的协议下，私营企业工人的最低工资标准提高了39%；社会保障计划已于2018年11月27日启动；截至目前，已有950家企业在该计划下注册。注册工作仍在继续，该计划的有效实施确保了工人的权益，它将创造有利于工人的劳动环境，并结束工人骚乱与罢工。

昨天，我出席了总理就业计划的开幕式。这一计划将为有专业技能和无专业技能的求职者建立一个数据库，这有助于政府保障宪法赋予人民的就业权。这些举措都直接关系到我们的工作与就业。

政府已开始向那些想工作的人提供优惠贷款和补助金。在7个不同的部门下，人们可申请的贷款从30万到5000万尼泊尔卢比不等。我们已做出安排，以确保失业人员的最低就业水平；如果无法保证再就业，则会根据具体规定向失业者提供失业津贴。

有时，少数妄图不劳而获的人仍在制造某种噪音，但我们只会继续前行。在过去一年中，我们建成了多达309个饮用水项目，为近60万人提供了干净的饮用水；我们目前正在继续努力，希望尽快解决迈拉目齐（Melamchi）饮用水项目的问题。

健康保险计划已在36个区实施，参保人数已达到约150万人，而本届

政府成立之前，这个数字仅为70万左右。尼泊尔也有幸成为南亚第一个获得风疹控制证书的国家。

2018—2019学年，尼泊尔新增25.4万名学生入学；有近120个地方政府已经宣布，所有适龄儿童不得辍学；所有学生都领到了书本与文具，而今年，这一状态还将继续。

一年前，我在就任时曾承诺，在本届政府成立后的两年内，要确保地方各级能够提供技术教育。仅今年一年，CTEVT就在101个地方建立了技术学校。CTEVT声称这是我国历史上第一次建立这么多技术学校。

这一年，灾后重建的势头强劲。共有66875户收到第一期重建补助金，332455户获得了第二期补助金，314502户获得了第三期补助金；1072所学校的重建工作也已经完成。

在将宽带连接扩展到所有地方的计划指导下，我们已在1371个病房、1460所社区中学与1063个保健中心安装并提供两年的免费互联网服务。

我们正在进行一项将在线支付、执照、地税、地址编号、公司注册信息、社保基金、护照及注册资料纳入网络统一管理的运动，目的是通过整合资讯，提高服务效率。数字尼泊尔运动已得到推进，"HelloSarkar"程序可以辅助解决公众问题，并通过数字门户监控公共办公室。通过"公民权利"程序，我们能够更大限度确保人民方便快捷地获得政府的服务。

我曾说过，我不会贪污腐败，也决不允许任何人贪污腐败。如果有人把我的承诺视为儿戏，那就错了。我想重申一点，处理贪污腐败，我

第五章
视野与行动

决不会瞻前顾后。

善政机制一直运作良好。那些过去参与腐败的人如今惶恐了,那些纵容腐败的人现在害怕了,而那些为腐败寻找漏洞的人不安了。但让我备感困惑的是,这些人也正是在媒体上"悲叹"尼泊尔缺乏有效治理的人。具有讽刺意味的是,即使是那些承认自己腐败的人现在也开始质疑我们的廉洁。甚至那些在公务员的定期调动中谋取利益的人,也试图教育我们如何实施善政。

我仍会听到这样的抱怨:"反腐败的行动到底在哪里?"统计数字是不言自明的:已提起诉讼的82起案件的索赔总额与罚款达76.28亿美元,其中49起涉及偷税漏税,33起涉及滥用外汇,对包括8名政府官员在内的99人提出索赔和罚款共计70亿、6.28亿和252万尼泊尔卢比。

我们已对33人提起诉讼,要求处以591.6万和9.6万的罚款,相当于索赔金额的3倍,并因其通过Hundi系统非法转移货币而判处他们3年监禁。

在捣毁黄金走私窝点和其他有组织的犯罪网络、打击犯罪倾向方面,我们取得了显著的成效。所有嫌疑人中,已有75名被提起诉讼,有46名被逮捕,31名在逃,34名被拘留等待审讯,36名被告的资产和银行账户已被冻结。

共有29家建筑公司因为没有遵守合同条款按时优质地完成工作,而被列入黑名单。通过有效执行安全机制,和平安定的社会环境得到进一步巩固,有组织的犯罪行为已被遏制。

我的梦

还有评论毫无根据地指责现任政府"野心过大、执行力不足、发展缓慢与反民主化"。

当我在艰难进行反对专制政权与建立民主的斗争时，我的心里就有了不同的愿景。这一愿景早已经通过"繁荣尼泊尔，幸福尼泊尔人"的决心表现出来。我一再表示，尼泊尔必然发展，而我们必须将其发展起来。是的，一切事物都有它最后的期限。时间是有限的，人的知识与能力也是有限的。然而，正如我一直强调的那样，正直是无限的，忠诚的生命也是无限的。那些正直忠诚地工作的人不需要任何额外的培训。

选举后，我们实现了政治稳定。现在，我们正朝着实现经济稳定的方向前进。我们非常清楚，在我们前进的道路上，什么样的人和事是挑战。我们创造的稳定局势可能已经成为一些人的眼中钉，这就是为什么他们总想通过捏造事实、制造事端来破坏政治稳定，并以此为基础为社会动乱造势。当我们朝着建设繁荣的尼泊尔的历史目标前进时，我们将用正直与忠诚克服这些困难。我们承诺一定会这样做。

人民的建设性意见、评论和批评是我们的指导方针。我们始终高度尊重人民主权，以此为警醒。我们始终欢迎来自反对派、媒体与民间团体的建设性批评，这都是民主的组成部分。但是，以批评的名义攻击民主制度、破坏社会和谐是不恰当的。将国家的未来描绘成一种让人失望的景象；发泄不满情绪，让人民失去信心，从而造成社会不稳定的恶性循环，也是不对的。历史赋予我的使命是让尼泊尔更繁荣，让尼泊尔人民更幸福，我将会引领这一进程。但是，使国家富强、人民同心协力，

第五章
视野与行动

这是我们共同的责任。我们将带着幸福的笑容，一道昂首阔步前行。只有当我们的国家变得强大、发达与繁荣，这样的情形才能持续下去。

廉政是本届政府执政的基本要求。这一年，我们为未来的工作打下了坚实的基础。在未来，我们将取得更多的成就。五年任期届满，在进行下一次大选之时，我们将能自豪地宣布，我们在选举宣言中做出的所有承诺都已兑现，我们将为尼泊尔与尼泊尔人民带来与以往不同的全新国家。

2019年2月14日，奥利在本届政府任期满一年之际向全国人民致辞。

我们的关系是深厚而紧密的

我很高兴能在尼泊尔、印度合作完成的莫蒂哈里-阿勒赫贡（Motihari-Amlekhgunj）石油管道项目落成典礼上发言。我记得在去年4月访问印度期间，我与莫迪总理一道出席了该项目的奠基仪式，正式启动了这个项目。

令人振奋的是，该项目比原定时间提前一半就完成了，这样，我们就能够从今天开始为它投入运营做准备。

这是尼泊尔和印度之间，也是在南亚的首个管道项目。我相信，它不仅可以帮助我们节省运输时间、降低成本、提高运输效率、减少运输过程中产生的空气污染，而且将为尼泊尔在全国范围内修建同类管道提

供借鉴。

谈到输油管道对消费者的积极影响时，我很高兴地告诉大家，尼泊尔石油公司已从今天起将每升柴油与汽油的价格降低了2尼泊尔卢比。

此外，毫无疑问，该项目将增进我们两国之间的相互联系与相互依存度。这是尼泊尔与印度在贸易与过境基础设施方面互联互通的最好例子之一。我要向莫迪总理与印度政府表示衷心的感谢，感谢他们为这一重要项目的实施提供了支持与合作。

尼泊尔与印度的合作不仅限于少数几个项目，涉及铁路、内河航道、公路、水电、综合检查站点、桥梁、农业、旅游业等多个领域，还有其他双边合作项目也正在筹备。我相信，以同样的步伐与努力早日完成这些项目，将极大地造福两国人民。此外，我很高兴地看到，在前几次会晤中，莫迪总理同我本人达成协议后，近年来，印度援助的各个项目的建设势头有所增强。

现在，我要对印度表示感谢，在印度的财政援助下，尼泊尔廓尔喀（Gorkha）与努瓦科特（Nuwakot）地区约5万所房屋的灾后重建工作得以开展。这些房屋象征着印度对尼泊尔人民的支持与友好姿态。这些建设工作直接惠及尼泊尔人民，有助于使我们的关系更加牢固与富有成效。

尼泊尔高度重视与印度的关系。我们两国之间的关系十分深厚而紧密，任何领域的合作都不会受到外界的影响，并且总有着进一步扩大的空间。

我们现在正处于重要的历史关头。今天，尼泊尔和印度的政治局势

第五章
视野与行动

都比较稳定，政府都由多数党执政。不断提高的经济增长率、充满活力与潜力的人力资源以及丰富的自然资源等，都为发展与繁荣提供了良好的环境。这也为进一步加强两国的合作、加强互利伙伴关系创造了有利环境。

除此之外，我们对两国的发展、繁荣与人民的幸福有着相同的愿景。我们的愿景以坚实的政治承诺与坚定的决心为基础。莫迪总理的愿景是"sab ka sath, sab ka bikas and sab ka bishwas（所有人的支持、每个人的发展以及每个人的信任）"，而我的愿景是"繁荣尼泊尔，幸福尼泊尔人"。它们都体现了我们致力于改变各自国家发展格局的理想、决心与努力的精髓。

在这种情况下，我认为，我们需要为尼印关系注入新的活力，寻找新的方向，使之在未来的日子里持续走上新的高度。我愿与莫迪总理携手努力，共同实现这一目标。

在回顾过去成功的访问交流的同时，我借此机会向莫迪总理发出诚挚邀请，欢迎您访问尼泊尔。

我要向尼印两国政府官员、地方政府与相关机构表示衷心的感谢，他们不懈努力，使尼泊尔与印度合作的这一重要管道项目得以实施。

2019年9月10日，奥利在与印度总理莫迪共同出席莫蒂哈里-阿勒赫贡石油管道落成典礼上发言。

赋予人民以建设国家的希望

经过长期的浴血斗争，我们在五年前的今天颁布了宪法。在尼泊尔立宪五周年，同时也是尼泊尔国庆日之际，我谨代表尼泊尔政府，向大家表示衷心的祝贺以及美好的祝愿。宪法，是由人民的代表起草而成的。

在这个欢乐的时刻，我向所有的烈士致以诚挚的敬意，向所有为国家走上法治化道路做出过贡献的同胞表示衷心的感谢。这是一份来之不易的成果。在通过民主运动实现这一目标的过程中，有些人甚至经历了失踪、妻离子散、无家可归等等令人饱受身心创伤的痛苦。

一个月前，在宪法日与国庆节筹备委员会的第一次会议上，我曾说过，从今年开始，宪法日应当隆重庆祝，使之成为所有尼泊尔人民的重要节日。这一天应不拘泥于形式，而应真正唤起所有尼泊尔人民心中庆祝制宪的热情。

为这一天，我们尼泊尔人民奋斗了70年。这一天的到来将尼泊尔人民凝聚成一股力量，传递了求同存异的精神。这一天，凝聚了尼泊尔人民几十年斗争的卓著成果，所有尼泊尔人都为此欢呼。因为这一天，尼泊尔人民得到了他们一直期盼的东西，从现在开始，它将成为一个永恒的节日。

因此，尼泊尔历6月3日（即公历9月20日）是我们的宪法日，这一天也是尼泊尔人民的国庆日，是所有节日中最伟大的节日。在我们761个各级政

第五章
视野与行动

府的积极倡议和努力之下，它终于成为庆祝全国各地团结统一的节日。

对于那些带领尼泊尔人民进行了数十年斗争、默默忍受着痛苦的人来说，这一天充满了荣耀和传奇。对于所有摆脱了家庭分离、痛苦和窒息的尼泊尔人而言，这一天堪称独立日。在庆祝活动上，我们为所取得的成就感到自豪。因此，这一天既不应用来炫耀，也不会像一个独裁者实施的法令一样，毫不关心普通百姓的诉求。

在去年的国庆日，我曾说过，这一天是尼泊尔现代历史上的一个重要里程碑。我谈到了宪法的条款与细则，并简要地提到了为宪法进行的长达70年的斗争以及来之不易的成功，同时我也表达了对民主与民主政体的坚定信念，以及对其未来活力的承诺与期许。

在这种信仰下，不存在诸如世袭制等非民主制度。权利带来的活力，在实际行动中得以体现。我们不应纠结于宪法的哪些部分、哪些条款或细则规定了多少权利，而应采取更加具有前瞻性的方法，为宪法的实施消除障碍。宪法是开放的，它包容所有合法的声音。

在那次会议上，我谈到了我们的国家愿景与宪法中的目标。我提到了我们对"**繁荣尼泊尔，幸福尼泊尔人**"的追求。这是我们共同的梦想，必须通过让尼泊尔变得**繁荣**来实现。

今天，我要重申这些承诺。请允许我与大家分享政府过去一年半以来所取得的成就。

2075—2076（公历2018—2019）财年的经济增长率已达7.1%，创近十年来最高纪录。各部门的经济增长率均保持在5%至9%之间；各省的经济增长率均在6%到8%之间。因此,无论是部门还是省级,经济增长率都是平衡的。这表明,实行联邦制的最初阶段,我国就已在和平发展与不断繁荣的道路上向前迈进。

同年,出口总量增长了19.4%,进口总量控制在13.9%,其中出口总量增幅首次创下十年以来的最高水平。在过去的十年里,除了受到地震与南部边境封锁的影响,进口总量的平均增长率约为23%。

同年,财政收入增长了22.6%,银行贷款已显著扩大到各个领域。例如,农业贷款增长42.5%,工业贷款增长20.3%,建筑业贷款增长22.2%,交通与公共部门贷款增长32.8%。

此外,我们在同一时期提供了七类优惠贷款与补助利息。根据这一方案,有18295人获得了共328亿尼泊尔卢比的贷款。迄今为止,政府已向外提供了15亿尼泊尔卢比的补助利息。

地方一级的商业银行已达737家,我领导的政府最初成立时,这个数字仅为394。在过去的18个月里,银行分支机构的数量从5837家增加到8805家,增加了51%。

自2019年4月14日起,在"我们开户吧"活动的影响下,已新开设了165622个银行账户(截至2019年9月17日)。

联邦、省级和地方各级有关责任分配、收益共享和补助分配的计划已在635个地方机构中实施。

在过去一年半的时间里,我们已为联邦制的一个重要方面做出安排,即财政联邦制。省级与地方的资源管理、收益共享及支出体系组织

第五章
视野与行动

良好；现在财政收入及支出的上报已经可以在线上进行。尼泊尔财政联邦制的有效实施，不仅是我们国家的重要成就，也可以作为一个成功范例被其他国家和地区借鉴。

本财年中启用的车辆／寄售追踪系统将有助于遏制收入流失，已有超过3万家公司安装了这一系统。

在2015年地震后曾被封闭的塔托帕尼（Tatopani）边境，其进出口贸易已经得到恢复。辛杜帕尔乔克（Sindhupalchok）的拉尔查（Larcha）陆港建设已经完成，并已投入运营。

通过远程呈现系统，我们对"民族自豪感"项目进行了直接的监督；为促进公共服务现代化，政府已开始发放国民身份证；在安全与警力管理、土地管理、运输管理、工业服务、税收管理、签证及护照、日常事务办理的应用程序和电子投票系统等方面，电子服务的准备工作已经完成。

到目前为止，全国已有89个地税局开始提供电子服务。在上个财年，我们已修建了约1600千米的柏油路和243座桥梁。

今年正在进行的一个项目将产生1000兆瓦的电力以及可再生能源。在本届政府成立之初，我国的平均能耗为110千瓦时，而现在是245千瓦时。

在此期间，总计实现了7377公顷土地的绿化；仅在2075—2076财年，种植面积就达到4100公顷，比上年增长了141%；还种植了超过450万棵果树树苗。

新增3700公顷土地配备了灌溉设施。同期，共有49.2万所私人房屋、5000所学校与665个卫生站得到重建。

我 的 梦

My Vision

2019年3月，巴拉与帕萨地区的受灾群众住进了869所新建房屋。

莫蒂哈里-拉克索-阿勒赫贡（Motihari-Raxaul-Amlekhgunuj）跨境输油管道工程现已竣工。本届政府的成立为该项目奠下基石。在我们与印度于2019年9月10日举行联合落成典礼后，这条输油管道已经投入运营，这是南亚的第一条跨境管道。

在此期间，保险覆盖的居民人数增加了3倍，受保人数从78.4万增加到219.5万。截至2018年2月，此前覆盖25个地区的229个地方团体的保险计划，已扩展至48个区的471个地方团体。

可供所有适龄儿童入学的地方机构已增至127个；今年，又增加30万入学儿童。560万名一至十年级的学生在学期开始时都按时收到了课本。

在本届政府成立之前，有43个地区宣布将消除文盲，而目前已增至51个地区。另外，我们还在近1000所中学增建了图书馆。

根据总理就业计划，646个地方机构共创造了230万个工作日的就业机会，它使188346人获得了平均每人约13天的就业机会。

为了使出国就业可负担、安全并且有尊严，我们已根据无成本原则与马来西亚、阿联酋和毛里求斯缔结了双边劳动协议；那些免费前往马来西亚的外出务工人员可以得到与马来西亚人同等的薪水、医疗、健康与意外保险等待遇；我们还与日本签署了双边劳动协定，以确保尼泊尔外出务工人员在日与当地人同工同酬。

从今年开始，基于职工缴费的社会保障计划开始实施。自2018年11月30日起，该计划已覆盖约5000名雇主手下的66409名雇员。

第五章
视野与行动

目前，联邦议会正在审议关于建立独立的公共交通公司的法案。这项法案将结束联合运输，并改善加德满都谷地的公共交通系统。我们准备通过Sajha Yatayat采购300辆电动公交车并投入使用，相关准备工作已经进入最后阶段，这些公交车将在加德满都谷地与主要省会城市运营。

为完善与执行宪法中关于联邦结构的规定，公务员分级管理的整改工作已经完成。公共服务委员会对515个地方机构的23101个职位中的13645个常设职位进行了招聘考试；受核准的地方机构常设职位总数为66908个，考试结果的公布已进入最后阶段；受核准的21399个省级公务员职位中，已对13821个常设职位进行了调整；省公共服务委员会成立，相关空缺岗位的招聘工作已经开始。

日本与尼泊尔之间的直飞航线已经恢复；2020年尼泊尔旅游年的筹备工作如火如荼；即将在尼泊尔举办的南亚运动会的基建已进入最后阶段。政府曾承诺将会把国家公共事业单位下的老年津贴提至每月5000尼泊尔卢比，自2019年7月以来，该津贴已增加到了每月3000尼泊尔卢比。

在这段时间里，共有来自八个不同国家的国家元首与政府首脑对尼泊尔进行了正式访问。尊敬的尼泊尔总统阁下以官方身份访问了四个不同的国家，副总统阁下也进行了两次这样的访问。另外，首相也对外进行了十次正式访问。

这些访问有助于进一步加强我们的外交关系，包括同邻国的关系。我们的外交成果有力地巩固了尼泊尔在国际社会中的地位，让我们有了发言权与知名度，这与我们"和平共处，互不敌视"的外交政策相一致。另

外,外交部还设立了"人才培养中心",以充分发挥尼泊尔侨民的知识和技能,促进国家发展。

为了使公共采购管理更加有效和透明,已对《公共采购条例》进行了修订,规定对长期拖延履行合同的承包商采取强制性措施;同时也将对短期拖延后仍未履行合同的采取相应行动。

职权滥用调查委员会正在积极开展反腐行动。全国各地继续采取严密行动,通过一般行政程序或特派行动,打击犯罪分子、地痞黑手党、偷税漏税者、走私犯与腐败分子等。自本届政府成立以来,职权滥用调查委员会已对540人提起过诉讼,要求他们缴清总额达42.4亿尼泊尔卢比的罚款。

由于逃税、外汇诈骗与非法金融交易(通过hundi,一种财务工具),已有568人被提起诉讼,涉案金额达146.9亿尼泊尔卢比。

我领导的政府执政的第一年被视为国家走向繁荣的基础年。我们完善了法律,并改善了人力资源的构成;支持国家、省级和地方三级的政府运作所需要的物质层面的基建已经完成。我们已经为未来的发展打下基础,许多领域的基石得到奠定,另外很多领域已经得到了更进一步的建设,未来的发展将更加繁荣。

我们还有很多问题要问:铁路在哪里?船在哪里?隧道在哪里?内陆航道上的集装箱船要在哪里运行?甚至可以进一步地问:为什么我们会做这样的美梦?为什么我们会有这样的抱负?

我承认——是的,我们有这样的梦想。我们做了一个梦!但我们不是在睡着的时候做的这个梦。我正努力灌溉着这看似遥远的梦想。我说

第五章
视野与行动

过——梦在睡着的时候只是美梦,但醒来的时候,它将化为现实。

只有在人们对未来感到乐观,拥有美好的梦想,并且相信美好的未来终将到来的时候,这个国家才能生存下去,并日益繁荣。也只有这样,这个国家才能为取得更大的成功而奋斗。

我的工作就是让那些看似僵死的梦想复活,并努力赋予人们实现梦想的希望。通过鼓励所有人为实现梦想做出贡献,并给予人们梦想必然实现的信念,民族和社会的发展才能逐步成为现实。为这一事业,我付出了巨大的努力。

我领导的政党与我本人绝不是"梦想贩子"。我们要改变社会上"一切都完蛋了""破灭了""没有希望了"的大众心态,并向人们宣扬这样的信念:从现在开始,一定会有"好事"发生。我们的联盟领导人与我本人都给人们带去了选举后一定会有好事发生的希望。你们所有人给了我们信任,并相信我们的承诺,还给了我们力量强大的多数选票。我衷心感谢你们每一个人,谢谢你们给了我们一个为你们服务的机会。

我多次提起,我曾与死亡有过近距离的接触。通俗地说,我经历过生死。与我一样,与我共事的许多人都曾过着一种"为赚钱而活"的日子。我曾数次问自己:半个世纪前,年轻的我和朋友们一起离开家,究竟是为了什么?而我的答案一直是为了建设祖国,为了实现我们共同的梦想。我参与所有这些斗争的初衷,并不是为了这个总理职位。值此国庆之际,我要许下我的承诺:这个国家必将发生转变,我们的梦想也一定会实现。现在,我就是这场运动的掌舵人。

让我们更耐心一点,三思而后"问"。过去两个半世纪尼泊尔的混乱局面在过去两年半里并没有得到解决。

尼泊尔的进步与繁荣有着坚实的基础。我们拥有丰富的自然资源,良好的气候条件,并且政治稳定,我们还有一个得到民众支持的强有力的政府。

我们现在能够从人口红利中获益。我国34岁以下的人口占比高达65.5%,即使我们将占比34.8%的14岁以下青少年剔除,15至34岁年龄段的青壮年人口比例仍有30.5%,而65岁以上的老龄人口仅占4%。

这样的情况也使我们不得不尽快采取行动,我们必须赶在青壮年人口走向老龄化之前,走上高速发展之路。只有这样,才能确保在共和党组建后的这一代尼泊尔人能感受幸运。我也为那些开创各种新事业的青年感到骄傲,他们中的许多人,通过商品生产与服务创造造福了社会。

但是,让我感到担心的,是那些无所事事的年轻人,他们把自己的精力浪费在网络上毫无意义的论战里,而不是投入到有建设性的创造工作之中。我也担心,成年一代无法与社会交流他们的文明以及积极的经验。他们看似在公共平台上以"批判"为名表达自身看法,实际上却在引导着整个社会走向由仇恨、怨念和粗鲁形成的怪圈。

我一再强调,如今社会需要的是和谐、团结与宽容,而不是混乱甚至是无政府状态。我们今天的斗争已经不是为了实现民主,而是为了巩固联邦民主共和制,并使之更加制度化。

不积跬步,无以至千里,如果不打破现状,又怎能让人感受到改变的力量?为什么要陷入一个只有表面行动却没有蜕变发生的无意义的过程中?为什么要创造那种探讨毫无意义之问题的大环境?为什么还要允

第五章
视野与行动

许诸如"没有可能、万物萧条"这样的消极思想存在？

我们现在必须做出改变。

为了使我们的改革有所成效，我国从本财年开始实行绩效合同制。总理与部长、部长与部长秘书以及部长秘书与下属之间的合同中都写明了政府政策和方案中所规定的一年内要采取的每一项行动。数字平台与具体工作也已经开始运作，以使"监测"过程更加有效。

为了有效发挥各省的职能，省政府任命高级联席秘书长为省政府秘书。为建立奖惩制度，我们已经启动了省级政府绩效考核制度，将其作为晋升的标准之一。为消除档案提拔制度带来的问题，效率将替代年资或服务年限，作为优先考虑的条件。在紧急情况下逃避决策，以及出于免责之愿而产生的逃避行为，将会被有效遏制。

为按时完成所有计划中的大型项目，也就是"国家荣誉"项目，我们已制定了相关的时间表。而那些缺少详细项目报告或者缺乏资源的项目将被搁置。

在拉苏瓦（Rasuwa）地区的蒂穆尔（Timure）启动的陆上港口建设计划将在30个月内完成。加德满都至特莱/马德西（Kathmandu-Terai/Madhesh）的快车线的详细项目报告（DPR）已获批准，该项目将在本届政府任期内竣工。

佛陀国际机场将于本财年内投入使用；博克拉（Pokhara）将于下个财年内投入运营；为了在纳瓦尔普尔（Nawalpur）的塔瓦迪（Dhauwadi）发展铁矿石产业，一家名为塔瓦迪铁矿石有限公司的企业已经成立。

修建隧道、铁路、内河航道的初步准备工作已经完成，船只很快就能投入使用。

目前尼泊尔总经济体量约为3500亿尼泊尔卢比，我们的目标是在本届政府任期内达到5000亿尼泊尔卢比。

在实施宪法的过程中，我们既不是执政党，也不是反对党。我相信，在这些问题上并不存在执政党与反对党之分。

我们的民主基础深厚。我们成功地将极端主义思想与相关制度进行了改造，并将其纳入了主流环境。此前，这种思想和制度与我们的道路是不同的。我希望那些迷失方向的人明白，他们应该尽快融入主流社会。

随着新宪法的颁布和三级政府选举的成功，政治运动已经告一段落。巩固民主和不断将运动成果制度化的进程正在推进。在此之后，如果有人企图以政治名义从任何人或任何地方以任何方式破坏和平、安全与民族团结，政府都将坚定地予以处理。

人民是民主的基础，民主制度亦是如此。人民变得强大，民主制度就会变得强大；民主制度变得强大，民主系统也就能得到加强；民主系统强大了，我们就能够为人民群众提供更好的服务。

政府有责任向公民公平分配民主红利。政府一直强调国家与公民之间的高度和谐和团结，以实现繁荣与可持续发展。我坚信，在这个基础上，我们可以创造一个繁荣、幸福、文明与公正的尼泊尔社会。

> 2019年9月20日，奥利在加德满都举办的尼泊尔宪法日与国庆日庆祝活动上向全国人民致辞。

第六章

友谊与外交

我的梦

有远见的领导人，可以带领人民走出一切困境，改变国家的面貌。国家的革命性变革只有通过和平手段才有可能实现。近几年来尼泊尔的成功就是一个很好的例子，我们让世界明白，社会主义运动必然经历挫折与动荡，但它一定会获得更大的动力，以更强的力量来实现人民的解放。

在世界的各个角落，生活在21世纪的人们成功地解决了许多复杂的全球性问题，并改善了自己的生活质量。他们使人道主义得以实现，让人们能够憧憬更美好的未来。今天，我们生活在一个比过去任何时候都更加繁荣与昌盛的世界。

尽管取得了一定的成功，但是我们仍然面临着许多挑战。贫困、文盲与传染病问题，依旧困扰着全人类。气候变暖使环境的可持续发展迅速恶化，长久以来一直困扰着世界。全球化发展导致了不平衡的全球平台的产生，一些发达国家从中获利，却实际损害了发展中国家的利益。

这是人们无法接受的。为了建立一个基于正义、博爱、和平共处与人类尊严的新秩序，我们亟需采取补救措施。我们必须建立一个同属所有人的世界，使全人类都能过上和平与幸福的生活。社会主义，为日益严峻的全球性问题提供了解决方案，它是实现全球繁荣的唯一途径。我们必须在国与国之间建立积极的伙伴关系。我们每一个人都需要为人类的共同利

第六章
友谊与外交

益做出牺牲，繁荣不能以牺牲特定对象的利益为代价。对于应对人类的当下挑战来说，社会主义比过去的任何时候都更为重要。

建立普世的价值体系

尊敬的贵宾们，我代表全体尼泊尔人民，向你们表示热烈的欢迎，欢迎你们来到尼泊尔这个位于喜马拉雅山脚的佛教圣地。十分感谢各国政要与知名人士的出席，祝你们在尼泊尔度过一段开心的时光。

今天，我们正处于人类历史和发展的关键时刻，我们在地方、国家与全球层面都面临着许多关键的敏感问题。

过去几个世纪的科学技术革命，极大地增强了人类的力量。科技革命为人类的发展做出了极大的贡献：它为成功治疗、治愈各类顽疾提供了全新的方案；通过改善教育使更多的人学会读写和计算；帮助人类更好、更顺畅地进行交流，也使人类的生活变得更好，让更健康、更长寿成为可能。在生物学、信息、交通、通信、农业技术以及太空科技方面的成就，都是人类智慧创造出的前所未有的成果。

现在是人类历史上最为和平的一个时期。国际贸易、跨文化交流与技术创新，比过去任何时期都更加有力地推动着全球经济的发展。

作为21世纪的人类，我们已经成功地解决了许多复杂的全球性问题，并改善了世界人民的生活质量。我们已使美好未来变得指日可待。

尽管取得了一定的成绩，但是我们仍然面临着许多挑战，它们亟需

我们关注。贫困、文盲与传染病问题看上去已经有所缓解，但实际上，它们仍继续困扰着世界各地数百万人。

此外，世界仍持续受到气候变化、自然灾害、人为灾难以及恐怖主义的影响。最让我们担心的是地球状况以及环境持续恶化。气候变化问题不可小觑，它不仅是一种发展挑战，而且已经成为人类生存的挑战和威胁，它对那些生活在山区国家、岛屿国家的人产生了巨大影响。

让我进一步谈谈这个问题。气候变化扰乱了自然界的有机系统，冰川融化导致海平面上升。自然补给系统对维持土地的温度和湿度至关重要，由于人类不负责任的活动，气候变化对它的影响越来越大。下游水资源的污染，对生化循环系统产生负面影响。反过来，这又严重地扰乱了山区生态系统。

尼泊尔有15%以上的国土常年被白雪覆盖，森林覆盖率超过45%，这是重要的世界生态资产。鉴于它们对遏制温度的升高有着极大的贡献，我们在此呼吁全球各国的关注。雪山地区的气温全年保持在零下50摄氏度。融化的积雪被岩石吸收，然后以河流的形式流出，这有助于维持下游生态平衡。同样，森林在固碳方面的贡献也非常重要。

值得一提的是，尼泊尔有60%以上的国土都在为抑制温度上升做出贡献。我们的山区与森林在维护自然环境可持续发展方面的贡献是无与伦比的。然而具有讽刺意味的是，越是无辜的人，却负担了越是沉重的影响，这是令人无法接受的。因此，我们必须强调，要有效地实施气候公平原则。

第六章
友谊与外交

为了解决更多的全球性问题，我认为，前进的道路上我们要完成三个主要任务：通过加强与维护多边主义，促进国与国之间的和平共处与相互依存度；通过保护生态系统和生态环境，实现发展中国家和发达国家的共同繁荣；同时，还需要向世界各国人民传递普世的价值观念。

随着第二次世界大战的结束，世界如今处于相对和平与安宁的时代，其背后有诸多原因。其中最重要的，当数世界各国之间的相互依存，和平共处。

正如没有一个现代人能够在原始丛林里独居一样，当今世界上，没有一个国家能够在脱离国际体系的情况下存在。

跨越国界的世界性网络的建立，使大规模战争发动变得极为困难，而且代价高昂。和平就是这种融洽的、相互联系且相互依存之关系的成果。一体化的过程与相互依存的合作方式使我们走向了全球化，它使得人与人之间的关系更加紧密，进一步实现了和谐与合作。任何想要逆转这一局面的行为，都可能会带来无法估量的后果。

然而，全球化也导致全球各国发展不平衡，这与其初衷背道而驰。令人遗憾的是，许多发达经济体所积累的财富，往往是以发展中国家在其他方面的损失为代价的。

因此，我们应立即制定补救方案，以创造一个公平地属于每一个人的世界，使全人类都能够过上和平、和谐与幸福的生活。追求共同繁荣是实现世界和平与和谐的必经之路。为此，无论贫富，每个国家都必须携起手来。我们需要在政府、私营企业与各种社会团体之间建立积极的伙伴关系，以确保各领域的共同繁荣。

在国际范围内,发达国家应鼓励内部资金、技术向发展中国家流动,并通过制定关于发展援助、贸易、投资与技术转让等方面的扶持政策,来帮助欠发达经济体实现社会经济的转型,同时他们还应不再出台限制人口全球性流动的相关政策。

当谈到国与国之间的伙伴关系时,我们一定不能忘记,公平、正义与共赢应该是这种伙伴关系所追求的结果,它必须建立在主权平等、相互尊重与互利互惠的基本原则之上。我们每一个人都需要为人类的共同利益做出牺牲,繁荣不能以牺牲某一特定对象为代价。

我们的努力应该以全人类共有的普世价值为核心准则,这种价值也就是世界各国人民之间的和平、和谐与宽容。在当今技术革命日新月异的时代,道德困境将是我们面临的史无前例的困难。

没有道德和伦理价值体系的约束,科学技术的进步不仅会给人类社会带来难以估量的灾难,甚至可能会对人类文明的基础造成严重破坏。

我们不仅需要为这一新时代做好准备,准备好新的知识工具,还需要制定相应的道德指南及道德标准,以便解决将来的更多难题。

我们的祖国尼泊尔与我们所属的喜马拉雅地区的喜马拉雅山,是智慧与实践经验的古老源泉。在这片土地上,人们第一次深入思考,如何使整个宇宙成为众生共享的空间。

古语 वसुधैव कुटुम्बकम् 揭示了人类共同的智慧:世界是一个大家庭。

这里是佛教圣地,是和平、节制与智慧的灯塔,也是人道主义与普世哲学的发祥地,它赞颂以己见人的美德,并追求整个宇宙的和平与和谐。

第六章
友谊与外交

我们有幸成为地球上最古老文明之一的传承者。我们的文明给世界带来了艺术、文学、科学、创新以及最重要的和平理想以及政治哲学。知识之光最初在亚太地区点亮，我们应该为世代相传的丰富的亚洲价值观与文明遗产感到自豪。

在我们时至今日依旧奉行的古老的哲学观念里，世上别无"他者"。尼泊尔这种古老、慷慨、博大精深的人文主义与普世主义文明，使我国成为根植与发展这些价值观最适宜的沃土之一。有了这样的价值观，我们的后代才能过上充实且意义非凡的、幸福而体面的生活。

基于我们古老文明的教导，我认为，指导人类未来的准则和价值观应该是普世的、和谐的、可接受的、和平的、有同情心的、非暴力的行动。

普世性是一种不看重种族、信仰或地域上小差异的价值观，它努力坚守着世界一体性的原则。同样，如果不愿承认我们自身身份的独特性，就很难实现世界的和谐。谈及和谐共处，我们可以向大自然学习。大自然的包容多样性有助于维护生态系统的整体平衡，而我们也应该尊重人类社会的多样性，以发展和平营造和谐共处的氛围。因此，无论是自然界还是人类社会，多样性都是不可或缺的，正是因为它，我们的世界才能更加多姿多彩。

普遍性与特殊性是互补而和谐的，它们各自的独特个性完美地融入了一个普世的价值系统。哪里有同情与接纳，哪里就有和谐，和平与非暴力是它们的自然结果。

我们为自己的文化传统与自然遗产感到无比自豪。我们有理由相

信,在建立普世价值体系方面,我们可以提供更多的帮助。这些价值观将各个国家与各国人民联系在一起,创造了一个和谐的世界,让人们在和平、友好的氛围中共同生活。我们的社会所面临的一部分物质匮乏,并不意味着我们在道德上屈从于他人,也不代表我们自我贬低或是希望模仿他者的文化和价值。

我很确定,崇高的智慧与永恒的宁静,在数千年前智者的教导之下,为这座喜马拉雅山下的古老城市增添了活力,也将为这次会议赋予深度与意义。深深植根于前人的文明遗产之中的智慧,让我们知道应该如何使后代的生活更加光明。

在演讲结束之前,我想跟大家简要分享一下我们的政治成就与今后的规划。

尼泊尔近年来的政治转型,是我们的一项巨大的成就。同样成功的,还有我们独特的和平进程。这是一个由我们自己创造、领导、拥有、管理并指导的过程。通过在关键时刻采取勇敢的行动与做出大胆的决策,我们已经从根本上达到了走上和平进程之目的。在取得这一具有里程碑意义的成就的过程中,我们为世界其他国家树立了一个良好的榜样,即使在我们这样一个多元化的社会中,也可以通过对话、理解、相互尊重、商讨与妥协来解决武装冲突,并确保民主选举至高无上的地位。我相信,虽然一刀切的做法并不能解决具体国家的具体问题,但我们的成功经验可以供其他有需要的国家和地区参考和借鉴。

在此,我们也非常荣幸能与大家分享尼泊尔一项重要的历史成就:

第六章
友谊与外交

尼泊尔民选人民代表不久前完成了新宪法的撰写。我们的目标是实现以社会公正为核心的全面民主，赋予人民在生活中各个领域应有的权利。我们有着一部优秀的国家宪法，它使人民拥有了普世的民主和自由。值得一提的是，宪法使尼泊尔人民历史上第一次真正地拥有了主权。我坚信，未来的我们不会再为争取政治权利做出任何无谓的牺牲，这标志着尼泊尔人民进入了一个全新的时代。

我敏锐地意识到，如果在社会经济领域没有取得相应的进展，尼泊尔人民所取得的这些成就将无法持续。鉴于此，我国政府将高速而可持续的经济发展放在了首位，"繁荣尼泊尔，幸福尼泊尔人"，是我们社会经济转型议程的指导理念。

尼泊尔人民在团结协作方面表现出强大的合作能力，我们决心以和平、和谐的方式来实现政治、经济与社会的发展目标，即使面对2015年4月和5月发生的毁灭性的大地震也是如此。我们灾后重建的动力正在增强，我们坚信，一定能在短时间内完成重建任务。

去年，联邦、省级和地方三级政府的选举，以创纪录的投票参与率成功结束了尼泊尔长期以来的政治过渡，使我国进入了政治稳定的新阶段。在议会的四分之三选票的支持下，我国政府获得人民强有力的支持，仅我党就占近三分之二的多数选票。尼泊尔人民用手中的选票表达了支持社会稳定和经济转型的决心。作为总理，能献身于为国家和人民服务的伟大事业之中，我感到十分荣幸。

政治稳定对政策稳定有着重要的作用和意义。清晰的愿景加上前瞻

性的手段和方法，消除了政策领域的所有混乱和不确定性，也将对我国的社会经济发展产生积极影响。

在外交方面，我们在外交政策上取得了重大成就。长期以来，我们都在进行平等、客观与独立的外交，我们的目标是在平等、相互尊重与互惠互利的原则基础上加强与邻国的友好合作关系。我国在国际性的区域和多边事务中的参与逐渐增多且富有成效，我们同世界主要大国的关系也得到了进一步加强。

以上是尼泊尔人民取得的一些杰出成就，这些成就背后并非没有付出沉重的代价。但如今，我们是一个充满自信的国家，在多样性的社会环境下，我们有着强烈的团结意识，并饱含着强烈的国家利益至上的爱国主义情怀。

我相信，我们的朋友和那些祝福我们的好心人，都希望看到一个和平、稳定、民主和繁荣的尼泊尔。在这个过程中，我们需要你们的关注、理解和支持。

自然与文化的完美融合使尼泊尔成为全球游客的理想之选。这里是一个人们一生中不愿错过的地方，这不仅是因为我们拥有美丽的山川河湖与丰富多样的动植物，更因为尼泊尔人民友善的笑容和无与伦比的热情深深地打动了人们的心。

我相信，我们的朋友和那些祝福我们的好心人，都想看看尼泊尔在过去20年中，在政治制度与人民生活方面取得的进步。希望在未来，你们能再次来到这里，因为一次访问不足以了解真实的尼泊尔。

第六章
友谊与外交

我衷心希望，本次峰会的讨论将本着"生存，而后生活"的崇高精神进行，把来自各大洲的政治家、决策者、企业家、学者和专家会聚在一起。十分感谢你们前来参与这一重要活动，预祝峰会圆满成功。

2018年12月1日，奥利在加德满都举行的亚太峰会上致辞。

久经考验的万隆原则：对当代世界挑战的回应

64年前，来自亚洲和非洲的领导人聚集在了印度尼西亚的万隆镇。他们都为了一个共同的目的而来。当时的人们需要制定基本规则和规范，以友好方式来管理国家之间的关系。因此，他们制定了一套新的原则，后也被称为万隆原则，其内容是：

- 关于认真尊重与遵守《联合国宪章》的宗旨和原则。
- 关于支持国家独立的原则。
- 关于维护主权平等、领土完整与互不干涉内政的原则。
- 关于通过和平手段解决一切争端的原则。

这些原则是至高无上的，且具有永恒的价值，如果我们不遵守这些原则，世界秩序甚至有可能会走向混乱。

这当然不是全人类的目标。我们的目标是尊重它们，使世界成为全人类和平、安全、稳定与繁荣发展的地方。

建立在万隆原则基础上的不结盟运动，是对不公正、不公平的非人性化的世界的回应，在那里，自由、平等等人类生存的基本要旨被残酷地剥夺、压制。不结盟运动旨在捍卫南方国家及人民的基本权利。

发起不结盟运动，是南方国家经过深思熟虑后的决定。南方国家在客观分析了世界观的基础上实行独立自主的外交政策，避免在以冷战为特征的东西方激烈竞争的国际环境中做出有失偏颇的判断。

南方国家希望以此在决策制定的环节中坚守主权。万隆原则清晰地体现在不结盟运动的目标之中，这些目标进而构成了我国宪法确立的外交政策的基本原则。

我们的外交政策以和平共处五项原则为指导。我们要非常自豪地告诉大家，这些也被称作"Panchasheela"的广为人知的原则，最初源于尼泊尔的不朽之子——佛陀的教导。它们与尼泊尔外交政策的精髓完美契合，即"和平共处，互不敌视"。

尼泊尔的外交经验证明，和平、民主、发展与人权是紧密联系在一起的，人权只有在全面民主的条件下才真正有意义。可能有人会问，全面民主的实质是什么？我想，是个人的全面赋权。因为只有通过这种全方位的权利赋予，一个人才可能拥有摆脱贫困的自由，获得平等的机会，享有生命、安全与尊严的权利。

我要说的是，仅凭政治权利并不足以赋予个人真正的权利。如果一个人长期处于饥饿和无家可归的境地，他也必然长期在社会上毫无用处，因为这样的生活状况威胁到了他最基本的权利，即生存权。

意识到这一点之后，我们制定了一项覆盖每个人终生的社保制度，

第六章
友谊与外交

以确保没有人会因饥饿和流离失所而死。在国界之外，全面民主也必将在全球实现。

那么，我们又是如何推广全面民主的呢？

我们通过确保主权平等、不使用威胁或武力、不干涉他国内政、尊重所有国家的尊严、不剥削任何国家公平发展的机会，来促进这一目标的实现。

全面民主，要求建立一个民主、包容、公正与公平的新的世界秩序。只有当我们真正实现这一目标时，不结盟运动才能对我们产生长期的、有意义的影响。不结盟运动是和平、安全、正义与发展的代名词，它具有久经考验的价值与吸引力。

地球是我们共同的母亲，她为我们提供了足够的资源，满足人类合理的需求。我们不能生活在过度贪婪和过度贫困这两个极端之中。过度贪婪是造成环境灾难与社会冲突的主要原因。

因此，我们必须确保：

- 实现所有人的繁荣，使可持续发展目标惠及每个人。
- 保护地球母亲，不损害后代的利益。

我们是如何实现这一目标的？

通过确保全球正义，我们使所有国家平等地享有权利并履行义务。无论如何，在合理利用自然资源的过程中，人民的主权选择不应受到任何形式的限制。

气候变暖对人类的威胁与日俱增，已然成为人类生存危机的一部分。

意识到这一问题，尼泊尔政府决定于2020年4月2日至4日在加德满都举行第一届主题为"山脉、气候变化与人类未来"的"Sagarmatha Sambad"活动。

每隔三年，我们都会举行不结盟运动峰会。在每次峰会中，我们都会对新的行动方案做出表决。通过会议最后的全面宣言，我们的集体智慧得以体现。

但我们也需要认真思考：

• 我们是否开发过任何监督决策执行状况的系统？

• 我们是否达成过共识，认为应将该运动的政治构想转化为实践？

• 我们是否分析过那些根深蒂固的冲突与分歧，并试图本着团结精神来解决这些问题？

现在正是我们认真思考如何让不结盟运动更具活力与效力的时候。

我想向峰会提出一些建议：

• 我们希望看到一个具有凝聚力的、团结的、强大的且具有影响力的不结盟运动，来彻底根除全球的不平等现象。

• 我们希望看到一个能够促进善意、理解与合作的不结盟运动，避免出现分裂和不和谐的现象，破坏不结盟运动的团结。

• 我们希望看到一个助力发挥南方力量的不结盟运动，帮助发展中国家发挥集体力量来应对发展挑战、实现共同繁荣。

• 我们希望看到一个能够系统地处理全球问题的不结盟运动，并能够制定具体的措施来解决这些问题。

• 我们希望看到一个有助于加强以联合国为中心的多边主义的不结盟

第六章
友谊与外交

运动。

我认为，认真审议这些建议，将改善我们不结盟运动的运作方式，使其真正地成为一股能够应对当代挑战、推动集体繁荣的发展征程的力量。

作为不结盟运动的发起成员国之一，尼泊尔愿坚定地站在最前线，承担起我们的责任。

> 2019年10月25日至26日，奥利在阿塞拜疆巴库举行的第18届不结盟运动首脑会议上发言。

佛教文化对立于孤岛思维

在喜马拉雅山脚下这个佛陀之地，我代表尼泊尔人民，向你们致以诚挚的问候。我想对你们说声Bhavatu Sabba Mangalam（祝大家吉祥如意）！

尼泊尔是一个人杰地灵的好地方。尼泊尔人唯一珍视的是与所有人交好，不与任何人为敌；他们唯一的愿望是家庭乃至整个世界与宇宙的和平。

这样的理念与这一盛大庆典是完全契合的。本次活动的目的就是在充满冲突、紧张、不确定性和矛盾的世界中增进理解与和谐。我们相信，博爱与和谐，是缓和国家之间与各国人民之间关系的指导准则。

此次参加庄严的联合国卫塞节庆典，对我个人和我的国家来说都是一次难得的机会。此次庆典在越南举行，而越南与尼泊尔有着牢固的政治关系和强大的文化纽带，将我们的人民联系在一起。感谢阮春福总理

我的梦

的热情邀请、热烈欢迎与盛情款待。

卫塞节的价值不必赘述。大约2643年前，在一个满月之夜，不朽之子，也就是我们尊敬的佛陀，降世了。35岁生日当天，佛陀悟道成佛。80岁那年，佛陀涅槃。这就是卫塞节之庄严的由来。

我来自佛陀诞生的福地，那是尼泊尔南部平原上的一个小村庄，佛教的种子在那里播种、萌芽。释迦牟尼（Siddhartha Gautam）放弃了王储之位、宫殿、美丽的妻子和天真可爱的儿子。他这样做，可能是因为他已经获得了一些精神层面的感悟，并且想要得到更多。蓝毗尼不仅是佛陀诞生之地，也是佛教的发祥地。如今，这里吸引着众多朝圣者、学者、研究人员以及那些追求终极真理与救赎的人，他们纷至沓来。

蓝毗尼的故事远不止如此。它曾是迦毗罗卫国（Shakya Ganarajya）的一部分，该国首都即迦毗罗卫城（Kapilvastu）。当时，无论从哪个角度看，迦毗罗卫城无疑是一座先进的城市。迦毗罗卫国是一个繁荣的国家，采用共和制政体，王权由人民选举产生。后来，通过民选，该国受释迦族精干领导与统治。近年来的考古发现表明，迦毗罗卫国是文化和建筑中心。也正是在这片土地上，著名的哲学家迦毗罗（Kapil）创立了被称为"数论"的"Sangkhyadarshan"。

随着佛教传播到亚洲其他地区和世界各地，大量的知识与智慧、关于生活与生存的思考、关于社会和谐与博爱的观念，在沿途悄然传递。

如今，佛教的精神财富连接着亚洲各国乃至世界其他国家，其中包括尼泊尔与越南。很多尼泊尔人虔诚地信奉佛教，也有一些人视佛教为

第六章
友谊与外交

开明思想和灵感的源泉。越南人民与越南政府在继承与弘扬佛法方面做出了巨大努力,令我印象深刻。我相信,本次会议,也将成为这一伟大进程中的重要里程碑。

佛教文化是人类世代相传的人道主义源泉,是一种专注于追求人类、社会和世界进步的信仰体系。

与其他信仰体系一样,佛教文化也探讨世俗与永恒、短暂与无尽的区别。然而,佛教的独特魅力,在于其对生命和自然的关怀。人们不必等待来世,也不必到另一个世界去寻找幸福。每个人都能在当下的这个世界,在此生的任何时候,获得终极快乐。为此,我们应该摒弃仇恨、私欲与暴力,用慈悲、博爱与仁慈的精神来充实自己。

佛教追求的是赋予人们力量。佛教文化是对人性的再发现,通过对自己进行约束、组织和改造,并以身作则成为他者的榜样。佛教的最终目的,是实现一种和谐的社会秩序与世界秩序,一种建立在正义、博爱、和平共处与人类尊严基础之上的秩序。

联合国是一个以合作共存的佛教价值观为宪章的重要国际组织,为表彰佛教对世界和平与和谐的贡献,它于1999年正式认可了"卫塞节",这对我们来说,无疑是一件值得骄傲的事。

这也就是为什么,佛教在当今更大范围的全球领导权问题上具有重要意义。其实,佛陀的一生就是一个"以身作则"的实例。然而,毋庸置疑的是,作为一位有远见的伟大领袖,佛陀启发了民智,引导人们远离邪恶,拥抱美德。他充满博爱与同情心,凭借其耐心与毅力,带领人们战胜了各种各样的苦难与逆境。

佛陀让世人知道，谦虚与谦卑才是领导力最重要的特质。他拒绝侵略的行为与过分的自我，他将对四大真理和八重道路的认识传给了后继者。古往今来，正确的观点、正确的意图、正确的行为、正确的努力、正确的言论都是领导力的基本特质。

真正的领导力，是指对社会目标有正确的愿景，引导人们走向正确的道路，而绝不是被时下流行的奇想和一时的错觉所左右；是指通过正确的方式，为公众带来好的结果，服务于更大的公共利益，而非只为实现自我满足；是指创造社会和谐，促进博爱，以尊敬与尊严来对待所有人。

慷慨和守节操，是我们从佛陀的教诲中汲取的最重要的领导品质。佛陀曾在教导其重要弟子阿难时说，领导是一个自我创造、自我驱动和自我激励的过程。

"待人宽容如待己"是佛教的核心信条，它极大地加强了亚洲价值观在关爱、分享和追求更大的社会利益方面的纵深。在当今世界个别地区的政治范围内，孤岛心态和分裂心态正悄然生长，佛教的高尚品质则与之对立。

如今，社会正走向越来越严重的个人主义。消费主义掩盖了人文价值，各国也变得越来越更关注自己。排斥的言论比兼容的信息更具吸引力。人们往往选择以牺牲世界长期和平、稳定与和谐为代价，优先考虑眼前利益。

全球地缘政治日趋动荡，充满了不确定性。那些长久以来建立起来的秩序以及作为国家和社区共同工作的方式而建立的机构，正在逐渐失去效力。现有的多边体系受到冲击，责任分担意识正在不断消散。

第六章
友谊与外交

诚然，我们生活在一个比以往任何时候都繁荣富裕的世界中，但是全球约五分之一的人口仍生活在赤贫之中，甚至连最基本的生存需求都无法得到满足。而相比之下，世界军费开支却每年都在增加。

对我们来说，经济公正的概念听起来愈加陌生。可持续发展目标的实现，面临着取得国际大力支持的挑战。

环境恶化得不到遏制，世界的可持续发展受到威胁，生存的相关问题因此出现。在不确定的命运之中，应对气候变化的《巴黎协定》得以幸存。然而，恐怖主义却依旧继续威胁着社会的和平与秩序。

在这种混乱局势下，亚洲文化核心价值观中的博爱精神"Basudha-ibakutumbakam"（天下一家），以及和平共处与分享意识，对于当今的领导者而言变得愈加重要。对Panchasheel的遵守，是增进理解与和谐的重要指南。

平衡与中庸之道的概念变得更加重要，这种观念要求我们避免肆意妄为，兼容多样性，并为妥协互让找到立足之地，有助于避免世界陷入冲突和混乱。

在我们追求和平、稳定、可持续发展的未来的过程中，佛陀指引的道路始终是有方向性的。佛陀强调人与自然、物质与精神、世俗与永恒之间的平衡。

佛教强烈反对三种恶习，即无知或妄想（Moha）、贪婪（Raga）和仇恨（Dvesha），它们在某种程度上是当今世界面临危机的主要原因。我们无须强调佛教与自然的紧密联系，我们对佛教的理解，都是在菩提树下系统化并成形的,菩提树象征着佛教与自然的联系。佛教倡导避免纵欲,其中包括了对物质财富的占有欲。

就像人们常说的,饥荒的发生不是因为粮食缺乏,而是因为分配不均。之所以发生这种情况,是因为一种"吃着碗里的、看着锅里的"的文化。仁慈与同情心是使人类快乐的重要美德。当奉献、分享与助人的文化成为主流时,社会就会变得其乐融融。对于真正的博爱,给予者和接受者都是幸福的。

幸福个体是幸福社会的重要组成部分。幸福既取决于外在自然,也取决于内在自我,佛教对这两者均有涉及。佛教所提供的幸福的瑰宝之一是Dhyana(禅定)艺术,这种艺术近年来越来越受大众欢迎。禅定是一种精神集中的状态,能给人带来精神上的平静,从而使我们的身体更加健康,最终将有助于创建和平世界。

在这次关于向和平与可持续社会转型的对话中,我很高兴能与大家分享尼泊尔国家与社会近年来实现的一些历史性变革。

我们已完成的本土化的和平进程,在世界范围内都是十分罕见的,是全世界学习与研究的热点。我国从"子弹"到"选票"的革命历程堪称世界典范,向世界证明了和平终将到来。我们结束了长达十年的武装冲突,并使冲突各方一道走入了和平的政治进程。

包容性的民主宪法,是由民主机构颁布的,这些机构由直接选举产生的人民代表组成,体现了佛教中僧伽(Sangha)的平等主义。通过宪法,人民议程走向制度化,一个曾经饱受冲突与暴力之苦的国家,现在

第六章
友谊与外交

正自豪且乐观地走在和平、稳定与繁荣的道路之上。"繁荣尼泊尔，幸福尼泊尔人"一直是我们的国家愿景。在这个佛陀之地、和平之地，这样的转变已经成为可能！

佛陀、佛教与蓝毗尼是密不可分的。佛教不能与佛陀分离，也无法与蓝毗尼分离。要了解佛陀，对蓝毗尼的了解十分重要。因此，对佛教信众来说，能来一次蓝毗尼，将是其人生中的一次重要体验。佛陀的诞生之地将以无限的热情欢迎你们。

尼泊尔政府希望能在蓝毗尼主办联合国卫塞节的纪念活动。我们还计划在明年举行一次佛教国际会议。借此机会，我向大家发出诚挚的邀请，欢迎大家来访尼泊尔。

为方便您的旅行，我们即将建成佛陀国际机场，并将投入使用，这将使您来到佛陀之地的旅程变得更加轻松。

蓝毗尼的发展是我们的首要任务。我们计划将其建设成为国际和平之城，成为全人类、全世界所有佛教徒以及那些对佛陀之教义感兴趣或是有信仰的人的圣地。

最后，我要感谢主办方邀请我在如此庄严的场合就如此重要的主题发言，十分感谢各位的到场和倾听。

2019年5月12日，奥利在越南河内举办的联合国卫塞节上致辞。

胡志明：启发人心的灯塔

今天，我造访这座著名学府的梦想终于实现。

这座学府是为了纪念伟大的社会主义领袖、国家自由领袖胡志明同志而建立的，它在社会主义运动和民族独立运动中有着特殊地位。

让我们从这些问题开始：为什么全世界都如此敬佩胡志明？是什么特质造就了他杰出的人格，并使他成为一个标志性人物？我们可以从他的生平以及他对人民的贡献中学到什么？

仅仅回答这些问题，我们还无法更全面地了解成就这位英雄的缘由。必须对这些问题进行更深入的思考，我们才能挖掘出他光辉的职业生涯背后那些重要的方面。

人们亲切地将胡志明称为"胡叔叔"。众所周知，他是一位杰出的领导人，他改变了历史的进程，使他的国家与人民深感自豪，并为世界社会主义运动带来了新的方向与活力。

他为人们树立了榜样，他让人们知道，有远见的领导人如何在一次又一次的逆境中带领国家不断转变。他不断地鼓舞着世间千百万为争取权利、自由和尊严而奋斗的人。

他是国家力量和人民勇气的集中体现。他让人们明白一个受欢迎的领导人应该如何得到人民义无反顾的、自发的支持；他还动员群众，战胜了世界上一支强大的军队。

第六章
友谊与外交

他让全世界人民看见，如何在反对外国干涉和殖民统治的战争中树立非凡的榜样。他从不妥协，是一个有原则、有尊严的人。即使在他生命受到威胁的时候，他也从未偏离过自由和正义的道路。

与少数革命家不同，胡志明决不谋求权力和地位。我十分钦佩他对世界的贡献，尤其是在领导社会主义和民族独立运动方面。我想说，他不仅仅是一个独立的个体，更体现和定义了社会主义变革之真正意义。正因如此，许多人追随着他的脚步前进，拥护着他。即使在尼泊尔，胡志明先生也是一位备受尊敬的世界级领袖。许多尼泊尔的诗词、散文与歌词都是为他而作的，以表达对这位伟大的大地之子的崇敬之情。

在胡志明的指引下，越南共产党引领越南革命与民族解放运动走向胜利。这一胜利，给尼泊尔的社会主义、民主与爱国运动带来了巨大的鼓舞。

虽然尼泊尔从未被他国殖民，但为了维护我们的主权和独立，尼泊尔人一直在与帝国主义势力做斗争。这样的经历，有助于促进我们两国人民之间的团结与友谊。

因此，我们自发地、全心全意地呼吁这片土地上的兄弟姐妹，让我们为争取独立、解放和民族团结奋勇而战。

对我而言，胡志明就是指路明灯。无论我身在何处，无论是身在牢狱还是作为一名政治犯遭受单独监禁，或是作为一名积极的政治活动家行于街头，他的政治理念与思想都不断激励着我为争取民主和人民权利而努力。

统一45年以来，越南实现了民族团结，并在各个领域取得了显著的成就。尼泊尔是与越南有着相似文化传统与价值观的国家，尼泊尔人民

对越南的进步感到非常钦佩与赞赏。越南的当代历史值得我们学习,它讲述了一个饱受战争践踏的国家如何从零开始重建。我们可以以越南为榜样,以战胜震后重建工作中的重重困难。

依据独特的国情,越南创造性地运用了马克思主义,这不断地激励着尼泊尔人民努力探索最合适且最持久的方法,来解决如今尼泊尔所面临的多重挑战。随着对马克思主义的创造性应用,尼越两国的社会主义运动,在废除封建帝制方面都发挥了重要作用。随着时间的推移,我们两个国家都经历了根本性的政治转型,并为经济的增长和发展设定了畅通无阻的路线。相互学习经验,将令我们双方获益匪浅。

这次我对越南的访问,是一次学习越南近期发展和社会经济转型经验的重要机会。我十分期待听到大家的观点。与越南一样,我们一直在尼泊尔创新地践行马克思主义思想,在尼泊尔共产党的领导下,因地制宜地运用马克思主义理论,推动社会主义建设。作为我国重要的宪法目标,追求社会主义是我们的重要里程碑之一。

在过去一百多年的历史中,世界社会主义运动经历了各种各样的实践与探索,同时也经历了成功与挫折。在这样的潮起潮落中,尼泊尔共产党的崛起与成功充分表明,社会主义运动与人民的解放永远是息息相关的。尼泊尔与越南的经验都证明了这一点。尼泊尔的成功经验还表明,通过和平手段是可以实现革命性变革的。这些成就向世界传达了这样一种讯息——社会主义运动也许会经历挫折与动荡,但它必然会以更大的动力为人民的解放而重新焕发生机。些许的失败与挫折,不应使我

第六章
友谊与外交

们认为社会主义是毫无意义的过时产物。

我们坚信，社会主义是解决当前世界问题的正确答案，是人类的未来。在全球资本主义面临金融危机、新自由主义陷入困境之际，社会主义的现实意义更加凸显。

但是，我们必须牢记，21世纪的社会主义必须吸收新的活力。它需要适应多变的社会环境，并且因地制宜地持续发展。这正是我们应该认可不同发展路径与模式的原因。我们应该尊重不同国家和地区对发展模式的自主选择。原则应该出自实践，而实践不应局限于不切实际的教条。

我国对马克思主义的创新实践与社会主义事业的源头可以追溯到20世纪末。20世纪80年代末90年代初，国际社会主义运动面临严峻挑战。但就在那时，尼泊尔人民领袖马丹·班达里为尼泊尔革命者设立了人民多党民主的原则。就这样，他带领争取政治权利和自由的民主运动走向新方向。在他的指引下，我们接受了马克思主义哲学下的多元化政治结构。人民多党民主成功地指导我们完成了重要的政治变革，让我们在动荡的时代适应形势的变化。通过竞争与多党论争，我们接受并践行了政治至上的思想，在宪法框架内保障了人民的基本权利与自由。

有时，我们实践的多元化政体和宪政民主的价值观容易与资本主义制度相混淆，但尼泊尔的情况并非如此。尼泊尔人民的竞争意识与民主价值观是长期以来政治斗争的成果。

尼泊尔共产党成立后的第一个口号是"保障公民权利"，共产党是尼泊尔民主运动的先驱。

我的梦

我们相信，我们已经根据尼泊尔的独特国情，创造性地运用了马克思主义。共产党必须赢得民心，而且始终是人民利益最忠实的代表。在这一方面，胡志明先生有着鲜明的特质。

尼泊尔共产主义运动是在各种人民运动与斗争的影响下诞生的。在早期，我们的政治斗争是以一场民族统一运动的形式出现的。后来，我们又为反对英帝国主义侵略、维护主权与领土完整而奋斗。这场运动推动社会改革，以人道主义为中心，与社会上各种形式的歧视做斗争。

尼泊尔共产党成立后，我们的运动开始具有了革命性质，并转向社会主义方向。而后，专制的拉纳政权被推翻，我们进入了如今的民主时代。但是，我们的民主实践尚未进行到底。

在多变的历史背景下，我们的斗争针对君主专制与一切形式的君主专制和封建主义制度。我们坚持不懈地追求树立人民主权、确立人民至高无上地位的政治目标。直到十年前，我们对君主制进行了具有决定性的最后一击，并建立了联邦民主共和国，我们的斗争才告一段落。

尼泊尔还发明了解决内部冲突的独特方式。我们采取了完全由本国自主领导的和平进程来解决冲突，为和平实现政治目标铺平了道路。虽然我们并不打算限定我们的和平模式，但我确信，这对那些处于动荡之中的、渴望和平的国家与人民来说是值得借鉴的。

我很高兴，在尼泊尔共产党的领导下，我们实现了自己的政治目标，并正在与尼泊尔其他民主力量一道努力。

然而，取得这一成就并非轻而易举，我们在国内外都面临着巨大的阻

第六章
友谊与外交

力与制约。我们目睹了共产主义运动中的起起落落、团结分裂。在政治斗争中，许多同胞做出了极大的牺牲，还有许多同胞遭受了这样或那样的损失。

就在上个月，我们庆祝了共产党成立70周年。去年，尼泊尔共产党（联合马列）与尼泊尔共产党（毛主义中心）两个尼泊尔最大的共产党的合并①，给这一重要的纪念活动增添了团结的色彩。

2015年，通过选举产生的制宪会议所颁布的宪法，充分地体现了具有现代性与进步特征的民主、包容与人文政治。尼泊尔人民在制宪过程中行使了主权，这实现了他们长期以来制定民有、民治、民享宪法的崇高目标。我国的左翼力量领导与维护了制宪进程。

尼泊尔的新宪法保留了所有必要的结构框架，规定了强制性国家政策，以建立一个进步、平等、包容、具前瞻性与面向社会主义的制度体系。

一个值得注意的成就是，联邦议会与省议会中，妇女占有三分之一的席位。宪法规定，国家总统或副总统，以及议会的议长或副议长职位必须由妇女担任。在地方一级，妇女则拥有40%的代表权。

我国宪法还包括了关于福利的关键条款，以均衡地实现社会各阶层的权利。在一个人的儿童时期，政府将提供营养与教育；青年时期，政府将提供就业机会；老年时，政府将提供社会保障。就这样，政府将为人民提供贯穿一生的关爱。

通过2017年举行的自由、公正与公平的选举，尼泊尔人民为我们党

---

①编者注：2021年3月，尼泊尔最高法院判定尼泊尔共产党（联合马列）和尼泊尔共产党（毛主义中心）在2018年的合并无效，尼泊尔共产党重回两党状态。

提供了强有力的授权。除联邦议会以外，我党在七个省议会中共赢得了六个多数席位。总的来说，我们的党派赢得了53%以上的民意支持。

人民通过如此高票的选举结果授予我们行政权力，反映了人民对我们政治稳定与经济繁荣的政策的认可以及对我们执政能力的高度信任。毕竟，共产党能取得如此巨大的成功，要归功于人民多党民主形式这一马克思主义在尼泊尔的创造性运用。

我们拥护民主与政治权利事业。我们与人民结为朋友，同甘共苦，毫不动摇地支持人民对更美好生活的向往。我们站在爱国运动的最前线，我们充分尊重人民的文化传统、信仰和习俗。

多元化中的团结是我们的力量。今天，我们又踏上了建设国家、推动社会进步与经济繁荣的新征程。我们决心消除贫穷、不平等与落后。我们的近期目标是摆脱最不发达国家的帽子，希望到2030年能成为中等收入国家，同时实现可持续发展目标。我们正在制定一个为期25年的发展目标。

我们以社会主义为指导，在尼泊尔寻求民族复兴与经济转型之路。"繁荣尼泊尔，幸福尼泊尔人"仍然是我们的国家愿景。我们将集中精力发展国家领导能力，倡导以创新与本土化的方式应对发展过程中的挑战。我们也将与外界加强合作、寻求建立合作伙伴关系，以支持我们的发展。

尼泊尔是名副其实的人间天堂，是佛陀的诞生之地，是一片充满深邃而永恒精神智慧的沃土。这是一片拥有巨大的、新兴的经济机会的土

第六章
友谊与外交

地。因此，我希望今后尼越两国在经济、社会与人文方面的交流能够不断扩大和深化。尼泊尔拥有独特的自然风光与多元文化，是独一无二的旅游天堂。我们也衷心地邀请更多越南企业家在尼泊尔投资。

我坚信，不断发展的互动交流必将使尼越关系迈上新台阶，从而造福两国人民。通过在共同关心的领域开展沟通与合作，我相信尼越关系的未来将是非常光明的。

今天，能在这所一流的世界学府，面向各位学者、教职工与学生发表演说，实在是我莫大的荣幸。我衷心地感谢胡志明国家政治行政学院给了我这次机会，贵校给我留下了深刻的印象。

2019年5月10日，奥利在越南河内胡志明国家政治行政学院发表演讲。

期待聆听更多新看法和洞见

在今天这一重要会议上，我很高兴能与中共中央对外联络部部长宋涛先生一道分享我的看法。我很高兴能在这次会议上讨论中国共产党与尼泊尔共产党这两个国家的执政党的思想与意识形态。借此机会，我谨向宋先生与中国人民表示祝贺，祝贺中国在一周后即将迎来第70个国庆节。在此，我也衷心祝愿中华民族伟大复兴的中国梦早日实现，祝愿国家主席习近平同志实现打赢2020年脱贫攻坚战的目标。

我们两党就意识形态和思想问题进行的高层对话提振人心，也使我

深受鼓舞。就我而言,交流我们共同的繁荣梦想和建立两党之间日益密切的友好关系是题中之义,也是必然要求。积极分享我们的想法及其创造性成果已经成为了一种习惯。与此同时,我们也需要共同探讨我们所面临的挑战。

中尼两国自古就是友好邻邦。巍峨高山与喜马拉雅地区的江河将两国紧密相连。我们边界两边的大自然一直在告诉我们,我们两国的关系就像大自然一样纯粹。矗立在两国边界上的喜马拉雅山脉则生动表明两国友好关系如喜马拉雅山脉一般深厚。

我们的友谊是坦诚独立、坚定不移的。我们尊重彼此的主权、独立与领土完整,我们关心彼此的利益与感受,我们尊重各自的民族自豪感。我们的友谊建立在尊重、支持与合作的基础之上,已经超越了利益交换的范畴,达到了新的高度。

我们两国的关系没有诸多困扰。我们一直本着互利合作的精神增进友谊。在我们前进的过程中,任何可能出现的问题都将通过友好协商解决。

我们坚定奉行一个中国原则,决不允许任何势力在尼领土从事反华活动。我们坚信,任何干涉他国内政的行为,无论借口为何,都是不可接受的。这一点在中国同样适用。我们认为,中国的内政不应该受到干涉。

任何破坏和平与秩序、影响中国稳定、扰乱社会和谐、阻挠发展进程的外部挑衅,无论有什么背景与借口,都是不正当的。

当一个国家变得更强大时,它会出乎意料地表现得很傲慢,有时甚至会对他国采取不正当行为。但是,中国即便有着强国的地位,却从不

第六章
友谊与外交

参与任何此类活动，中国为世界政治历史提供了新的范式。通过这样的表现，中国向世界证明，中国的政治制度与其他政治制度相比具有差异性与优越性。这也印证了中国对公正的国际秩序以及和平平等、友好共存、着眼未来、合作发展的坚定信念。习近平总书记在党的十九大上宣传的"迈向共同繁荣的未来"理念进一步阐明了这一点。这一理念通过中国的"一带一路"倡议，进一步地传达给了全世界。

中国共产党领导了中国的社会革命，并在此基础上实现了人民富强的目标，创造了辉煌的历史。在发展与善政方面，中国的进步与决心令人钦佩。中国共产党的领导证明了资产阶级力量所宣传的"共产党只能领导革命，但无法领导发展"的说法是错误的。

走过百年的风风雨雨，中国共产党终于达到今天的高度。没有中国共产党，就没有人领导中国人民进行长达28年的艰苦革命，并在中华人民共和国成立以来的70年里，在中国社会的转型过程中取得空前成就。

在中国共产党领导革命的时代，世界范围内没有一个类似的革命先例可以为中国提供借鉴，也没有一个值得效仿的国家。当时人们所采取的任何策略，都是基于中国共产党自身的经验与能力而形成的。国家的迫切需要，加之当时中国领导层的创造力，催生了"毛泽东思想"。这一思想不仅成为中国革命的指导方针，也启发了许多国家的人民运动。

在创造性地运用、保护与促进马克思主义的发展方面，中国一直有着十分卓越的经验。我记得，在描述中国共产党历史的重要阶段时，中国的朋友经常会强调三大思想里程碑：

我 的 梦

My Vision

第一，中国共产党第七次全国代表大会确立毛泽东思想为全党的指导思想，为马克思主义在中国的创造性运用和发展铺平了道路。

第二，结束了毛泽东同志不幸逝世后的仿徨局面，邓小平同志提出的"改革开放和现代化"构想开创了中国发展的新时代。

第三，中国特色社会主义与习近平新时代中国特色社会主义思想。

毫无疑问，近年来中国取得的一系列进步和成就都归功于党的总书记和国家主席习近平同志。他的坚强领导以及一系列精辟、富有实效且充满活力的国际秩序理论，形成了一套特色鲜明的思想。中国共产党将这一思想命名为习近平新时代中国特色社会主义思想。

在制定多项标准的同时，中国也在社会经济发展的各个领域取得了令人瞩目的成就，让世界为之惊叹。现在，对大多数人来说，中国进步和发展的道路无疑将为21世纪开辟前进和发展的路径。我们相信，中国的发展模式将是可持续且有成效的。通往成功的道路上，我们可能会遇到一些困难，但在这种模式下，一定能有效地应对新出现的挑战。因为这种模式是建立在自身基础之上的，它是在中国人民的智慧、辛劳和奋斗之中成长起来的，有着广阔的前景。这一模式及其新时代所走过的发展历程，与殖民地时期通过攫取资源、剥削人民所获得的虚张声势的发展截然不同。

如今的中国，是世界的：

- 第二大经济体。
- 最大的工业产品生产国。

第六章
友谊与外交

- 第一大外汇储备国。
- 最大商品出口国。
- 第二大外国直接投资流入国。
- 发展筹资牵头国。
- 为世界经济增长与繁荣做出贡献的主要国家。

尼泊尔希望与中国建立发展伙伴关系。我们都认为，两国可以在相互依存的基础上进行互利合作。尼泊尔人民作为中国的密友与近邻，非常高兴能够看到中国社会经济和技术的快速发展与全面进步。

尼泊尔近年来发生了重大的政治转型，并取得了一定成就。在经历了长期的冲突与动荡之后，尼泊尔最终通过自己的努力，颁布了一部进步与民主的宪法。

下周，中国人民将庆祝自己的国庆节，而三天前，我们以同样的心情与热情，隆重地庆祝了尼泊尔的国庆节。这是尼泊尔人民真正拥有主权的一天，是把70年来的持续斗争取得的政治成果制度化的一天。我们把宪法日定为国庆日，因为在这一天，我们颁布了由制宪会议制定的尼泊尔宪法。

我们也有着自己的、与之相似的思想意识演进过程和转折点。20世纪70年代，尼泊尔的共产主义运动使政党分裂成诸多团体和派系，查巴（Jhapa）暴乱为当时的尼泊尔共产主义运动开辟了重组和复兴的新道路。当时尼泊尔共产党的主要支柱——联合马列派的崛起，以及人民领袖马丹·班达里同志和他新提出的创造性实践方式"人民多党民主制"，有力地指引了尼泊尔共产主义运动的前进方向，消除了20世纪90年代那场运动中的疑虑和绝望情绪。

中华人民共和国成立同年，尼泊尔共产党成立。一年半之前，尼泊尔完成了统一众多共产党派系并建立强大的尼泊尔共产党的历史任务。尼泊尔共产党的两个主要派别——当时的尼泊尔共产党（联合马列）与尼泊尔共产党（毛主义中心）实现历史性的合并之后，尼泊尔共产党的统一进程终于完成。尼泊尔共产党（毛主义中心）也成立于20世纪70年代。

与中国的经验相比，我们有一些不同的特点。我们也进行了马克思主义本土化实践，使之能够帮助我们更好应对具体需要和挑战，并同时相应地对其加以改造。

我们实行了具有竞争性的多党执政制度，其特征包括宪法至上、定期选举、崇尚人权、权力分立、权力制衡与司法独立。我们坚信，任何一个脱离人民群众的政党，都无法承担推动社会经济进步的责任，也无法为历史的变革做出贡献。只有在人民群众的不断支持下，政党才有能力进行社会转型，实行善政。

在尼共统一后，我们把人民民主作为尼泊尔共产党的指导方针。"人民"一词抓住了我们民主的阶级本质，而竞争性的多党制则是我们治理体系的制度形式。

为了适应尼泊尔特殊的多元化社会文化基础，我们进行了这个创造性的实践。我们尊重多样性与多元化，也同样坚持马克思主义中的关键要素。

第六章
友谊与外交

一直以来，共产党就像照亮黑暗的火炬手一样，发挥着举足轻重且不可替代的作用。该党在许多国家领导了革命以及社会经济转型。因此，共产党对于繁荣与善政是不可或缺的。我们相信，这种作用可以通过竞争机制来发挥。

然而，共产党必须守纪律，讲团结。无论用什么样的借口或外衣，无政府状态、派系主义和分裂瓦解都是错误的，是不能被接受的。无论一个党派拥有多先进的意识形态，这样的倾向都将破坏人们崇高的理想。

去年在对中国进行国事访问时，我有机会在北京中共中央党校发表讲话。当时，我提到了我们所遵循的一些基本原则：

• 为了防止革命精神与理想丧失，我们做了妥善安排。我们意识到，党在政治上取得的一些成功，可能会使党员干部产生严重的自满情绪，使他们偏离党的崇高目标。正如毛泽东同志所说，"可能有这样一些共产党人，他们是不曾被拿枪的敌人征服过的，他们在这些敌人面前无愧英雄的称号；但是经不起人们用糖衣裹着的炮弹的攻击，他们在糖弹面前要打败仗"。我相信，尼中两国的社会主义框架对这一点都有充分的认识。

• 我们意识到，资本主义引导的社会进步，以及资本主义与资产阶级文化的侵蚀，容易使人动摇本心。但事实上，正如我们所看到的，尽管新自由主义使社会繁荣走向更高的层次，并改变了一部分人的阶级，但资本主义最终无法建立一个公正、平等、以人为本的社会。真正的进步只有社会主义才能实现。

我 的 梦

My Vision

- 要保持党的干部路线对根本原则、根本理想的忠诚，就必须不断地进行定向与引导。要把重点放在有力量、有活力、有创造力的青年一代身上。但是，由于全球资本主义影响力的激增，青年群体中正在出现个人主义、消费主义与背离社会责任的倾向。因此，我们要特别注意消弭革命经验丰富、成熟的一代人与精力充沛的青年一代之间的差距。

- 要捍卫、弘扬并创造性地运用马克思主义。我们必须始终对新的社会思潮持开放态度。创新与创造力就是这样发展起来的。

中国提出了自己的社会主义范式，我们也采取了符合本国国情与国际形势的转型发展模式。

政党之间并没有固定的意识形态模式可供遵循。马克思主义只有在每个国家因地制宜地发展、运用时，才是成功的。无论看起来多么美丽，模仿终究只是模仿。我们不应该单纯地模仿他人的行为，因为这样不是长久之计。我们不能靠模仿他人来获得成功。

因此，中国共产党与尼泊尔共产党，不能"削足适履"，要从各自的实际出发，实事求是地分析问题，致力于马克思主义的创造性运用和发展。

2019年9月23日，奥利在加德满都举办的习近平新时代中国特色社会主义思想宣介会暨两党理论研讨会上致辞。

第六章
友谊与外交

民主赤字是当今世界的特点

能站在这里，在这样一个庄严的聚会上发言，实在是一种殊荣。很荣幸能与众多世界知名人士一道参加这次大会，在此，我向大家致以最诚挚的祝愿。

几个世纪以来，牛津大学对教育界的贡献是无与伦比的。它创造和传播知识，为人类做出了杰出贡献。

牛津大学并不仅仅是一个教学场所，更是中世纪以来人类追求知识的缩影。它是知识与科研的中心，学习在这里变得更加精益求精。我同样十分钦佩牛津大学联盟通过促进思想的自由交流和辩论而为人类知识的发展做出的贡献。

作为一个为争取民主权利而奋斗了50多年的人，一个亲身体会过14年牢狱之苦，包括4年单独监禁的人，我深知获得教育与言论自由，对于人民和社会的发展与繁荣是多么重要。

今天，我要谈的是和平、民主与发展这一广泛议题。在英国这个世界第一部人权与自由的基本宪章——《大宪章》之发源地，就这样一个主题进行发言，同样是令人愉快的。

首先，我将以当前世界之现实为背景，详细讨论和平、民主与发展之间的联系。然后，我将向大家分享尼泊尔政治斗争的历程和我对民主与发展的一些见解。

当今世界的特点是，快乐与痛苦并存，成就与挫折并存，发展前景与现实问题并存。尽管世界已经实现了总体的繁荣，但仍未完全摆脱贫困、不平等、冲突、气候变化以及恐怖主义等问题。在这些挑战之中，民粹主义、保护主义与闭塞式思维的倾向变得更为明显。

世界上最大经济体之间日益激烈的斗争，使人们对多边贸易体系的未来产生了怀疑，并使全球发展前景暗淡。第四次工业革命及其"颠覆性技术"的发展使世界变得更加繁荣。然而，它的益处并未被慷慨地分享。不平等的现象依然存在，贫困的存在与人类文明的价值观和我们的良知背道而驰。

这就是问题的根源所在。而且，当这些问题超越社会、国家和地区的边界时，没人能够幸免。

和平、民主与发展在本质上是相互联系的。民主与发展取决于和平。没有发展，就无法实现和维持和平。而只有民主制度才能为持久的和平与发展铺平道路。

要理解和平、民主与发展之间的复杂关系，就需要深入了解冲突的根源。和平不仅仅是没有战争，它是一种观念、一种状态、一种文化、一种社会与民族的发展方式。作为一种理念，它也代表一种实现更大社会利益的愿景。和谐、宽容、共存与团结等价值观是和平的重要催化剂。

作为一种状态，它是政治、社会与经济现实的理想状况。它关乎个人不受任何歧视地享有所有权利，并确保能平等地获得经济资源。

作为一种文化，一种社会与民族的发展方式，和平必须通过民主与

第六章
友谊与外交

发展的关系展现其意义。和平的环境使社会与国家得以进步和繁荣。

与创造力和创新力一样,冲突与暴力的根源也存在于人类的头脑中。这些根源是由无知、贪婪与不宽容造成的。因此,和平的基础必须根植在人类的头脑中。

我一生都是一个坚定的民主斗士,我相信民主的替代品只能是"更多的民主",这与"全面民主"相对应。全面民主就是指在政治、经济、社会、文化、科技等各方面赋予人民权利。

在政治层面,我们需要的是自由与责任之间的良好平衡。民主关乎公民权利,同时也关乎文明的行为方式。

在经济层面,要通过手段、资源和选择来赋予人民权利。它关乎消除贫困、不平等和落后的问题。在社会与文化层面,民主必须解决与权力动态相关的问题,并促进归属感、包容性与正义感的形成与发展。

在科技层面,必须采用颠覆性的新技术手段,以赋予人民权利。毕竟,不是科技造就了民主,而是民主创造了科技。

请允许我再谈一谈在国际层面实现全面民主的必要性。

无论用何种方式表达,世界秩序都无法三言两语解释完全。民主赤字是世界秩序的特征。在经济方面,系统性的不平等依然存在。全球化并没有平等地惠及所有人,但它的根基却正受到其自身支持者的挑战。

全面民主要求建立一个民主、包容、公正、公平的世界秩序,并在享有权利与认真履行义务之间寻求平衡,它的基础是主权平等原则。如果更广泛的全球范畴不够民主,民主也无法在国家内部维持下去。

若全球都能实现可持续发展目标,将有助于把全面民主的愿景转化为现实。在我看来,全面民主的概念在可持续发展目标——"不让任何人掉队"的基本理念中得到了有力的表达。

有些普世的民主价值观与准则是所有人都必须遵守的。从本质上讲,民主必须将平等权利、平等机会、平等的安全保障以及平等的尊重作为其主要支柱,这是全面民主的核心。

我们正面临着最艰巨的任务——如何确保人类和地球的安全,把这个宜居的星球交给子孙后代。日益严重的气候变化问题对人类构成了严重的生存威胁,它危及人类与地球的安全。因此,我们必须超越狭隘的国家利益,为人类的生存而努力。

令人遗憾的是,像尼泊尔这样排放量很小,但对维持全球生态平衡做出了巨大贡献的国家,也正受到气候变化不同程度的影响,这是人们完全不能接受的。

我们的喜马拉雅山和森林为地球的生态保护系统做出了贡献,同时还保持了环境的清洁与凉爽,这是一种非凡的贡献,我们必须承认。气候正义应被视为全球层面全面民主的重要组成部分。

提到和平、民主与发展,我也想谈一谈尼泊尔是如何实现目前的和平与稳定的。一直以来,我都十分关注我们的和平进程。

我们通往和平与政治稳定的道路充满了斗争、革命与牺牲,其中许多历程都堪称历史性的变革。我们主要的里程碑就在于1951年、1990年和2006年的政治变革。

第六章
友谊与外交

1951年，人民运动的力量推翻了拉纳政权，这为尼泊尔未来的民主化铺平了道路。

1990年，通过一场长期的政治运动，君主立宪制度再次确立，赋予了宪法至高无上的地位，并将国王的权力限制为国家元首。2006年那场成功的人民运动结束后两年，基于"王权与生俱来"之原则的世袭君主制终于被彻底废除。

在此期间，我们目睹了自1996年以来长达十年的武装冲突，爱好和平的尼泊尔人民为此付出了巨大代价。但无论如何，这一切对尼泊尔建立人民主权与权利的政治运动做出了重大贡献。

我们的和平进程始于2006年签署的《全面和平协议》，该协议正式结束了武装冲突。2008年至2015年，围绕新宪法的性质、范围与内容，人们进行了激烈的辩论、磋商与探讨，这对于解决尼泊尔社会因其社会多样性而面临的多重问题至关重要。

经过多年努力，新宪法于2015年9月由制宪会议颁布。我们将国家利益放在首位，以和平的方式完成了这一历史任务。

在所有这些变革性的发展与运动中，尼泊尔共产党起着决定性的作用。宪法的颁布标志着和平进程顺利结束，也使得人民取得的民主成果走向制度化。政治多元化、定期选举、包容性、比例代表制、基本自由与人权、法治、司法独立、权力分立、权力制衡、人民主权是我国宪法的主要特点。

宪法保证了妇女在联邦议会和省议会占有33％的席位，并给了地方

一级40%的妇女代表名额。今天，女性在民选机构中的总代表数比例已经达到41%。少数群体和弱势群体也受到比例代表制的保障。

在2017年举行的历史性选举中，尼泊尔产生了一个强大而稳定的政府，尼泊尔共产党被授予了强有力的权力，这终结了政治不确定性和政府频繁更迭的循环。

随着联邦制的建立，1个联邦政府、7个省政府与753个地方政府开始运作。尼泊尔迎来了一个和平、稳定与繁荣的时代。民主得到巩固，并且已经深入基层。

尼泊尔在创造和平与建设和平方面的经验，是一个良好的内生长过程，具有许多我们特殊历史所独有的显著特征。它可以为解决冲突与建设和平提供一个独特的研究案例。

随着政治问题的解决，我们的斗争将转向贫困、不发达、不平等、文盲与落后等问题。我们的愿景是以"繁荣尼泊尔，幸福尼泊尔人"的长期追求为指导的。繁荣本身并不能保证幸福，因为它取决于广泛的物质与精神因素。因此，我们的目标是实现繁荣与幸福，以实现持久的和平与稳定。

我们的目标是到2030年成为中等收入国家，并实现可持续发展目标。我们制定了长期发展规划，定期制订经济发展计划。社会正义仍然是我们政体的核心。多元化中的团结是我们的力量。我们已经建立了一个非歧视的、包容的和参与式的民主基础，使每个人都能参与到社会经济转型的过程中来。我们的人口红利与丰富的国家资源为发展提供了巨

第六章
友谊与外交

大的可能性。

我们的发展模式旨在确保人人享有基础服务，包括粮食供给、衣食住行、教育以及健康与安全。我们的首要任务不仅是建立与维持一个政治制度，而且在于实现全面的社会转型。Sarwajan Hitaya Sarwajan Sukhaya（全民共享福利与幸福）是我们努力的终极目标。

今天的世界见证了人们对民主的失望，民主似乎面临着一场信任危机。这可能是因为民主未能真正促进平等、正义、就业、自由，也未能带来切实的成果，进而提高人民的生活水平。民主有时趋向于形式化和空谈，而不是实质性的、平易近人的。

但是，问题是，这究竟是民主的本质问题，还是由于我们的理解或疏忽造成的困境？人们对民主的理解往往是片面的，它的更多深刻内涵还未被人们所看见。不幸的是，民主已被局限于一个小框架内。

环顾世界，今天，民主的挑战者处于政治派别的两端。这些攻击来自左翼和右翼的极端分子。左翼和右翼的二分法在这里不起作用。

在二元对立的基础上发展起来的方法，没有考虑到具体的情况，这对民主本身是不公正的。我们必须承认，世上没有单一的民主模式，也没有固定的发展模式。一个国家的政治制度应该结合其历史背景与社会文化特征，从而使该制度具有国家特色。因此，我们应该学会接受与尊重当地的现实状况。

在尼泊尔的社会背景下，民主价值观与多元化特点是我们文化中固有的，它出于我们的良知与信念，我们一直将其作为尼泊尔的生活方式

我的梦

来践行。

所有为民主做出的努力都必须以人民为中心。民主必须为他们服务，使他们幸福，必须帮助人民挖掘与发挥自己的潜力。

民主政府必须对人民负责，它应该是透明的。民主政府最重要的任务是保障人民的基本权益，做到"无人挨饿，无人死于饥饿"，生命权是所有人权中最重要的一项。

人民本身就是和平的守护者，他们也是民主与人权的捍卫者。因此，民主及其"双向"成果——和平与发展——必须以服务人民为目标。在民主中，必须由人民来当家做主，人民不能被误导，而领导人必须听取他们的意见，他们理应保持理性，不去迎合选民的民粹主义冲动。

捍卫民主的理念根植于人们的思想观念中，体现在他们的价值观、生活方式中。追求开明的话语文化，而不是不负责任的暴民态度或是无政府状态，才是民主的终极卫士。

总而言之，和平与民主从来就不是一件"简单的事情"，它总是在"不断发展"的过程中。我们必须相信它并为之努力。这项工作也许是循序渐进的，但也会是可持续的。可持续地努力，就应当从实际情况出发，以人民为中心并赋予其权利。

2019年6月10日，奥利在英国牛津和平、民主与发展联盟上致辞。

第七章
贸易与投资

我的梦

My Vision

　　尼泊尔已为商业发展做好准备，因此，我们诚挚地邀请海外投资进入尼泊尔。我们的政府以发展为导向，并且对外资企业十分友好。我们采取了改革措施，制定了长期稳定的政策。我们有着支持尼泊尔商业投资的环境，我们的首要任务就是以最快的速度促进经济增长。

　　对发展进程不再有任何困惑，我们的愿景十分明确，我们的承诺坚定不移，我们的行动实事求是。本届政府的首要任务是实现经济转型与社会繁荣，为此，我们需要识别、探索和挖掘人与自然的潜能。这算得上一个挑战，但并非不可能完成的任务，因为我们从我们独具创造力且学识渊博的祖先那里，继承了丰富的知识遗产。

　　更重要的是，我们拥有资源。我们有稳定的制度与机构，有健全明确的政策，有年轻人，有价格合理的合格、干练的人力资源。我们需要的，是国内外投资在公路、水电、医药、酒店服务、金融市场、旅游业、信息技术、矿产、制造业与农业等领域的合作。考虑到尼泊尔的地形与气候条件，我们可以发展具有高出口潜力的有机农业体系。任何领域的投资都是有机会盈利的。企业既要寻找安全的投资机会，也要确保利润。尼泊尔将为大家提供这样的投资环境。

第七章
贸易与投资

尼泊尔：投资的处女地

能够参加这次"释放尼泊尔潜力"主题会议，我感到十分高兴。几天前，加德满都周边山区下了一场大雪，现在气候十分宜人。此时，尼泊尔国内外的企业家与商人聚集在一起。本次会议的召开非常及时，并且意义深远，因为我们正在为下个月的2019年投资峰会做准备。我相信，这次会议将为大家提供一个良好平台，就如何发挥尼泊尔的发展潜力交流创新思路和看法。

过去的几天，对于我们给予发展议程明确优先地位的努力来说，十分重要。早些时候，我在中国国际集团（CNI）主办的创业峰会上发表了演讲，并就如何发展初创企业来鼓励年轻人参与生产活动分享了我的想法。前几天，我还参加了尼泊尔船舶办事处揭幕仪式，以便出台具体措施，在尼泊尔的河流上运营我们的船只。几天前，我主持启动了人民水电项目，目的在于调动分散在民间的小型资金，提高我们的总体发电能力，推动我们的发展。进入任期的第二年，本届政府将在发展领域取得更大进展。

今天，我想与大家分享我们的发展潜力、投资机会以及我们在善政方面的承诺。对未来的发展历程，我们不再有任何困惑。我们的愿景清晰明确，我们的承诺坚定有力，我们的行动注重结果。本届政府的首要任务就是加快发展的步伐。

我的梦

于我而言，发展是通过合理利用自然资源与开发人类潜力来实现的。自然与人类都有无限的潜力，通过高质量的教育与培训来提高人的能力，对于发现、探索和挖掘自然的潜力也至关重要。这算得上一个挑战，但并不是不可能完成的任务，因为我们从我们独具创造力且学识渊博的祖先那里，继承了丰富的文化遗产。

创新与创造力是我们与生俱来的。年轻一代是我们未来的希望，我们必须创造一个鼓励创造与创新的环境，来引领我们的发展进程。

尼泊尔具备发展所需要的各种条件。我们拥有资源，有稳定的政治制度与国家机构，有清晰全面的发展政策，有年轻的劳动力，还有一个良好的外部环境。除此之外，我们只有一个目标——发展，发展，还是发展。

本届政府立足于发展，并全心致力于改变国家的经济面貌，提高其国际地位与国家尊严。尼泊尔人民勇敢、诚实而且勤奋，他们应该在世界舞台上拥有一席之地。我们有着光荣的历史，丰富的文化，还有深厚的知识积累。

在我们的发展之路上，除了人民贫穷、营养不良与知识落后之外，没有任何东西能成为阻碍。我们有能力，并且必须利用这种能力来战胜这些社会问题。

毫无疑问，尼泊尔已做好准备，即将踏上更广阔的繁荣之路，这是我们坚定的承诺。我们必须尽力赶上世界其他国家和地区。我们没有放慢脚步的资格，也没有任何借口。我们有丰富的自然资源与人力资源，

第七章
贸易与投资

能够支持国家的发展。因此，我国政府再三强调繁荣议程的重要性。"繁荣尼泊尔，幸福尼泊尔人"这一国家愿景，是政府制定政策的指南，也是实施行动的基础。

我们认为，农业现代化、水力发电与输电、基础设施建设、旅游业与制造业、信息与通信技术、卫生与教育等领域都具有巨大潜力，可以使我国从最不发达国家走向繁荣。

我们当下亟需的，是国内外投资的结合。我们正在大力调动国内资源，也希望提高外国投资水平，以填补我们的国内缺口。这样，在为您的投资带来良好收益的同时，我们的发展需求将得到满足，您将为尼泊尔的发展做出贡献。

在过去的70多年里，我们主要追求的是民主与政治自由。由于在这方面投入了太多精力，我们对经济发展并没有给予足够的重视。但是，今天的情况有所不同，我们已经实现了长期渴求的政治稳定，并以民主方式解决了许多政治问题。

为了尼泊尔人民长期以来的梦想，我们正在努力实现社会进步与经济繁荣。为了在较短的时间内实现经济繁荣的目标，政府的首要任务是最大化地利用国内资源和吸引外国资金与技术，实现国家的社会经济转型。为了开创新的发展局面，我们向外国资金与技术敞开大门。

我们欢迎外国投资，不仅是因为它可以促进创业和升级产业，推动竞争与创新，更因为它有助于尼泊尔与世界其他地区接轨。在投资方面，尼泊尔是一个拥有巨大潜力的地方，是一块完完全全的处女地。任何领域的投资都是有机会盈利的。企业既要寻找安全的投资机会，也要确保利润。尼泊尔将为大家提供这样的投资环境。

大致地看一下尼泊尔部分跨国公司的商业概况，就可以发现振奋人心的情形。一些公司，例如大布尔尼泊尔（Dabur Nepal）、苏利亚尼泊尔（Surya Nepal）、亚洲涂料（Asian Paints）都是在有限注资的情况下成立的。如今，随着不断的成长，它们获得了大量的资本和可观的利润。这也证实了我常说的话，在尼泊尔投资回报率很高。

尼泊尔独特的战略与区位优势创造了商业机会，我国紧邻中国和印度——两个全球最大的市场、发展最快的经济体。如果我们的两个邻国都能在多个领域取得令人瞩目的成绩，我们为什么不能？尼泊尔无法孤立于邻国发展的大环境，我们自己的发展也是必然的。我们与中国、印度都有友好的关系。我们希望，尼泊尔能从一个封闭的内陆国变为对外开放的国家。

我认为，我们的利益与投资者的利益是一致的。我们希望通过扩大投资来加快发展进程，他们则希望利用投资机会获得良好回报。这种一致性将促使我们共同努力，创造双赢的局面。

您可能没见过尼泊尔平坦宽阔的道路。如果您考虑投资修建私人公路，我们十分欢迎。还有诸如缆车、铁路或地铁等领域亟待投资，在这些领域投资，都将为您带来财富。

尼泊尔机会无限。我们最需要的是资金和技术。我们的目标是每年创造50万个就业岗位。只有增加企业在生产领域的投资，加快发展，才能实现这个目标。为此，我们将采取双管齐下的策略：一方面，我们注

第七章
贸易与投资

重发挥创业精神，并培训锻炼个人技能；另一方面，我们将创造就业机会放在首位。我们相信，这有助于提升我国劳动年龄人口的就业率。

没有对科学技术的发展和恰当应用，就无法创造就业岗位和就业机会。投资卫生与教育领域，对于培训和开发合格的人力资源而言十分重要，而这些人力资源反过来可以推动科学技术发展。以信息通信技术与人工智能为代表的新技术，正在改变我们的思维、沟通与工作方式。在未来，人类可能会与各种各样的技术产生更为复杂的联系，它们正潜移默化地不断改变着我们的生活。

我希望尼泊尔人民能为这种变化做好准备，并确保我们正学习和使用的新技术与新的发展模式对我们有利。我们意识到，在一个技术进步的时代，如果不全速跟上世界的发展，落后的风险就会更大。

那么，在这种前提下，我们的优势是什么？

多样化的地形条件、丰富的自然资源与独特的生物多样性，正是我们的优势。在水电、农业以及香料与药用植物的研究与销售方面，以上优势都有着巨大的潜力。自然风光与丰富的文化遗产，为尼泊尔的旅游业创造了巨大的机遇，让我们在竞争中处于有利的地位。

除了自然资源与肥沃的土地，尼泊尔的人口也是一大宝贵资源。我们虽然是一个古老的国家，但有着青年化的人口结构，我国青年能为社会带来积极影响，从而改变我国的社会与经济格局。

我们的青年将成为经济社会转型的先锋，率先在农业、工业与服务业等经济领域采用新技术。我们同样注意到，我国的人口构成正随着一

些地区人口的减少而发生变化。在许多地方，人们开始离开家乡，到城市寻求更好的就业、教育与社保服务的机会。许多农村地区出现大片的荒地，而城市中心却在艰难承载着外来人口流入的压力，这些人几乎没有傍身的技能，更不用说教育或经济资源。这种人口流动的趋势给我们带来了两方面的挑战：一方面是可持续城市化的挑战，另一方面是保持农村活力的挑战。

因此，我们专注于建设、扩大与发展城市基础设施，以吸纳从农村迁入城市的人口。在农村地区，我们注重提供基础公共产品，促进农业机械化，改善农村民生，促进互联互通。

请允许我向大家介绍一下尼泊尔的投资机会与善政进程。

如果你在等待最适宜在尼泊尔投资的时机，现在正是时候。经过漫长的政治过渡期，尼泊尔如今拥有了和平、民主与稳定的社会环境。我们以实际行动来兑现承诺，已经制定了利于营商的政策与法律，还有一些提案正在审议。政府已经在经济领域建立了一系列强有力的监管机构，并出台了相关的扶持政策。

我们正在积极推进行政改革，加强机构建设，并将为投资者提供一站式服务。我国的宏观经济状况相对稳定，有利于长期投资和经济增长。

我们的劳动法有一定灵活性，有利于建立健康的劳资关系，并提高经济增长效率。我们正在多个地点设立经济特区，通过进一步的激励措施以及灵活的监管制度，投资者可以从中受益。

能源供应形势明显改善。公路、铁路与航空等基础设施正在迅速发

第七章
贸易与投资

展。几乎在所有领域,我们都允许外国投资者成立100%控股的公司,并将资本与利润汇回投资者所在国,资本汇回没有任何障碍。

我们为国内外投资者提供同等的待遇,并确保产业非国有化。为了促进与保护投资、避免双重征税,我们将与他国达成双边贸易条约。

我国政府将提供必需的基础设施,以鼓励投资者参与生产领域的融资,使这些产业在投产后不会因基础设施不完善而面临瓶颈。为支持您的投资决策,如果您认为还有任何需要改进的地方,请一定告诉我们。我们乐于听取建设性的意见,并致力于将一切有益的想法付诸实施。为了促进与商界的对话,我们已经成立了商业咨询委员会。

只有善政与法治才能确保国家政策按原计划落实。我们致力于在各级政府机关打击贪污腐败,提供良好的行政服务,并确保国家治理体系的法治化。

政府正在进行资源部署,并将全力加强治理体系的制度化。这将有助于提供国家必要的公共产品,政府将作为公平、公正的监管者来规范市场。我们希望彻底消除卡特尔和辛迪加,确保各经济领域的自由与公平竞争。

过去一年,我们在施政方面取得了实质性的进展。共有761个各级政府机关顺利地移交了权力,这是个不小的成就。更大的挑战是确保我们现在的发展及在子孙后代中继续实行的政治体系的有效性与透明性。

作为将人民意愿转化为具体成果的工具,我们的治理体系有着极强的可操作性。政府必须为人民提供服务,使人民能够充分发挥潜力,并建设一个人人享有平等机会的进步社会。

我之所以如此重视建立具有创新性的企业，是因为我们看到了世界各地领先产业的贡献，它们改变了这些国家的发展格局。正如诺基亚之于芬兰；三星、LG和现代之于韩国；丰田之于日本；Facebook、Twitter与微软等之于美国；阿里巴巴之于中国；Infosys之于印度。我们需要一家能够代表尼泊尔的成熟的企业，我们需要一个新兴的尼泊尔、一个繁荣的尼泊尔。

我要向所有参与国家建设这一崇高任务的人表示由衷感谢。

2019年2月17日，奥利在加德满都国际投资论坛上致辞。

发展在这一代成为可能

欢迎来到佛陀与萨迦玛塔之地，这是一片让尼泊尔人民为自己辉煌的历史与文明感到骄傲的土地，在这片土地上，你将被雄伟的山脉与无与伦比的自然奇观吸引，被难以置信的丰富文化吸引。欢迎来到这片热情好客的土地，在这里，客人都被视作上帝。这片机会无限的土地正等待着您的投资，帮助提高3000万诚实勤劳的尼泊尔人民的生活水平。

这里有稳定的政府，将全力保护您的投资，保证您的利润。我相信，这一切都会让您把尼泊尔当作第二故乡、当作您喜欢的地方和业务上的枢纽。尼泊尔还将为您带来更多惊喜，让我们一起探索与分享。

一年前，在尼泊尔历2075年的新年之际，当我在卡尔纳利省的拉拉

第七章
贸易与投资

市向同胞们致辞时，我强调，尼泊尔可以繁荣，也必须繁荣。此时我正好可以阐述一下我对国家发展的设想。我十分乐观地认为，我们能够引领国家的发展进程。我还强调需要同我们的友邦和祝福我们的人建立伙伴关系，以加快我们的发展进程。

今天，我很高兴能看到大家在这里出席这个重要活动，全心全意地响应我们的号召。我非常感谢你们的积极参与。

这次峰会使我们为了一项真正的事业走到一起。我们的目标就是巩固友谊，发展互利共赢的伙伴关系。通过这种伙伴关系，尼泊尔将因为您的大量投资而获得理想的发展成果，您也将获得丰厚的回报。

我很高兴与大家分享，我们的发展愿景，已经在各行各业的75个可行项目中找到了合适的土壤。我们将在本次峰会中一一向您介绍。我相信，您将带着对尼泊尔的美好回忆，以及作为峰会之重要内容的具有吸引力的投资计划回国。

随着2015年代表民主进步的国家宪法的颁布，以及三级政府的人民选举的成功，尼泊尔长期以来的政治过渡期已从实质上结束。这也带来了尼泊尔人民的乐观情绪。这种乐观主义，指的是：

- 社会经济转型的愿望如今可以实现。
- 国家的发展有可能在这一代人身上实现。
- "繁荣尼泊尔，幸福尼泊尔人"这一愿景不是遥不可及的幻想，它将成为现实。人民十分珍视由民主选举产生的稳定政府，期望其以强大的意志力与能力引领发展进程。

我 的 梦

我们的宪法是有生命力的，可以实现尼泊尔人民的真正愿望。这是我的坚定信念，根据这一点，我们将向那些仍然脱离宪法框架的领域施加压力。

尼泊尔绝不容许暴力。任何破坏社会治安的行为都将被依法予以处理。我们有成功实现政治变革的经验，但在变革制度化方面也经历了失败。如今，情况得到改善。我们已经将既有的成就制度化，稳定的局面正在扎根。

如今，政治稳定有了绝对保障，这是一个国家经济发展的关键前提。尼泊尔不仅要确保政治稳定，还需要确保政策的一以贯之。在我的领导下，法治、政体与政府工作流程方面的改革已经加快进度，它们早应进行。

正因如此，过去的一年是我们的基准年，也是政策与法治的改革之年。我们起草了许多新的法律条款，将新宪法的条例转化为具体的法律条文与制度框架。这一新框架还为外国企业及个人在尼泊尔的直接投资创造了有利的环境。

没有经济改革，仅靠政治改革是不够的，也不能长久。既然我们能够成功地引导这个国家的历史性政治变革，我们就没有理由不能在经济领域做同样的事。我的信念是"我们可以！"我们一定能做到，摆在我们面前的中心任务就是迅速进行经济转型。

我们的近期目标，是使尼泊尔摆脱最不发达国家的地位。我们的中期目标，是于2030年成为中等收入国家，并实现可持续发展目标。要实现这些目标，我们需要在未来几年实现双倍的经济增长。国家计划发展委员会初步估计，在未来五年内，我国将需要超过97.77万亿尼泊尔卢比（

第七章
贸易与投资

约881.8亿美元）的投资。仅靠我们的国内资源，是不足以满足这一需求的。在这里，我们诚挚邀请您来助力，以满足我们巨大的投资需求。

宪法阐明了我国的经济政策以及发展方向。只有在国有、私营与合作企业之间建立伙伴关系，并使这三方的发展成为可能时，才有可能实现经济增长与繁荣。

我们知道，投资需要透明且反应迅速的国家治理与法治体系。随着联邦、省级与地方各级民选代表的产生，我国的治理体系正在改善。各省与地方政府在招揽和鼓励投资方面已经展开了良性竞争。

我再次重申，我们对于腐败是绝对零容忍的，我对此态度非常坚决。我深信，善政对经济发展与社会繁荣至关重要。

我们十分鼓励私营企业与利益相关者之间的自由与公平竞争。您已经看到了我们对卡特尔与辛迪加的坚决反对态度。过去几个月，我们在改善我国投资环境方面取得了重大进展。随着《外国投资与技术转让法》与《公私合营与投资法》两项重要法律条款的颁布，一个健全的监管体系得以建立。

《公私合营与投资法》为总量超过60亿尼泊尔卢比的外国投资或容量超过200兆瓦的水电项目提供一站式服务。2019年，新的《外国投资与技术转让法》确保了所有外国投资享有国民待遇。为了使外国直投的程序更加简单、可预测，我们引进了一个自动路径系统，保证收益及股本返利归国。

我们最近实施了一项全民性的、基于缴费的社会保障计划。这将

对国家的社会经济格局产生变革性影响。该计划涵盖医疗保险、安全孕产、意外事故与工人养老保障等。它不仅巩固了福利社会的基础,而且保证了更和谐、更健康的劳资关系,从而为投资者创造有利的环境。

我们的改革已经远远超出了这一框架。加强体制建设、提升能力、精简程序,也是我们改革举措的重点。有关土地征用、公司注册、环境评估与基础设施建设的法律规定,已逐渐放宽、逐步简化。

我们已经启用了在线注册与支付系统,它将很快升级为全自动系统。我们将积极争取与友好国家签署双边投资保护协定,进一步保障外商投资。我们还将与有关国家就避免双重征税的问题进行谈判,以进一步刺激投资。

下一个改革周期,我们将涉及知识产权领域的政策并全面立法,这将与我们在各种多边文书下的权利和义务相称。尼泊尔在经济政策与欢迎外国投资方面是最开放的国家之一。除极少数敏感领域之外,所有行业都将对外国投资开放。我们几乎允许外资在任何领域进行持股100%的投资。

我们在企业税收、进口关税与出口便利化方面出台了一系列具有吸引力的激励方案。对于那些符合既定标准的行业,税率是稳定可控的,并且可以依法享受一定的免税期。

我们有巨大的人口红利,约57%的人口处在适工年龄段。劳动力成本低,极具竞争力。我国还有很多会讲英语的人,尤其是年轻人。

我们制定了相关的政策与方案,以确保我们的青年人掌握更多技

第七章
贸易与投资

能。在尼泊尔本地,以合理的成本获得合格、熟练的人力资源,将进一步降低您的投资成本。我们保持了良好的宏观经济指标,来消除投资风险。独立的司法机构一直是我国法律制度的支柱,它能够快速裁决工业和投资方面的纠纷。

另一个重点领域是基础设施。

建设基础设施是政府的首要任务,我们在重要基础设施领域取得的进展充分兑现了我们的承诺。在基础设施方面,我们比从前进步了很多。如今我们几乎能做到全天候为工业提供电力,不久还将出现电力过剩。我国境内与跨境的公路网已大为改善。加德满都-特莱快速通道几年前还只是一个梦想,现在已成为现实。

我们的经济特区具有完备的基础设施和其他便利设施。其中一个经济特区已经开始正常运转,另外几个也在规划之中,我们还会陆续在全国各地开发新区。最近,我们修订了《经济特区管理法》,使经济特区工业投资与经营的前景更加光明。

由于尼泊尔建立了联邦治理体系,我们的目标是采取平衡发展的方式,以使所有省份都能获得公平的机会,利用外国投资发展自身工业基础。

本着这种精神,我们决定在每个省至少建立一个工业园区,在每个地方级行政区建立一个工业村,以促进中小企业的发展。

投资者比其他人更清楚地理位置的重要性。尼泊尔位于购买力不断增强的两大全球市场——中国与印度之间,这一战略位置能极大地刺激投资。尼泊尔还享有以优惠条件进入这两个市场的机会。

我们面向印度的大多数产品，包括初级产品与工业产品，都有免税计划。中国也已经给予相当数量商品以免关税市场准入待遇。在邻国之外，从尼泊尔出口的产品可以享受各种免税待遇。发达国家与发展中国家的贸易伙伴都对最不发达国家实施优惠计划。

随着中产阶级人口的增加以及人们购买力的提高，我国国内市场的规模也在不断扩大。由于我们努力实现连通的多样化，加上友好邻国的支持，尼泊尔在互联互通方面的劣势正在逐渐消失。公路、铁路、水路、航空与各种运输方式都被纳入与邻国的多维联通网框架之中。

此外，港口设施也有所改善。通过印度的维扎格（Vizag）港，尼泊尔已经进行了两年的跨境贸易。现代化备用港口有效减轻了繁忙的加尔各答/哈尔迪亚（Kolkata/Haldia）港口的压力。最近引入的数字跟踪与转运系统简化了运输流程。一条利用内河水道的新过境路线正在开发，它不仅为我们提供了一条可供选择的过境路线，还通过水路把地处内陆的尼泊尔与大海连接起来。

通过现代技术，过境手续正在简化，这必将降低商业成本。我们已与我们的北方邻国——中国签署了过境运输协定，不久还将签署关于实施该协定的议定书。这将使尼泊尔能够借用中国的领土和港口设施进行国际贸易与过境。

在投资方面，水力发电工程可能是首选，当然还有其他有潜力的领域，包括农业、制造业、旅游业、基础设施、信息技术、矿山与矿产业等。

我们的目标是三年内发电3000兆瓦，五年内发电5000兆瓦，十年

第七章
贸易与投资

内发电15000兆瓦。随着我国工业化进程的加快，国内电力消费水平将逐步提高，随着印度最近采取的积极举措，区域电力市场的前景也逐渐光明。

我们也在开展跨境输电线路的基础设施建设。针对这种特殊的输电线路，我们已经制订了一个切实可行的总体计划，这将成为我们今后的行动指南。最近签署的关于BIMSTEC电网互联的谅解备忘录，为BIMSTEC地区跨境电力贸易开辟了广阔的天地。

尼泊尔与孟加拉国也签署了关于电力贸易的谅解备忘录。这些发展使尼泊尔的水电不断增值。因此，将水电转化为财富是一个不容错过的机会。

旅游业是另一个重要的投资领域。尼泊尔拥有无与伦比的自然风光与古老丰富的文化宝藏。自然与文化的多样性使尼泊尔一年四季都是旅游天堂。我们将2020年定为尼泊尔旅游年，我们的目标是吸引超过200万的游客。我们希望通过吸纳投资来升级旅游基础设施，包括酒店与度假村等。

农业发展潜力巨大。我们必须依靠现代化从自给自足的小农经济转变为农业市场经济，这需要大量的投资。我们要提高农业生产力，减少人们对农业的依赖性。鉴于尼泊尔的地形与气候条件，我们可以发展具有高出口潜力的有机农业。

我国政府不仅是一个在议会占有三分之二多数席位的稳定政府，而且是一个对这个国家的发展有着明确愿景与目标的政府。在制定经济政策时，政府并不是孤军奋战的。我们把私营企业作为经济转型进程中不可或缺的伙伴。我很高兴地与大家分享，尼泊尔的发展议程与吸引外国投资已经达成全国共识。议会中的所有政治力量都在齐心协力，邀请与鼓励外国投资。

我要告诉大家的是，尼泊尔已经为发展商业和投资做好了准备，我们欢迎您的投资。放下心来，抓住时机。您的投资将得到保护，您的利润也将得到保证。

我们不希望在走向繁荣的道路上再有任何延误。快速、全面的发展，是我们唯一的选择和时代的要求。让我们携起手来，为尼泊尔的繁荣昌盛、为人民的幸福而努力奋斗。我们非常重视你们的支持，重视团结的力量。

> 2019年3月29日，奥利在加德满都举行的2019年尼泊尔投资峰会上发表演讲。

成功需要清晰的愿景

我很高兴能与工商界的领袖一道，来到美丽的柬埔寨首都金边。

此次，我带领一个强大的商业代表团来参加这次重要活动。这是我对柬埔寨的正式访问，也是尼泊尔总理首次访问柬埔寨。

在不到一年的时间里，我与洪森首相会晤了三次。去年11月底，我们很荣幸地在加德满都欢迎他对尼泊尔的正式访问。在此之前，我们于

第七章
贸易与投资

同年9月在纽约举行的第73届联合国大会期间进行了一次会晤。这表明我们两国之间的接触与互动在不断加深。

亲爱的首相，感谢您的盛情邀请，让我有机会访问这个可爱的国家，见到勇敢的人民。你们的热情与友爱使我感动。您是一位慷慨的东道主。

首相阁下，感谢您出席本次会议。这深深激励了我，并将继续激励着我们商界不懈努力，以激发两国巨大的发展潜力。这也表明了您对促进两国间经济合作的坚定态度。我致力于与你们建立牢固的伙伴关系，以增进我们的经济联系，造福两国人民。

我相信，尼泊尔可以从柬埔寨快速的经济发展和不断走向繁荣的历程中学到很多东西，在我们国家冲突的历史背景之下，在我们重建家园的坚定决心之下更是如此。

自我五年前访问柬埔寨以来，在洪森首相富有活力和远见的领导下，柬埔寨已经发生了许多变化。成功并不是自发产生的。它需要一个清晰的愿景、坚定的态度、不懈的努力以及正确的决策、合适的机构和资源。而您成功地证明了这一点。

尼泊尔正处在一个历史关头。我们解决了政治问题，现在正一心一意地为社会经济转型而努力。今天，一个国家的国际地位取决于其经济发展与繁荣的程度。经济关系日益成为国家间交往的重心。

"繁荣尼泊尔，幸福尼泊尔人"是我们的愿景。为了实现这一愿景，我们正在制定一项长期发展规划，即贯穿25年的规划。我们的目标是尽早摆脱最不发达国家的地位，成为中等收入国家，并在2030年实现

可持续发展目标。

要实现这些目标,就需要在基础设施、人力资源与金融领域进行大量投资。仅凭我们的国内资源,并不足以实现这些目标。因此,我们需要像柬埔寨这样的友好国家的支持,团结协作。

怀着这个目标,我来到了这个友好的国家。我们希望在政府间与企业间两个层面上推进经济往来的进程。

我呼吁两国商界共同探索尼泊尔的商机。昨天,我们两国签署了两项重要文书,旨在加强我们之间的经贸伙伴关系。我们必须充分利用这些重要渠道带来的机会。我们欢迎外资企业来尼泊尔投资,进一步加快我们的发展。

在这一方面,我要强调以下几点,以供柬埔寨政府与私营企业参考:

第一,政策稳定。随着在议会中占三分之二以上席位的多数党政府的成立,尼泊尔已经实现了政治稳定。我们过去的政治不确定性与过渡阶段现在已经结束。稳定的政府意味着政策的稳定性与一致性。这是外商投资的根本前提,我们已经达到了这一基本标准。

第二,健全有力的监管系统。通过多方面的重大改革,尼泊尔已经成为一个颇有吸引力的投资目的地。我们已重新修订了《外国投资与技术转让法》,使之符合变化的环境要求,它为投资者提供了实质性的保护措施。同样,我们还颁布了《公私合营与投资法》,与私营企业建立协同合作伙伴关系,以调动包括基础设施建设在内的关键部门急需的投资。我们的改革进程还将继续,下一轮的改革将涉及知识产权等问题。

第七章
贸易与投资

第三，简化流程与程序。为了方便投资者，我们简化了投资程序。一站式服务中心将于明天开始运作。这将使所有相关机构集中在一个地方，以高效审批投资提案。简化的程序和自由的签证政策，适用于投资者及其家属。与土地征用、公司注册、环境评估与基础设施建设相关的法律法规也得到了简化与放宽。

第四，市场准入。尼泊尔位于世界上两大经济体——印度与中国之间。我们在这两国都享有优惠的市场准入政策。我们注重加强与周边地区的互联互通，铁路、公路、内河航道等重点工程正在建设。加强跨境互联互通将为贸易、旅游与投资提供极大便利。随着人民购买力的提高，我国国内市场也在不断扩大。尼泊尔是SAARC与BIMSTEC两个区域组织的积极成员，在这两个组织中，像尼泊尔这样的最不发达国家在区域市场准入方面具有一定的优势。除此之外，由于最不发达国家的地位，尼泊尔享有欧盟与其他发达国家的优惠准入政策。

尼泊尔还致力于提高对全球价值链（GVCs）的参与度，这将为我们带来资本与新技术。我们的主要制约因素是有限的生产能力，但市场准入不是问题。

第五，尼泊尔的激励措施令人瞩目。我们并不缺乏自然资源与人力资源，我们两国都有充裕的此类资源。高达57%的尼泊尔人正处在劳动年龄，这是巨大的人口红利。我们拥有丰富的自然资源与文化财富；我们的水也是一种宝贵的资源。以上这些，都有可能改变尼泊尔与周边区域其他国家的发展格局。

我的梦

My Vision

对于投资而言，尼泊尔是一块处女地。投资机会随处可见，投资回报率也有保证。在农业、矿产资源、药材、酒店业与金融市场等其他领域也有大量的投资机会。

我们拥有大量会讲英语、熟悉数字化操作的年轻人，这是我们的重要资产。这使得信息与通信技术行业成为另一个有利可图的投资领域。在这里，劳动力成本低而且具有竞争力。我们还有灵活的劳动政策。目前，我们正在实施一项以缴费为基础的社会保障计划，并辅以一些普遍的社保计划，这些社保计划在一定程度上解决了工人罢工与频繁发生劳资纠纷的问题。我们实行了低税制，创造了有利的财政环境。我们的税收制度是透明的、可预测的、对投资者友好的。

最近，我们成功地举办了投资峰会。峰会吸引了来自40多个国家的投资者，见证了投资者承诺融资的18个大型项目，这为今后的投资发展定下了基调。现在，我们有责任认真工作，以兑现在峰会上做出的承诺。通过建立一个可信的机制，我们已经启动了后续进程。

我们诚邀您在经济特区投资开发工业园区和服装加工业。政府正在为建设道路与输电线路连接提供支持。我们还将对经济特区与欠发达地区的部分行业实行退税。

蓝毗尼是释迦牟尼的出生地，也是佛教的发祥地。柬埔寨是一个佛教之国。抛开其他联系因素，佛教也是我们两国之间强有力的联系。

我们欢迎更多柬埔寨的兄弟姐妹前去蓝毗尼。为了方便您的旅行，我们将于今年年底开始，在蓝毗尼以东22千米的比哈瓦（Bhairahawa）建

第七章
贸易与投资

一个国际机场。我们正在积极建设我们两国之间直达的空中航线。这将大大方便佛教朝圣者和其他游客前往蓝毗尼。

尼泊尔政府将与有关部门就在蓝毗尼举办国际卫塞节事宜展开磋商。我恳请洪森首相支持我们的申办，并鼓励柬埔寨人民访问尼泊尔。洪森首相即将受我邀请访问尼泊尔并前往蓝毗尼，对此我十分感谢。我们坚定地致力于蓝毗尼的发展，使之成为世界和平、和谐与包容之城。

2019年5月14日，奥利在柬埔寨金边举行的尼泊尔-柬埔寨商业论坛上致辞。

贸易不是零和博弈

我很高兴与世界各国领导人一道，就当代全球贸易问题交换意见。

在尼泊尔，我们在过去几年之中实现了政治稳定。民主宪法的颁布以及随后成功举行的三级政府选举，使政治成就制度化。我领导的政府现在在议会中得到四分之三议员的支持。

但是，挑战还摆在我们面前。我们必须与贫困做斗争，带领国家走上经济增长、包容性发展和繁荣的道路。"繁荣尼泊尔，幸福尼泊尔人"是我们的发展愿景。我们的努力就是为了将这一愿景变为现实。

贸易是推动经济增长必不可少的因素。减少贫困也是十分必要的。尽管有国际商定的目标和承诺，但最不发达国家的贸易处境并未改善，它们的贸易份额低于1%，这使得可持续发展目标几乎不可能实现。

比如，作为最不发达国家，尼泊尔自2004年加入世贸组织以来，出口一直停滞不前，进口量不断膨胀。要扭转这一局面，就要在所有农业、非农业市场准入和服务等各个领域采取具体措施，营造良好的环境。最不发达国家应该能够更便利地获得先进的技术。投资建设贸易能力至关重要，贸易援助在这方面发挥着重要作用。

已商定出的最不发达国家贸易方案需要严格执行。如果非关税壁垒和其他限制性措施继续阻碍最不发达国家的出口贸易，仅凭市场准入的规定是不够的。除非最不发达国家在建立健全技术基础方面取得明显进展，否则严格执行与知识产权有关的规定只会阻碍这些国家为发展努力。

在尼泊尔，我们正竭尽全力为贸易创造有利的内部环境，促进投资以创造广阔的贸易前景。正是本着这种精神，我们将于今年3月在加德满都主办一次投资峰会。尼泊尔已为发展商业做好准备，欢迎大家对各生产部门进行投资。

世界贸易增长下滑，保护主义抬头，令人担忧。我们不能以任何理由对多边主义进行攻击，我们不能放弃那些为促进国家间的合作而精心设立的制度。

我们必须以某种方式对全球金融和贸易相关架构进行改革，使最不发达国家和其他较弱的经济体能够发出自己的声音，并在决策过程中有效行使代表权。最不发达国家需要满足其发展需求的政策空间与公平的竞争环境。

第七章
贸易与投资

我认为，多边主义是一种普惠的、目光长远的正确制度，在它的保护下，公平与基于规则的贸易可以在各个层面上进行，我希望它不会让任何国家掉队。我们必须完成多哈发展回合贸易谈判，以满足落后国家的需求。我们必须向前迈进，履行过去的承诺，并为新出现的议题做好准备。这些议题包括数字贸易，投资便利化，微型、中小型企业（MSMEs）发展等。我们为此采用的参与式方法将使我们实现可持续发展。

虽然全球贸易体制的瘫痪是我们十分关切的问题，但发达国家及有能力的发展中国家不应拒绝向最不发达国家提供优惠与贸易便利。作为世贸组织成员国，尼泊尔坚定奉行以规则、公平、公正、包容与非歧视为原则的国际贸易。为了确保这一点，我们建立的机构必须高效运转。

贸易不是零和博弈，它对经济增长有协同作用。因此，它必须惠及所有人。人口红利丰厚的发展中国家，是未来商品与服务的增长市场。让我们抓住机会，捍卫多边主义价值观以及基于规则的全球贸易秩序。

> 2019年1月22日至23日，奥利在瑞士达沃斯会议中心参加主题为"正如我们所知，全球贸易的终结？"的世界经济领导人非正式会议时发表讲话。

我们正在推动区域合作与贸易发展

南亚人口占世界的21%，但在区域内贸易中所占的份额却不到其贸易总额的5%。在世界经济论坛期间，组织了一次关于南亚战略前景的小

组讨论会，讨论在南亚经济一体化程度最低的情况下，如何建立区域经济体系。尼泊尔总理K. P. 夏尔马·奥利（K.P.Sharma Oli）与阿富汗首席执行官阿卜杜拉·阿卜杜拉（Abdullah Abdullah）、印度中央银行前行长拉古拉姆·G. 拉詹（Raghuram G.Rajan）教授和挪威Telenor集团总裁兼首席执行官西格夫·布雷克（Sigve Brekke）共同参加了座谈会，并阐述了各自的看法。以下是编辑后的内容。

班格斯托女士： 您如何看待尼泊尔的发展？你们正在制定一些结构性改革方案，现在进展如何？目前尼泊尔面临的主要挑战是什么？您如何看待区域合作在尼泊尔发展中的作用？也许，您关注的不仅仅是经济问题，还有安全挑战与国家间的冲突或紧张局势，这些都阻碍了南亚区域合作联盟（SAARC）或南亚自由贸易区（SAFTA）的进一步发展。而且，鉴于尼泊尔是南亚区域合作联盟主席国，您对未来的发展有什么计划？

总理： 谢谢您，班格斯托女士。尼泊尔进入了一个新的阶段。我们是一个新的民主联邦制国家。尼泊尔在政治上和经济上正在迅速发展和变化。我们正在把我国与邻国和地区组织的友好关系提升到一个新的高度。尼泊尔颁布了新的民主宪法，并通过该宪法建立了联邦民主共和制。根据宪法，我们必须制定一些法律。现在我们已经按照宪法完成了政治体制改革。

我们现在的全部工作重点是发展经济与实施善政。我们的发展愿景是"繁荣尼泊尔，幸福尼泊尔人"，为了实现这一民族愿望，我们正全

第七章
贸易与投资

力以赴。我们正在推行新的政策，并在经济、政治与社会各方面进行改革。我们正在推进社会正义，促进平等，投入精力以赋予妇女权利，并逐步将社会的底层群体纳入主流。此外，我们正在尽最大努力发挥我们的作用，增加我们在区域与国际论坛和平台上的影响力。我们对此持乐观态度。

在区域合作与区域发展问题上，南亚是一个文明的博学之地。我们拥有博学的祖先的遗传记忆。在这里，我们有着很好的文化多样性。我们拥有世界屋脊——珠穆朗玛峰，还有孟加拉湾与印度洋。在这种多样性中，我们拥有非常肥沃的土地与年轻化的人口。我们可以利用人口红利与现有的自然资源来发展这个地区。

我们必须考虑区域合作及区域贸易的发展，为此，我们必须创造一种平等、公正和双赢的环境。就尼泊尔而言，我们正在吸引外国资金与技术进入我国。我们也在努力发展与其他东盟国家的贸易与投资关系。去年，我们在加德满都组织了第四届BIMSTEC峰会。这意味着我们不仅与南盟国家相连。我们正逐步加强与泰国和缅甸的关系，进而发展贸易，实现互联互通。为此，我们正在开辟道路，开始启动陆路与水路交通。这样，我们就能不断发展区域合作与贸易。

班格斯托女士： 非常感谢。这不仅仅关乎南亚，还关乎南亚与东亚发展的可能性，我认为这是一个非常好的理念。你们有年轻化的人口，但教育现在是一个很大的挑战。

总理： 到目前为止，尼泊尔在经济上还处于弱势地位。由于政治体制的不稳定，尼泊尔一度落后。但现在，我们的政治稳定了，我们的政策也稳定了。我们有明确的愿景和稳定的政府。

在发展国家的过程中，除了重视国有企业，我们还重视私营企业。除了国有与私营企业外，我们还鼓励合作企业为年轻人创造就业机会。我们正在加强对儿童的正规教育，为青年及其他人提供职业技能培训。由于我国适龄劳动人口占60%以上，为他们创造就业机会非常重要。大量的年轻人在国外找工作，我们希望把他们带回国，让他们将所学技能运用到国家发展中。

我们正在努力吸引外国投资进入。我们正在尽最大努力吸引和邀请外国投资，主要投资生产性企业与创造就业机会的企业。我们正在逐步提高增长速度。我们希望将尼泊尔建设成发展最快的国家。这将成为现实，因为我们有无限可能——我们有年轻的人口，我们有资源，我们还与中国发展了互联互通的关系。

与中国的协议目前正在实施。我们现在可以借道中国和印度连接到海上。我们将在不久的将来开通水路。我们将通过铁路与印度和中国连接起来。我们也将通过信息技术建立联系。有了这些，我们将为年轻人创造就业机会，并为他们提供培训。

我们不仅注重经济发展，而且关注环境问题。我们有很多山区，这为维持生态平衡做出了很大贡献。我们的森林覆盖率达到45%，另有15%的国土被积雪覆盖。这些山区对应对气候变化问题有着重要意义。总体而言，我国大约60%的国土——45%的森林区域与15%的冰雪区域——

第七章
贸易与投资

正在为遏制日益加剧的全球变暖做出贡献。这项贡献非常重大。这样,我们就全面认识了我们的发展问题,以及贸易与投资的重点。我们正在集中一切力量为人民争取利益,竭尽所能改善人民的生活。我们正以平衡、可持续与负责任的方式引领我们的发展。

班格斯托女士: 谢谢您,总理阁下。我认为我们不应忘记对可持续发展的重视。现在我们还有7分钟的时间来讨论这个问题。我只想代表大家提一个问题。您知道,每当谈到南亚合作时,我们往往会变得悲观,因为这太具有挑战性了。但我认为拉詹教授提供了一条前进的道路。不管是印度与阿富汗,还是印度与斯里兰卡之间的航空服务自由化基础设施的次区域合作,都让我们迈出了一小步。这些虽然只是一小步,但产生了巨大的影响。如果你们每个人都能想到一个切实可行的快速胜利方式,那会有什么影响呢?东盟只有在其中最大的国家印度尼西亚决定发挥领导作用并实行开放政策时才能取得进展。印度也可以在南亚做到这一点。

总理: 作为南亚国家,我们正在努力发展与邻国之间的政治理解,并推动国家间的互联互通。我们正在讨论关税与免税。我们能为自己创造有利的局面。我们必须增进理解,消除误会;我们必须建立信任,消除怀疑。正如我们所说,我们需要发展区域贸易。尼泊尔不能再等了。我们必须实现各个方面的迅速发展。我们与中国、印度、孟加拉国及区域内其他国家关系良好。我们正在制定新政策以实现发展目标。我们坚决惩治腐败,并为人民提供便捷的服务。作为南盟主席国,我们将在不久的将来组织召开南盟峰会,把南盟地区各国关系推向新高度。

班格斯托女士: 谢谢总理阁下。

贸易与投资是区域合作的关键

为什么南亚是一个与众不同的地区?

南亚是一个文明古地。这里有着丰富的自然与文化遗产,这里是一个人口年轻化的地区,有着巨大的人口红利。该地区的人口占世界总人口的21%以上,陆地面积占世界陆地总面积的3.4%。它对世界GDP的贡献超过2.6万亿美金。目前南亚地区平均经济增长率为7%,对全球经济增长的贡献率约为20%。

它位于正在复兴的中国与东南亚之间,以及盛产石油的海湾地区与广阔的印度洋之间,战略位置非常重要。区域内的每个国家都拥有独特的资源基础与能力,可以为南亚的区域合作做出贡献。例如,尼泊尔拥有丰富的淡水资源。这为清洁与绿色能源提供了巨大的机遇。但我们还需要引进大量投资来利用这个优势。

同样,我们白雪覆盖的高山与丘陵为遏制全球变暖做出了巨大贡献。喜马拉雅山脉与山区不仅有助于保持空气与水的低温、清新与纯净,而且有助于保持南北回归线之间气候变化热点地区的自然生态系统。这就是我们的高山做出的无与伦比的贡献。这里有着巨量的冰川储蓄,通过补给系统维持自然循环,维持人们的生计。这里对地球温度的

第七章
贸易与投资

控制也发挥着至关重要的作用。我们的自然美景、文化遗产和传统使我们成为最受欢迎的旅游目的地之一。

以往的失败使人们对在当前地缘政治下的区域合作缺乏热情。现在情况会有所不同吗？

南亚地区的商品贸易约占世界商品贸易额的1.3%，而区域内贸易仅占世界贸易的5%。与其他地区（例如欧盟占65%，东亚占25%，撒哈拉以南的非洲地区占22%）相比，南亚是世界上一体化程度最低的地区之一。

我认为，对于区域主义与全球化的争论，人们必须有一个清晰的认识。首先，区域主义是对全球化进程的补充。其次，我们可以创造一种超越空间、文化或历史的"新地区主义"。第三，在新的地缘政治环境下开展区域合作，我认为，这种合作必须：

- 首先，坚持普适的尊重国家主权、互不干涉、民族独立、平等、相互尊重与互惠互利的原则。

- 把经济议程放在发展与繁荣的中心。

- 对一体化的性质和未来的道路有清晰的认识，并有强大的政治意愿与行动作为后盾。

- 为所有人创造有利于成长和发展的环境。

- 确定能够产生发展所需的关键驱动因素（KDG）或成为改变游戏规则的人。例如，在南亚，这些驱动因素包括联通、运输与信息通信技术相关的基础设施，还有网络、水电、人力资本等。

- 树立和秉持以人为本的观念，避免民主赤字，确保人民当家做主。

- 想方设法加强区域构架。

较小的南亚经济体在应对发展挑战时将面临哪些危机？区域合作在帮助应对这些挑战方面可以发挥什么作用？

该区域较小的国家面临着贫穷、营养不良、文盲、气候变化、自然灾害、安全等许多共同挑战。南亚被认为是世界上发展最快的地区之一。但现实情况是，该地区的每一个国家并没有平等地从经济发展中获益。各国之间缺乏充分的优势互补，缺乏区域合作与对全球价值链的参与，是造成这一局面的原因。

不通畅的运输连通、物流与监管方面的障碍，是本区域加强贸易联系水平的主要障碍。在这个日益全球化和相互依存的时代，区域合作不是一种选择，而是一种必然。当前的现实要求建立一个更加包容与开放的区域贸易结构。

那么，区域合作能为成员国的发展带来什么好处呢？

首先，需要适当利用该地区的自然资源与人力资源。其次，该地区丰富的人口红利为创造与创新提供了空间。适当利用通信技术将有助于提高该地区的营商效率。

为此，我们需要什么？

首先，和平、信任、理解和伙伴关系，必须引领南亚区域。第二，信任与政治意愿是任何区域进程取得成功的关键。第三，我们必须将干预重点放在能源、贸易、基础设施和连通性以及共享水道等关键领域。

同样，我们必须应对恐怖主义与气候变化等共同挑战。我们必须充

第七章
贸易与投资

分利用信息通信技术、人工智能与第四次工业革命带来的其他好处。最重要的是，我们需要加强建设区域机构，推进发展进程。

虽然我们拥有人口红利，但南亚也是人力资本投资最低的地区之一。人力资本（卫生、技能和教育）投资的缺乏是否阻碍了南亚的投资和增长潜力？

是的。与一些发达地区相比，南亚的人力资本与社会发展并不突出。与和平和安全有关的挑战消耗了该地区大量的资源。消除这些问题将有助于为社会经济发展释放宝贵资源。

全面改善治理能力和善政一样至关重要。通过开放的区域主义以及与本区域以外的国家和经济实体合作来汇集资源，有助于增加这一领域的投资。有必要在政府、商界、民间团体、学术界与其他利益相关者的共同努力下，挖掘投资的增长潜力。促进科技创新与大众创业更是必不可少的。

技术在帮助南亚应对一些发展挑战方面可以发挥什么作用？

在促进我们的发展方面，技术可以发挥更大的作用。技术对于在经济转型中注入活力来说至关重要。尤其是，它可以通过以下方式支持经济与可持续增长：

- 促进现代化与提高生产力。
- 加强互联互通与市场整合。
- 推动生产与消费方式智能化与可持续化。
- 提高人力资本生产率。
- 发展以水电为主的绿色清洁能源。

我们必须准备好应对技术的迅速发展和相关技术带来的负面影响。由技术推动的智能管理与无障碍程序可以改善该地区的国家治理与社会服务体系。

旅游、教育与医疗服务以及商业服务等区域内的服务贸易，受到不良投资环境、签证制度以及一系列诸如关税与非关税壁垒的制约，还限制了区域内的外国直接投资（FDI），由于投资与区域价值链增长之间的复杂联系，这会影响区域内部的贸易。在南亚和东盟开展业务有何区别？政府应如何应对这些挑战？

贸易和投资是当今区域合作的关键。我们必须改善包括空中航线、跨境公路、铁路网与内河航道在内的互联互通。

对于尼泊尔这样的内陆国家来说，互联互通尤为重要。一刀切的方式并不适合所有人。虽然借鉴其他区域框架的成功经验是可取的，但我们不能将欧盟与东盟等区域进程中的所有方法与程序都应用于南亚。

我认为这背后有一些重要原因。首先，每个区域组织都有不同的"一体化哲学"。第二，在地理、经济、文化与社会环境方面，每个区域都具有独特性与特殊性。第三，每个区域进程的发展方式与目标都不尽相同。因此，不存在单一的区域经济合作模式。当然，我们依旧可以借鉴东盟成功的经验。

我们必须承认，互信促进了贸易，贸易反过来促进了互信，二者相互依存，并支持了和平的发展。我们可以进一步合理消除关税和非关税壁垒，推动贸易便利化，并逐步解决负面敏感问题。

第七章
贸易与投资

我们需要健全的体制与法律制度来促进该地区的贸易。对SAFTA与SATIS等协定的执行至关重要。这将使更多的资金主动流向这里,并为增加该地区的投资铺平道路。

尼泊尔采取了大胆的政策和改革措施,吸引外资在生产领域进行投资。我们将于今年3月主办一次投资峰会,我们期待来自各地的投资者踊跃参与。我认为,人民对区域进程的参与和当家做主的过程同样重要。

为了促进贸易,我们需要:

- 减少区域内的关税与非关税壁垒。
- 减少触及敏感问题的产品。
- 引入并实施贸易便利化措施。
- 通过激励机制促进投资。
- 全面落实SAFTA和SATIS协定。
- 就融资和支付相关事宜开展政策协调,以促进贸易和投资。
- 推动区域价值链发展。
- 为较弱的经济体提供支持。

要使区域一体化成为现实,仅靠某些国家或人民的孤军奋战是不够的。这就要求有集体责任感,并将其转化为行动。虽然区域主义在当今世界面临的挑战可能很大,但一个更加一体化的区域所带来的回报将会更大。

2019年1月22日,奥利在瑞士达沃斯举行的世界经济论坛"南亚战略展望"会议上致辞。

尼泊尔商机无限

我衷心感谢尼泊尔工商业联合会、海运门户联合会和尼泊尔货运代理协会在加德满都举办了首届尼印物流峰会。

我很高兴能就"转变物流格局"这一重要主题讲几句话。在尼泊尔与印度贸易、投资、旅游和人员往来日益频繁的背景下,此次峰会的主题具有深远意义。为此,畅通、优质的物流与便捷的交通设施至关重要。智能物流在使贸易与过境安排更简单、更省事、成本更低方面,发挥着至关重要的作用。

尼泊尔与印度有着历史悠久的多方面联系。特别是在政治与经济环境发生变化的情况下,我们两国的关系迈上了新的台阶。我们两国不仅是近邻,更是密友。作为两个独立的主权国家,尼泊尔与印度必将在主权平等、相互信任、相互尊重与相互合作的基础上,在政府与人民层面上进行越来越多的互动与交往。总之,我们一直是好邻居,并且我们应该继续做好邻居。

印度是尼泊尔最大的进出口贸易伙伴。但是尼泊尔与印度的贸易逆差非常大。上一财年的进出口数据显示,尼泊尔向印度出口了价值484.5亿尼泊尔卢比的商品,而我们从印度进口的货物价值达到了8632亿尼泊尔卢比。尼泊尔每年的贸易逆差达到了8147.5亿尼泊尔卢比。我们之间的贸易状况还不是一种理想的贸易关系,我们需要尽早纠正这个问题。

第七章
贸易与投资

贸易是发展的引擎，一个国家的发展与繁荣离不开它。因此，贸易仍然是国家外交的核心。虽然让尼泊尔产品进入印度市场仍然是一个关键问题，但我们必须从更高的站位来考虑如何提高尼泊尔的总体生产能力。这一定离不开投资。我们邀请印度和其他投资者充分利用尼泊尔自由与有吸引力的投资制度。我们允许投资进入几乎所有领域，而且限制条件极少。

然而，投资不会自动到来。认识到这一事实后，尼泊尔政府采取了一系列政策、法律、制度与行政措施，以改善投资环境。为吸引投资，政府采取了一系列意义深远的举措，其中包括了颁布《外国投资与技术转让法》《公私合营与投资法》，以及建立一站式服务中心。

这些措施已开始产生积极的效果。在3月初举行的投资峰会上，有创纪录数量的有兴趣的投资者在尼泊尔寻找商业机会。然而，我们并不局限于这些举措。我们的改革进程将以更大的热情与更快的速度继续下去。我们即将颁布《工业企业法》和《知识产权法》，进一步改善我国的投资环境。我们还将加紧与有关国家就避免双重征税协定与缔结双边投资协议方面进行谈判。

最重要的是稳定的政治环境和稳定的政府所带来的政策稳定性与一致性。过去，我们的商业环境充满不确定性与混乱，现在已变为确定的与清晰的。我们有一个以发展为导向、对企业友好的政府，唯一的目标是通过发展民营经济，促进经济更快发展，实现人民的富裕。

经济转型是我们的首要议程。"繁荣尼泊尔，幸福尼泊尔人"是我们的愿景，我们相信这是可以在合理的时间内实现的。在发展过程中，我们的近期目标是在2022年摆脱最不发达国家地位，中期目标是到2030年达到中等收入国家的水平，同时实现可持续发展目标。

尽管困难重重，但我们去年的经济增长率还是超过了7%。通货膨胀率得到控制，宏观经济基本保持良好。随着劳动力市场的灵活发展与社会保障机制的健全，劳资关系得到改善。巨大的人口红利与丰富的自然资源为尼泊尔的快速、可持续发展提供了良好的土壤。

这对我们来说意味着什么？

这意味着尼泊尔已经为商业发展做好了准备，尼泊尔欢迎商界的投资参与。尼泊尔是全球最具投资吸引力的土地之一。我呼吁大家抓住机会，来尼泊尔投资。

投资并不局限于少数几个领域。在这里，机会是巨大的，也是很有吸引力的。水电、农业、旅游业、信息技术、制造业、矿业、基础设施与一些新兴产业都是投资利润丰厚的领域。

当谈到我们两国的物流时，我发现，现有的运输基础设施、通信联系、贸易便利化措施、过境路线设施以及清关程序都亟需改进，以达到国际标准。我们已经做了一些改进，但这还远远不够，还有很长的路要走。

毋庸置疑，对于尼泊尔这样一个内陆国家来说，与邻国、附近地区以及世界建立联系至关重要。尽管近年来情况有所改善，但尼泊尔仍然承受着包括进出口在内的货物过境与运输的高昂物流成本。

这是尼泊尔难以承受的。降低这一成本的唯一途径，是升级与简化

第七章
贸易与投资

国与国之间的连接方式，既包括基础设施的硬连接，也包括管理程序方面的软连接。

互联互通仍然是我们双边合作框架中最重要的议程。大家可能还记得，2018年4月，我在新德里会见了莫迪总理，我们为重要的比尔根杰（Birgunj）综合检查站举行了揭幕式，并见证了莫蒂哈里-阿勒赫贡跨境石油管道的奠基仪式，该管道即将投入运营。

在那次会面中，我们还达成共识，决定采取新的举措，即通过铁路线将加德满都与边境城市拉克绍连接起来；以及将通过尼泊尔到印度的河流发展内陆水道。我们见证了这些互联互通的关键环节取得的进展。我们已经对铁路连接进行了初步研究，下一步将准备DPR。特莱地区其他正在进行的铁路项目已接近完工，其中一些已准备投入运营。

我很高兴看见我对内河航道的设想正在变为现实。从生态学角度来说，雄伟的喜马拉雅山脉与浩瀚的海洋之间存在着有机联系。通过推进水道建设，我们将在它们之间建立经济与商业联系。我们的总体思路是大力促进商品、服务与人员流动，实现整体的互联互通。

尼泊尔已经设立了一个航运办事处。来自尼泊尔与印度的技术专家一直在研究细节，以便尽早在尼泊尔与印度的河流中开通水道。它将改变我们交通运输系统的既定规则，因为它不仅可以降低过境运输的成本，还可以使过境运输的方式更加多样化。这将使两国受益。这是我们希望为我们的合作伙伴关系注入的创造力和活力。

鉴于我们正在讨论改善物流条件的方法，那么我想与大家分享以下

几点看法：

与几年前的情况相比，今天尼泊尔与印度之间的公路连接要好得多。得益于过去几年印度大规模的基础设施建设，印度北部比哈尔邦与北方邦的公路正在升级。我们也拓宽了自己的道路。这大大缩短了货运卡车的行驶时间。

然而，在连接北印度国家/邦公路与尼泊尔—印度边界关键点的道路质量方面，仍然存在严重的技术瓶颈。货运卡车仍要排队几个小时，在这些路况恶劣的路段上缓慢行驶。

如今，戈勒克布尔-苏纳利（Gorakhpur-Sunauli）公路段的延展好了许多，勒克瑙-尼泊尔根杰（Lucknow-Nepalgunj）公路段也是如此。我们将在马哈卡利河上修建一座四车道机动桥，将尼泊尔的西部偏远省份与附近的印度国道连接起来。

2014年双边机动车协议现已生效，它将促进人们无障碍地跨境流动。我们还应该在边境检查站之间做出互惠许可的安排。

鉴于贸易与过境的动态变化，我们已开始审阅过境条约与铁路服务协定。进一步简化过境手续，将对尼泊尔的经济增长与发展产生积极影响。

为了进一步简化互联互通，印度政府需要认真考虑一些关键问题。其中包括将货物转运到尼泊尔的陆路港口；全面实施电子货物跟踪系统；尼泊尔铁路网点的多样化；即将开始运营的尼泊尔过境铁路运输以及进入印度的新港口。我们已恳请印度政府开放塔姆拉（Dhamra）、奥

第七章
贸易与投资

里萨（Orrisa）与蒙德拉（Mundra）、古杰拉特（Gujrat）港口。我们希望这些将很快实现。尼泊尔已经准备就此采取必要的行动。

在基础设施方面，在印度港口与尼泊尔陆地港口之间设立专用货运通道将是最理想的选择。必须有专用的、不间断的铁路和公路通道。在行政方面，如果能够延长双方海关的运营时间，对于投资商来说将更加便利。

除了双边安排之外，我们还必须考虑如何挖掘次区域与区域的潜力，以加强互联互通。自卡卡比塔—普尔巴里—邦拉布（Kakarbhitta-Phulbari-Banglabundh）过境路线开通以来，孟加拉国政府允许尼泊尔从1997年9月起使用孟加拉港的设施。孟加拉国政府还允许增设经罗洪布尔—辛格巴德（Rohanpur-Singhabad）通往尼泊尔的铁路线。然而，这些过境设施尚未投入运营，尼泊尔仍无法通过孟加拉开展国际贸易。

我认为，涉及尼泊尔、印度与孟加拉国的三边过境安排将改变我们次区域的物流格局。我们可以探索在这个次区域利用内陆水道，并使之超越公路与铁路网的承载力。

孟加拉国、不丹、印度与尼泊尔（BBIN）框架也为改善互联互通与物流安排提供了帮助。应加快完成剩余的工作，在这一框架下推进有意义的合作。

SAARC与BIMSTEC在各自的区域合作框架下都有重要的互联互通议程。发挥区域互联互通的潜力，将有助于改变区域发展格局。我们必须优先考虑对包括互联互通在内的核心领域进行更深入的整合。

我 的 梦

My Vision

虽然在公路、铁路与水路等方面的实体互联互通十分重要，但我们还必须考虑通过跨境电力与航空连接来加强互联互通，以促进贸易与投资。

2014年的双边电力贸易协定是一个重要的里程碑。它为独立开发商与贸易商进入广阔的印度市场进行电力交易铺平了道路。印度政府已采取重要举措落实了该协定，包括发布关于跨境电力贸易和商业程序的修订指导方针。

我们的愿望是，至少在BBIN国家之间实现不受阻碍的电力贸易。输电基础设施是电力贸易的高速公路。重要的400千伏达克巴—穆扎法尔布尔（Dhalkebar-Muzaffarpur）跨境输电线路现已投入运行，它使电力供应畅通无阻。一些较小的径向模式跨境输电线路也在运行中。在尼泊尔境内正在进行的海德尔项目中，联合技术小组在7个不同的跨境点绘制了跨境输电线路的需求图。新的布德沃尔—戈勒克布尔（Butwal-Gorakhpur）跨境输电线路建设是我们的当务之急。

能源银行系统已经开始运作。尼泊尔已经开始向印度供应雨季剩余电力。空中互联互通在促进贸易、投资、旅游与人员往来方面发挥着重要作用。

加德满都与印度五大城市相连。我们正在增建两个区域性的国际机场，并对现有机场进行升级。鉴于我们两国之间的空运量与旅游业的增加，尼泊尔与印度两个主要城市之间将有更多的航空联系。尼泊尔已向印度政府请求增加四条入境航线，以缓解空中交通的拥堵。我们希望这

第七章
贸易与投资

将很快实现。

我们的物流部门面临着诸多挑战。确保达到国际标准是一项艰巨的任务；如何通过公路和铁路扩大互联互通范围、提高质量，也是一个问题。由于需要大量的法律与基础设施方面的支持，这也将产生可观的财政成本。

适应自动化与数字化的新技术是另一项重要工作。如果我们想改善物流以提高贸易与过境的效率，就必须尽快推进这项工作。

在举行物流峰会期间，我们应该就如何尽可能提升物流水平提出一个切实可行的计划。对此，我有一些建议：

- 互联互通是商业、贸易、投资与人口流动的生命线，因此，必须优先考虑公路与铁路等基础设施的升级工作。

- 必须进行海关与行政程序改革，以促进货物的顺利与快速流动。必须彻底消除港口、边境口岸以及口岸之间的问题和纠纷。

- 应及时修订关于贸易与过境的双边条约，以适应这一领域的实时变化。两国的法律也需要及时调整，以改善物流状况。

- 将加尔各答和其他港口的商品货物直接运送到开往尼泊尔的卡车上，可以有效地缓解港口的拥挤情况，降低运输成本，并节省时间。

- 使用现代技术实现自动化与数字化同样重要。这将使贸易、过境、互联互通与人员流动更加顺畅，成本更低，时间更短。

- 两国应在边境附近建立高效的检测设施与智能认证服务，以确保出口产品的质量与卫生。

- 有必要将新市场与具有全球热度的产品联系起来，以使收益最大化，并充分利用改进后的物流。

- 两国之间的贸易必须平衡，互利共赢。

我相信，只要我们在这些领域不懈努力，就能取得进展。为此，两国公共部门与私营企业必须携手合作。

尼印两国都拥有强大的政府，都致力于扩大与深化在多个领域的互利合作，这对我们两国来说都是一次机遇。经济增长率呈上升趋势；发展与繁荣已成为国家共同的目标；发展正在两国取得相应成果。我们要充分利用这一机遇，实现互利共赢。我希望本次峰会能取得重要成果，促进我们物流业的发展，从而使尼泊尔与印度之间的贸易、过境与互联互通更加顺畅、高效。

> 2019年7月28日，奥利在加德满都尼泊尔工商业联合会与海运门户联合会（Maritime Gateway）举办的首届尼泊尔—印度物流峰会上致辞。

第八章

工作与福利

我的梦

My Vision

每一次变革都带来新的机遇与挑战。这给了我们一个改变命运的机会。但我们的命运必须由我们自己掌握,而不是由技术掌握。我们必须以人为本,为提升他们的能力而投资,促进发扬创业精神,为他们创造体面的就业机会。同样重要的是确保性别平等,加强社会保障,尊重社会对话和保障工作中的个人权利。

尼泊尔正本着团结与和谐的劳动关系精神,在促进工人权益方面树立了独特的榜样。我国宪法体现了社会正义,反对权利剥削,人民有成立工会和集体谈判权等。我们通过以缴费为基础的社会保障制度,保障了劳动者在劳动年龄段的权利。现在,我们的首要任务是在国内创造就业机会,更多地雇用我们的年轻人,减少出国工作的人数。我们的"繁荣尼泊尔,幸福尼泊尔人"的愿景,让工人始终处于核心地位。它支持工人阶级争取体面的工作、工资与工作场所。为了繁荣,我们需要技术型的劳动力,这有助于促进社会富裕,最终也会给工人带来幸福。

工作场所与工人阶级在需要改革的社会中非常重要。但是,由于数字化变革的速度和性质超出了自身的能力,工人阶级迷失了方向。他们正经历着工资下降的问题,在工作中还面临着日益增长的风险。必须对他们所关心的事物做出可靠的回应,这是我们的当务之急。必须创造安全与可持续的就业机会,特别重视农村发展、基础设施建设、绿色经

第八章
工作与福利

济与护理经济。只要齐心协力，我们就能帮助那些在瞬息万变的、全球化、数字化的工作场所工作的工人实现平稳的过渡。

我们的命运必须掌握在自己手中

今天是一个历史性的时刻，我们聚在这里，是为了：

• 纪念一个重要组织成立百年，它组织编写了人类历史上最充满雄心壮志的社会契约。

• 一个公正、人道、公平的世界的愿景和抱负，为未来奠定一个持久的基础。

国际劳工组织的百年庆典是对劳动群众通过社会对话来实现社会公正权利的庆祝。

在这一历史性时刻，我向国际劳工组织的兄弟会表示热烈祝贺。能参加这一重大活动，我深感荣幸。我从萨迦玛塔、珠穆朗玛峰脚下、佛祖诞生地和佛教发祥地蓝毗尼，为大家带来了问候与良好祝愿，预祝本次会议圆满成功。

国际劳工组织章程拟定于第一次世界大战的废墟之上。它反映了人类通过社会对话实现和平的集体愿望与诉求。该章程证明了可以通过对话来改变生产关系。

国际劳工组织提出的核心原则包括同工同酬、结社自由、合理的工作时间、足够的生活工资、工作与生活的平衡以及社会保障。这些原则是对人类文明的独特贡献，是非凡的成就。国际劳工组织是未来潮流的引领者。

我想在此提及劳工组织在20世纪最后十年发起的两项具有里程碑意义的举措，它们是1998年《关于工作中基本原则和权利宣言》议程及其后续措施，以及1999年的体面劳动议程。

全球未来工作委员会的报告《为更加美好的未来而努力》为我们的审议提供了良好的基础。我相信这份报告将为未来25年的发展奠定基础。

技术的发展、人口结构的变化、劳动组织的迁移和变化正在创造新的繁荣之路。同时，它们也打乱了现有的工作安排。新科技取代了传统的工作模式，改变了我们的劳动方式，并创造了更多新型的工作场所。人工智能、自动化、机器人技术、互联网、3D打印和区块链正在深刻改变我们对工作的认知。零工经济为数百万人提供了远程工作的另一种选择。

但是，每一次变革都将伴随着新的机遇与挑战。这为我们提供了一个掌握自己命运的机会。人类的命运仍然由人类自己掌握，而不是由科技掌握。这一变化为我们提供了一个机会，让我们能够把一个宜居的星球交给子孙后代，并能通过人口红利创造双赢局面，以改善人力资本短缺情况。

在迎接变化的过程中，我们必须以人为本。为提升人的能力而投资，促进发扬企业家精神、创造体面的就业机会，是应对变化的有效手段。同样重要的还有确保性别平等，加强社会保障，尊重社会对话，保障工作权利等。

第八章
工作与福利

为了应对气候变化问题，我们需要更多环境友好型的工作岗位，因为从工作领域开始应对气候变化，行动才是最有效的。绿色行业将是迈向绿色经济的垫脚石。充足的工资与时间支配权是密切相关的。这是所有工人发展与幸福的标志。

劳动者不是商品。国际劳工组织可以发挥作用，始终坚持《费城宣言》这一核心原则。青年人口的持续失业将导致政治不稳定，并造成贫困。我们必须结束这种局面。

尼泊尔拥有丰富的自然资源与人口红利，这使得尼泊尔未来的工作前景非常光明。我们进行了法律与政策改革，以适应动态发展的国际劳工环境。我们已将我们加入的劳工组织基本文书的规定本土化。

我们的法律不会因工人的身份——正规或非正规、外包或合同工以及来自有组织或非正规部门——而歧视他们。

我们通过对所有工人的社会保障，重新定义了终身工作的概念，而不论其工作性质如何；确保了灵活性与社会保障之间的公平平衡；在法律上结束了正规部门与非正规部门的对立。这样，我们就成功地完成了非正式部门正规化的进程。

尼泊尔的民主宪法建立在平等、非歧视和社会正义的理想之上。没有经济权利与社会公正的民主仍然是不完整的。我们的民主观念已经超越了建党、参选、言论自由等形式。

我们的民主是全面的，在政治、经济、社会与文化等方面赋予个人权利。我们的宪法体现了社会正义、反对剥削，有获取工作、报酬与社

会保障的权利,以及参加工会与集体谈判的权利等。

作为基本权利,人民的受教育、医疗、饮食、住房、文化与言论权,都得到了保障。我们已经颁布了一些法律条款来强化基本权利,包括与工作相关的权利。

社会保障体系覆盖了一个人的一生。国家为公民的童年与老年阶段提供了普遍的社会保障。工人在其适龄阶段通过缴费制的社会保障体系得到保护。这一规定已被纳入我们的《社会保障法》。

从去年11月开始,我们向劳动阶层推出了一项意义重大的全面社会保障计划。这是尼泊尔有史以来最大的一项社会保障计划,是通过工人和雇主的共同缴费来实施的,它涵盖了失业、生育、疾病、养老、意外、受抚养人群和残疾等方面的福利。

25年来,尼泊尔一直向老年人提供养老金,并向单身妇女与社会边缘群体的妇女提供月度津贴。养老金数额与这一重要津贴的发放覆盖范围都在逐步扩大。

今年,我们在总理就业计划下推出了另一项以就业为基础的社会保障计划。这一计划旨在创造就业机会,保障每一个适龄公民的就业权,在失业时提供津贴,促进创新与创业,并支持就业市场劳工的技能培训、技能再培训与技能提升培训。

为了改变生产关系,我们出台了新的劳动法,来保障劳动者的尊严,保障同工同酬,保障劳动环境的适宜性。《工会法》根据国际劳工组织第87号与第98号公约保护了我们工人的集体权利。

第八章
工作与福利

包容仍然是我们政体的基本原则。我们已采取特别措施，确保社会各阶层都能进入国家体系。联邦议会与省议会中保证有三分之一的妇女代表席位，在2017年的选举中成功实现了这一目标，选举使妇女在民选机构中的代表率超过41%。

企业是现代经济的驱动力，它们为大众提供就业机会，并执行国际劳工组织的标准。我们应该支持它们发展，创造更多的就业机会，发展经济。我们所说的就业，包括企业家、企业、中小微企业、初创公司与自主创业的发展。

为我们的年轻人提供体面的工作、为所有人提供社会保障，是解决就业不足的关键。劳务输出人员往往容易受到高招聘成本、合同替代、不安全与无保障的工作环境以及不遵守雇用合同的影响。

作为原籍国和目的地国，尼泊尔认为去年12月通过的《安全、有序和正常移徙全球契约》(GCM)为合作提供了框架。GCM的基本前提确立了我们在国际劳工组织管理机构和联合国人权理事会中的作用，以确保劳工移徙安全、有序，惠及所有人。

我们在联邦、省级、地方与企业各级建立了社会对话的体制框架。尼泊尔通过联合工会协调中心这一共同平台，在工会多元化方面树立了独特的团结典范。这一独特工人论坛的成立代表着所有的尼泊尔劳动人民将参与社会对话，并本着团结与和谐的劳动关系精神，争取自身权益。

中心三方论坛的存在改善了劳资关系，使劳资纠纷几乎消失。通过劳动审核确保雇主遵守规定，为反思、自我评估和改进提供了机会。劳动检查与职业安全健康检查是劳动监察的组成部分。尼泊尔劳动界自发地形成了一种社会契约，以解决与权利相关的问题，并参与集体协议来维护利益。

尼泊尔自己的民主斗争从国际劳工组织的工作中得到了重大启发。我们的许多工会领袖是反对专制独裁的斗士和民主运动的先锋。在我50多年的政治生涯中，我一直在为争取平等与社会正义而奋斗。

在我的领导下，政府致力于实现"繁荣尼泊尔，幸福尼泊尔人"的国家愿景。要实现繁荣，我们需要技术熟练的劳动力，这有助于促进繁荣，并最终带来幸福。在此背景下，我们希望将其定义为"技术熟练的工人、繁荣的尼泊尔、幸福的尼泊尔人民"，以支持人民体面劳动、合理工资与更好工作场所的诉求。

我们要消灭一切形式的剥削，实现公平发展，并按照宪法所设想的，建立一个以社会主义为导向的国家。我们的目标是到2022年消灭罪恶的童工现象，到2025年终止所有形式的童工劳动。我们承诺在2030年前实现包括"八个面向"的全面可持续发展目标。本着这一目标，尼泊尔以一个开拓者的身份加入了联盟。

一百年后，国际劳工组织章程的序言将继续在这个大会堂引起共鸣，重申并呼吁社会正义与持久和平。我们必须守住这些"道德底线"，并进一步解决当今时代更为棘手的问题。

今天，国际劳工组织应秉承初创理念，并证明这些理念在促进人类价值、平等、社会正义与可持续未来方面仍然具有重要意义。让我们仔

第八章
工作与福利

细思考一下，国际劳工组织将如何引领自己与三方成员走向未来。我坚信，本次百年纪念活动的成果将充分回应这一重要问题。

2019年6月10日，奥利在日内瓦参加国际劳工组织成立百年活动上致辞。

发展必须促进正义与福祉

我谨代表尼泊尔政府、尼泊尔人民及我本人，欢迎各位出席本次会议。祝你们在珠穆朗玛峰脚下、佛陀之地度过愉快的时光。很高兴今晚能与你们一起共度。我出席本次会议，代表了我们对工人阶级议程的坚定承诺与声援。

我要感谢国际联盟网络亚太区域组织（UNI APRO）在加德满都召开亚太区域会议，感谢你们选择将加德满都作为本次区域会议的举办地。

让我感到高兴的是，UNI全球联盟的目标与愿望，与我们的共同的价值观是相近的。我很高兴地告诉大家，我们正在努力将尼泊尔的国家价值观制度化。我也很高兴地获悉，过去两天举行的国际联盟网络亚太区域组织妇女与青年会议取得了成功。

亚洲正在崛起。我相信，这一发展主要得益于年轻人口的红利，这些人大部分是工人阶级，他们有能力把我们和我们地区带到前所未有的全球经济水平。

因此，在这个重要关头，亚洲经济增长的动力取决于一种愿景，它

能够帮助我们的工人在数字化时代抓住转型的机遇。对我来说，在这次聚会上发表讲话可谓机缘巧合。几个月前，在日内瓦举行的国际劳工组织百年庆典期间，我出席了全球领导人峰会并发表了讲话。我的思考主要集中在未来劳动的重要性上。

在国际劳工组织的百年庆典上，我们讨论了如何在全世界促进社会公正和获得体面工作。大家公认的一个重要因素是，有了强大的工会力量，才有可能实现向公正过渡的转变，他们有能力组织与推动实现全人类福祉的更高目标。

各国领导人在多边与区域组织的声明和行动计划，也证实了体面工作对消除危机和可持续发展的重要性。自本世纪初以来，UNI APRO就在为实现同工同酬、结社自由、合理的工作时长、适当的生活工资、工作与生活的平衡和社会保障而共同努力，这是对国际社会的宝贵贡献。

我必须感谢UNI APRO长期以来对这些工作领域基本原则的拥护。我一直强调，繁荣与幸福需要基于公平与正义的发展政策。只有明智地考虑变革的背景，公平与正义这两大支柱才能坚定不移。

现在是技术创新、数字化、人工智能、自动化与气候变化推动变革的时刻。我们正处在一个多维过渡的时代。这些过渡是：

- 由技术进步带来的。

- 由人口变化与人口迁移推动的。

- 通过工作安排等方面的变化而起作用的。

技术革命应该成为提高生产力、提高服务效率和提供更好的工作场

第八章
工作与福利

所的工具；它还应该成为消除贫困、饥饿、失业与社会不安定的工具。

当我们站在第四次工业革命的中心时，劳动界正面临着日益加快的移民步伐。在艰难的经济体寻求就业的年轻人口与老龄化工业国家的需求之间，存在着颇具挑战性的对立，亟需找到一个恰当的平衡点。因此，现在正是令亚太各国政治治理的正式与非正式部门更加职业化的时候了。

由于数字化变革的速度和性质超出了他们的能力，工人阶级感到迷失了方向。他们面临着工资下降的问题，而且在工作中面临着日益增长的风险。工时不断加长，报酬却大幅下降，他们自然会对日益增加的不平等现象产生焦虑。青年持续失业将导致政治不稳定，并造成贫困。出于这些原因，我们迫切需要对他们关心的问题做出可靠的回应。未来，我们需要创造可持续的就业机会，并特别重视农村发展、基础设施发展、绿色经济与护理经济。

为此，我们应敦促全世界范围内的投资，以提升人民自身的能力，促进性别平等，创造更幸福的社会，使每个工人都能在安全的条件下平稳地过渡。鉴于本区域在投资方面所面临的挑战，我们需要创新，让发展融资取得新进展。亚洲采取的求同存异的方法具有优势，可以加深这方面的影响。

尼泊尔保障工人基本权利的机制是建立在不可动摇的基础上的。在颠覆性的变革时代，工会与专业组织在促进最低工资标准的遵守方面可以发挥巨大作用。如果不注意这一点，强迫性的过渡将付出巨大的社会

代价，包括失业、贫困、政治动荡与社会不安定。

我们的发展必须涵盖人类福祉的所有方面。它应确保地球的可持续性，促进正义与福祉。在这个过程中，不应有任何人掉队。对我们而言，这代表了我们正努力在尼泊尔实践的全面民主的真正精神。我们的全面民主理念，远远超出了政党建设、参与选举和享有言论自由等政治范畴。

我们的全面民主，涉及在政治、经济、社会与文化等各个方面全面赋予个人权利。没有经济权利与社会正义的民主仍不完整。它还涉及确保所有人享受公平和机会，以使人们在自己的生活中享受幸福。如果没有摆脱贫困，获得平等机会、生命权、安全和尊严的自由，人权就失去了真正的意义。如果一个人饥肠辘辘、无家可归，他就无法创造社会价值，因为这威胁到了他最基本的权利：生命权。

意识到这一点，尼泊尔制定了覆盖个人一生的社会保障制度。这是为了确保无人会因缺乏食物、衣服、药品等基本生活必需品而死亡。

除此之外，我国宪法体现了社会正义、反对剥削，人民有工作权、报酬权与社会保障权，还保证了成立工会和进行集体谈判的权利。受教育、医疗、饮食、住房、文化与言论的权利，这些人民的基本权利，都得到了保障。

包容性仍然是我们政体的核心。我们制定了特殊的包容措施，以确保社会各阶层都能参与、表达意见，并为所有国家机关做出贡献。谈到工人的权利，我想指出，我们已经采取了必要的法律和政策改革，以应

第八章
工作与福利

对动态变化的国际劳工环境。这些改革符合我们加入的国际劳工组织的基本原则。

我们认识到，劳动者不是一种商品，而是一种人的要素，需要不断滋养与投入。我们的法律不因身份而歧视任何工人。法律平等对待每一个工人，不论他们的身份是正规的还是不正规的，是外包的还是合同制的，也不论他们属于有组织的还是非正规的部门。我们将社会保障扩大到所有工人，无论他们从事何种工作。我们确保了灵活性与社会保障之间的公平平衡，从法律层面结束了正规部门与非正规部门的对立。

我们为劳动人民制订了全面的社会保障计划。这项有史以来最大的社会保障事业正在工人与雇主的共同努力下得以实施。它包括失业津贴、生育保障、医疗保险、养老金、意外事故保险、受扶养家庭成员福利与残疾津贴。

20多年来，尼泊尔一直在为老年人提供养老金。现在，这种津贴以月度津贴的形式扩大到单身妇女与社会边缘群体的妇女。自上一个财年以来实施的总理就业方案，旨在创造就业机会，保障每一个适龄劳动力的就业，在失业时提供津贴，促进创新与创业，并支持就业市场劳工的技能培训、技能再培训与技能提升培训。

尼泊尔工会已经建立并实践了一种在多样性中团结的典范。我很自豪地告诉各位，我们的许多工会领袖是尼泊尔民主斗争和争取人民权利的斗士。正是基于我们的这一历史遗产，我才可以坚定地说，尼泊尔的土壤肥沃，足以支持UNI APRO亚太区域会议结出硕果。

作为主要的劳务输出国与目的地国之一，我们的主要任务是保障劳务输出工人的福利、安全，以及保护他们免遭剥削。同时，我们大力发展企业，优先创造就业机会，促进经济增长和发展。我们创造了一个投资友好型的环境，来吸引对生产性部门的投资，以创造体面的就业机会。

我国政府致力于实现政治成就的发展红利。目前，我们正在集中发展水电、基础设施、旅游、教育和农林部门的高产项目。这是实现"繁荣尼泊尔，幸福尼泊尔人"这一宏伟的国家目标的一部分。

让这次会议成为我们分享优势、机会与经验的宝贵机会。让接下来的三天成为我们克服障碍的契机。愿我们之间的伙伴关系焕发新的活力，砥砺前行。齐心协力，我们就能为那些在瞬息万变的、全球化与数字化的工作场所工作的工人实现平稳过渡。我呼吁所有出席会议的人为实现这一目标加倍努力。我预祝会议圆满成功。

人民的幸福是衡量进步的指标

作为UNI APRO会议的一部分，奥利总理设置了一个问答环节。一些与会人士对尼泊尔在政治、经济、社会与文化领域所取得的历史性变化与进步充满热情，在全体会议上向总理提出了一些问题，以便从他出席会议的情况中得到更多的信息。会议由Sharan K.C.博士主持。以下是与总理会谈的节选。

第八章
工作与福利

UNI全球商务部主席Stuart Appelbaum先生： 总理阁下，我很高兴看到尼泊尔的经济增长率超过6%，对一个国家而言，这是一种巨大的进步。但是，这种增长带来了一个重要问题就是分配。您对平等的看法是什么？您认为政府应如何解决贫富之间的差距？

总理： 非常感谢您的提问。大约13年前，我们为尼泊尔的政治、经济、社会与文化领域带来了巨大的变化。在政治上，我们实现了非常重要的变革。现在，我们是一个联邦民主共和国。在这个新体制下，我们和尼泊尔人民还有很多事情要做。在变革之前，我们是君主专制国家。我们废除了这一制度，现在我们是共和党执政。以前，我们奉行别人强加给我们的宪法，那是由少数人写的宪法。但现在，我们的宪法是由历史性的选举产生的制宪会议中的601名成员起草的。制宪会议中有来自社会各阶层和各领域的代表。关于这个问题，我认为有两件事需要澄清。

一是我们的民族愿景。 我们有着"繁荣尼泊尔，幸福尼泊尔人"的决心。由此，我们的意思是，不仅要根据人均收入或国内生产总值来衡量人民的富裕程度，还要从民生改善的全局上来衡量。我们的重点，是改善处于社会底层的工人、农民的生活，提高他们的社会地位。

二是坚持全面民主。 也就是说，我们不仅要为政治民主、政治自由和政治权利而努力，而且要为人民的整个社会生活而努力。在全面民主中，没有人会被落下。妇女、社会边缘群体、受压迫的人与所有其他人都将被纳入主流社会。全面民主的目标是建立一个管理良好、治理完善、繁荣发展的社会，实现社会公正与人人平等。为了落实这些原则，我们制订

了相应的政策和计划。我们说,我们的政策和计划是面向社会主义的,这意味着它将带来社会公平、人人平等基础之上的繁荣。因此,在这么短的时间里,我们在社会公平与正义、妇女赋权、激励青年、照顾儿童以及在环境和可持续发展方面取得了很多成就。对于我们来说,这并非不可能。我们的目标是在未来两到三年内将尼泊尔从最不发达国家提升为中等收入国家,并在2030年实现可持续发展的目标。这对我们来说也不是没有可能的。综上所述,我们不会以国内生产总值或人均收入来衡量我们的经济、发展与繁荣。我们要以全体人民的幸福为指标来衡量进步。

UNI APRO副主席Akihiro Kaneko先生:尼泊尔的劳动法改革与劳资关系是其他国家的榜样。尼泊尔政府如何继续推动劳动法改革,保持平衡,使工人的权利得到维护,企业不占主导地位,但其真正的利益得到保护?

总理:首先,我要感谢您理解并认可我们的改革。感谢您通过提问向我们表达了乐观的想法与信任。我想在这里澄清两件事,在这之后一切都会很清楚的。

第一,劳动法改革。这是为了提供更好的保障、更好的机会、更好的生活、更高的薪水,以及其他一切能使工人的生活与工作条件变得更好的东西。我们已经对法律进行了改革,但我要明确指出,这不是由政府单方面完成的,这是在工人、雇主与政府的合作参与下完成的。这三方都参与了法律的改革,这是大家的共识。

第二,改革的过程也无须争议和冲突,但一定要通过对话与集体

第八章
工作与福利

谈判。即使在将来，我们也会遵循这种方法。我们相信我们可以成功。我们致力于进行有利于工人的改革。这并不意味着我们会与他人作对。改革并不反对政府，也不反对雇主，更不反对劳工。因此，工人、政府与雇主，三方达成共识，他们对改革都感到满意。这是非常值得注意的，而且对其他人来说是一种启示。大家可以学习和借鉴尼泊尔的有益经验。工作场所与工人阶级是我们社会中非常重要的部分，改革势在必行。我们需要改革。所以，我想向大家保证，尼泊尔已经做出了独一无二的努力，将来也会有所作为。

UNI APRO主席Minao Noda先生： 上个财年，尼泊尔在境外的工作者向国内汇回了70亿美元。政府是否有任何战略计划来制止招聘机构向劳务输出工人收取过多费用，并支持保护尼泊尔境外工人的权利？政府可以采取哪些措施来确保农民工不受剥削？

总理： 非常感谢您，主席阁下。我将直接回答这个问题。我们已与一些国家的政府签订了协议，为我们的工人阶级提供就业机会。我们还将与另外一些国家的政府达成协议，以保护劳务输出者的权利，包括安全、工作场所、薪资以及其他所有属于工人阶级的权利。最近，我们与日本达成了这样的协议。我们正在努力提升工人的技能。我们将根据他们将在目的地国家/地区从事的工作为其提供语言培训和职业培训。培训内容还包括在该国必须了解的制度、习俗、文化等。

我们正在密切关注事态发展，也在与各国政府进行磋商。现在，我们正在与其他国家直接达成政府间的协议。我们正在为农民工的安全与保障签署G2G协议。这降低了为公司提供额外劳动的风险。此外，我们并不想让我们的人民散落在国外。因为我们无法在国内创造足够合适的和有吸引力的工作机会，年轻人才会去不同的国家找工作。但我们将在几年内改变这种状况。我们希望在国内创造合适的、有吸引力的工作机会，让年轻人从中受益，并为国家建设做出贡献。我们希望从其他国家带回投资与技术，而不是汇款。

但是，由于就业机会不足，我们就不得不把他们送去国外并为国家带来汇款。我们十分感谢那些为我国人民提供就业机会，并为他们提供合理工资与适宜的工作环境的国家。

我们也提供工作机会。人们从不同的国家来到尼泊尔，并在这里找到了工作。但我们的首要任务是为本国的年轻人创造更多的生产性就业机会。我们已经意识到了这一点，并且正在认真努力，使这一现状发生积极的变化。

UNI Africa副主席Moses Lekuta先生： 您好，总理阁下。我很荣幸能与您见面，并向您提问。尼泊尔通过制宪会议颁布了新宪法，不仅在长达十年的叛乱之后建立了和平的局面，而且结束了政治过渡。我们南非也经历了类似的过程。您的政府如何为服务人民利益的民主制度奠定更坚实的基础？

总理： 不幸的是，由于错误的方针指导，从1996年到2006年这十年来我们一直处于冲突状态。尼泊尔是佛陀之国，世界曾将它视为和平的象征。联合国将佛的生日称为佛诞日（Veshak），他在大约2600年前向世

第八章
工作与福利

界传达的信息，即使在今天仍具有重要意义和影响。一对磁铁中的一块如果被拿走了，另一块也就失效了；如果距离太远，将无法听见声音；如果距离太远，也无法看见光；即使是恋人，如果在相爱的时候分离了，也很难维持爱情。一切将被削弱、被终结。这意味着吸引力会随着距离的推移而失去意义。但是，即使经过了2600年，佛陀的教义依然更加生动、更加新鲜、更加有效。

我们来自佛陀之国。但正如我在一开始所说的那样，令我们的国家陷入暴力是一段不幸的经历。我们正在与世界各国维护和平友好的伙伴关系，结束暴力，创造和平。我们有遍布世界各地的维和部队，却不幸地让自己的国家陷入暴力冲突。我们意识到了这一点，并从错误与损失中吸取教训。我们铭记历史，也借鉴了一些国际经验。因此，我们通过对话，并以严肃和真诚的承诺启动了和平进程。和平进程取得了非常好的结果。我们处事灵活，互相信任。我们绝不互相欺骗，如果有人以欺骗的方式行事，谈判就会失败。如果没有信任，我们就无法恢复和平。而且，我们没有给冲突双方再度产生误解的机会。因此，幸运的是，我们终于完成了和平进程，迎来了我们渴望多年的和平。

随着和平进程的成功，我们得以改变政治体制，使人民享有主权。人民的主权是至高无上的。我们已经通过2015年颁布的宪法将民主制度化。在我国宪法中，有31条关于人民基本权利的条款。所以，这是一部优秀的宪法，没有歧视，保障平等。它的目标是为所有人提供发展、社会公正和平等。

我们通过友好对话实现的和平现已制度化。我们为和平的可持续发展奠定了非常坚实的基础。我们还为所有尼泊尔人创造了一个光明的未来。在我看来，这就是人们保持乐观的原因。他们记得他们光荣的过去。他们回忆并铭记过去，珍视并享受目前的成就。他们有理由对自己的未来、地球安全、气候与生态系统保持乐观。他们觉得我们可以实现繁荣，可以实现社会公正，可以实现和平，可以过上幸福的生活。人们已经开始相信这一点。

UNI全球联盟秘书长Christy Hoffman女士：贵国政府在确保性别平等与全面社会进步方面取得了良好进展。在尼泊尔这样的发展中国家，要取得这些进展并不容易。有哪些进一步的策略能够使这些发展走向可持续？

总理：首先，我要说，我们是一个新的民主国家，我们的民主历史很短。我们国家的元首是一位女性；在联邦议会的全体成员中，妇女占33%；妇女在全国所有议会中的总代表率为41%；女童入学率与男童持平；女童的辍学率正在下降……我们从童年开始就赋予女孩权利。我们鼓励她们入学，也很努力地把她们留在学校，这样她们就不会辍学。

即使在就业机会与工作岗位上，我们也为妇女争取到了33%的席位。我们重视妇女与女童教育。对女童与妇女来说，最基本的发展条件是教育、技能、赋权与有能力获得财产。现在，妇女也有了自己的工作，她们领着薪水，她们是独立的、自由的。在我们采取特殊的法律措施之前，她们没有受过教育，而且拿不到薪水。即使她们有钱，

第八章
工作与福利

也要记在丈夫、父亲或家族男性成员的名下。因此，妇女被视为男性的附属品。

但现在，你可以在这里看到妇女了。她们可以大胆地说："亲爱的朋友，我是独立的，我受过教育，我可以挣钱，我不需要依靠任何人。"这就是现在的情况，这是一件重要的事情。因此，当我谈到全面民主时，如果没有妇女与女童的权利、受教育及社会化，就不可能实全面民主，因为她们占全国人口的一半。如果一半的人口得不到教育与权利，一个社会怎么能向前发展呢？因此，我们对此非常谨慎。我们正在集中力量，教育妇女，赋予妇女权利，使其社会化，并增加妇女参与决策与获得财产的机会。这不仅仅是向国际社会或论坛展示数据，更是为了改善我们的社会。我们的政策是全面的，我们的民主也是全面的。是的，我们才刚刚起步，但我们的方向是正确的。我们始终铭记这一点，坚定地向前迈进。

2019年11月20日，奥利在加德满都举行的第五届亚太区域国际网络联盟(Union Network International, Asia Pacific Regional Organization)会议开幕式上致辞。

预防是减少灾难损失的根本

我很高兴能参加这次灾害管理专家与利益相关者的聚会。感谢组织者选择将加德满都作为本次区域会议的举办地。

今天审议的主题对我们很重要，尼泊尔因其独特的陡峭地形与脆弱的山区生态系统，一直是一个易受灾的国家。

人类文明达到如今的阶段，正面临着严峻的挑战。在这些挑战中，自然灾害与大型流行病最为常见。除此之外，地震与火山爆发、山洪暴发、台风与泥石流、森林火灾与寒潮、雷电和冰雹、冰川湖的暴发以及流行病与地方病等都严重威胁着人类文明。

人类已经度过了冰河时代，并适应了优胜劣汰的生存体系。在每一个面临挑战的阶段，人类都能巧妙地应对。科学技术的发展使某些灾害的预测变得更容易。然而，与灾害相关的各种风险结合在一起，使我们更加脆弱。它们危及我们的生命与生计，破坏了基础设施并削弱了我们的发展。

近年来，这类事件造成的人员伤亡、环境损失与经济影响很大。气候变化及其多方面的影响进一步加剧了风险与脆弱性。我们位于一个活跃的地质构造区，这增加了地震的风险。2015年的毁灭性地震及其致命的影响仍然留在我国人民的记忆中。然而，在政府、人民、民间与非政府组织的共同抵御与集体行动下，我们得以营救受灾群众，为他们提供救济支持，走上重建之路，更好地重建家园。在所有的救助中，来自国际社会的朋友，包括各国政府与非政府组织的支持是极为宝贵的。

尼泊尔政府吸取经验教训，为灾后重建付出了极大的努力。在建设具有复原力的社区以应对未来潜在的风险方面，我们进行了有意义的投资。

我们设计了不同的应对机制，建立了相关机构，并加强它们的能

第八章
工作与福利

力。我们改进和精简了法律和政策框架,以增加抗灾能力并做好防灾准备,降低灾害风险和影响。

2017年,尼泊尔颁布了全面减少灾害风险和管理法案。随后,通过高度参与的方式,我们制定了2018年至2030年国家减灾政策与战略行动计划。尼泊尔政府从降低灾害风险与防范灾害的长期目标出发,为执行《国家行动计划》与《仙台减少灾害风险框架》及其四个主要任务与七个目标而努力。

降低灾害风险已纳入国家与地方一级的计划中。它构成了实现可持续发展目标的整体战略。

在每一次自然的沉重打击下,人类的生命都极为脆弱。然而,灾难与灾害并不仅仅是由自然引起的。我们在世界各地看到并经历的许多灾难,都是由人类对可持续发展规律的违背引起的。通过集体努力,我们可以预防人为灾害。我们还可以减少自然灾害的影响,使人们更好地应对不可预见的事件。

每一次重大灾害都给人民群众的生命、财产与生活带来了苦难。每一次重大灾难也都给了我们宝贵的经验教训,告诉我们如何在危机中生存,并帮助我们创新方法和手段,以增强抗灾能力。这也许就是人类文明得以延续的秘密。在每一次重大灾难之后,人类社会都有了更好的准备和更强的复原能力。

这就是社会创新的重要性所在,它能使社区更有风险意识、更懂得变通、有更好的准备。自然灾害是不可预测的,而且没有国界。只有做

好准备，才能降低脆弱性，防止生命和财产受损失。

在能够拯救生命的灾难中，信息至关重要。技术可以帮助我们根据科学研究而非直觉做出明智的决定。鉴于尼泊尔的特殊性与我们独特的地理位置，我们需要随时准备应对各种灾害，提高人民的意识，并利用备灾工具。这些工具包括预警系统、应急响应与救济以及重要后勤安排。

根据我们的经验，以及地质学家和相关专家曾经的警告，说喜马拉雅地区可能发生重大灾害。然而，2015年的地震还是在我们没有充分准备的情况下发生了。适当的预防措施可以最大限度地减少死亡人数，防止损害和破坏。

但是，尼泊尔政府利用现有资源与机构，在数小时内迅速做出了反应。在我们继续推进震后重建进程的同时，我们的努力在过去几个月里获得了必要的推动力。我们打算尽快完成重建，尽力减轻人民的痛苦。我们认真吸取过去的教训，留存这段记忆，以此造福后代。

我们充分认识到，地方、国家、区域与国际社会在资源充分的情况下做出的持续努力，对于实现《仙台减少灾害风险框架》中所阐述的国际承诺至关重要。我相信，你们对这一方案的讨论将有助于分享经验，并丰富灾害风险管理的论述，切实造福有需要的人。

2018年12月3日，奥利在加德满都举行的亚洲灾害预防中心第十四届区域协商委员会会议上致辞。